작지만 큰 한국사, 인삼

작지만
큰 한국사,
인삼

- 이철성 지음 -

푸른역사

일러두기

1. 인용문은 현대 국어로 번역하는 것을 원칙으로 했으나, 신문·잡지 등은 시대적 정서를 느낄 수 있도록 당시의 어투와 어감을 그대로 살린 경우도 있다.
2. 신문과 잡지 자료는 국립중앙도서관, 국사편찬위원회, 네이버 뉴스 라이브러리 등이 제공하는 데이터베이스를 이용하였다.
3. 일제강점기 화폐가치 계산은 한국은행 경제통계시스템(ECOS)[ecos.bok.or.kr]을 활용하였다. 기준시점은 인용자료에서 확인된 연도를 원칙으로 하고 비교시점은 2021년, 환산기준은 쌀로 설정하였다.
4. 사진과 그림의 출처는 참고문헌과 함께 정리하여 수록하였다.
5. 외국의 인명·지명은 외래어표기법에 따랐으나, 관용으로 통용되거나 문맥상 혼동이 있을 경우는 우리 한자음으로 적었다.

고려인삼은 격동기 우리 역사의 매 순간을 들여다볼 수 있는 거울이라고 느낄 때가 있다. 고려인삼은 왜 고종황제 때부터 김대중 정부까지 100년이 넘도록 전매체제를 유지할 수밖에 없었을까? 박정희 정부의 수출 드라이브 정책에 고려인삼은 어떻게 기여했을까? 분단과 전쟁으로 남북이 갈리고 삶의 터전이 뒤바뀌는 굴곡점에서, 개성의 고려인삼은 어떻게 명맥을 유지했을까? 일제의 대륙침략기 중국인의 치솟는 반일감정 속에서도 미쓰이물산이 판매한 조선산 고려인삼의 경쟁력은 어디에 있었을까? 대한제국 시기 외국 차관 도입, 철도 부설, 탄광 개발, 무기 수입 등 근대화 정책에 필요한 물자 도입의 지급보증은 무엇이었을까? 대원군은 경복궁 재건 사업으로 인플레이션을 유발하면서 파경을 맞았는데, 정조는 수원 화성을 건설하면서도 재원을 감당할 수 있었던 이유는 무엇일까? 왜란과 호란 이후 중국, 일본에서 왕조와 권력이 교체된 것과 달리 조선이 전란의 피해를 빠르게 회복하고 왕조체제를 유지할 수 있었던 숨은 이유는 없는 것일까? '고려인삼'은 이런 역사적 질문에 실마리와 해답을 줄 수 있다.

또한 고려인삼에서는 우리 생활을 관통하는 환희와 나눔, 조화와 상생의 문화를 읽어 낼 수 있다. 심마니의 '심봤다!'라는 외침은 산삼을 발견한 기쁨의 분출이었다. 그러나 심마니는 자신이 발견한 산삼을 캐고 난 뒤, '소망 보시오!'라는 또 다른 외침으로, 동행한 구성원과 소득을 나누었다. 고려인삼은 모든 약초의 으뜸이었지만 '독불장군'이 아니라 다른 약재와 함께 '섞여야' 더욱 빛을 발했다. 인삼이 한나라 유방의 신하 소하蕭何에 비유되고, 대황이 범려范蠡와 한신韓信에, 감초가 사마광司馬光에 비유되었던 것은 고른 인재 등용의 깨우침을 위한 것이었다. 인삼은 장승업의 〈기명절지도〉와 민간의 산신도 속에서 여러 사물과 어울려 인간의 장수와 부귀를 빌었다.

그래서 인삼은 사람의 정성을 담는 그릇이 되어 손아랫사람이 집안의 어른에게, 벗이 불운을 겪는 친구에게, 엄마가 서독 광부와 간호사로 떠난 아들·딸에게, 아내가 중동 건설 현장에서 땀 흘리는 가장에게 보낸 마음의 선물이 되었다. 이런 점에서 고려인삼은 한국문화의 특징을 이해하는 중심 키워드이다.

***

옛날 옛적에 '호랑이 담배 피우던 시절'은 언제쯤의 과거일까? 호랑이가 담뱃대를 물려면 아무래도 16세기 위로는 거슬러 올라가기 힘들다. 한반도에 담배가 들어온 것은 16세기 이후이기 때문이다. 문화적 인식이 연대적 착각을 불러일으키는 경우이다.

영지靈芝와 인삼을 양손에 든 산신도에 등장하는 인삼은 산삼일까? 산신의 손에 들린 인삼은 '가늘고 단단한' 산삼이라기보다 '밭에서 건강하게 자란' 인삼의 모습에 가깝다. 원래 인삼은 산삼뿐이었다. 인삼이 밭에서 갓 재배될 때만 해도 그것은 가삼家蔘이었다. 하지만 가삼은 곧 인삼의 지위에 올랐고, 인삼은 신삼이라 불렸다.

　얼마 지나지 않아 이번에는 가삼을 쪄 만든 홍삼이 인삼과 동일한 위치에 올랐다. 홍삼은 1797년(정조 21)부터 조선의 공식 무역상품이 되었다. 정해진 수매량만큼 홍삼을 만들게 하고 포삼包蔘이라 불렀다. 인삼 제조법에 따라 홍삼, 백삼, 곡삼, 반곡삼, 체삼, 미삼 등으로 다채롭게 부르기 시작한 것은 가삼이 인삼이 된 이후의 일이다.

　인삼 재배는 17세기 중엽~18세기 중엽까지 자연산 산삼이 절종 위기에 처하는 시점에 널리 시도되어, 18세기 중엽~19세기 중엽에는 경기·경상·전라·충청 등 전국적으로 생산되었다. 영조의 사랑을 한 몸에 받은 건공탕의 주인공 인삼은 산삼이며, 정조가 화성을 일으킬 재원으로 주목한 인삼은 홍삼이다. 광해군~경종 시기 한·중·일을 잇는 인삼로드를 통해 동아시아의 번영을 가져왔던 주인공은 산삼이었고, 영·정조 이후 개혁과 변화를 위한 재원으로 주목한 인삼은 홍삼이었다. 이 책에 쓰인 인삼의 용어와 시기는 이렇게 이해하면 크게 틀리지 않는다.

　인삼은 스스로 이름을 붙인 적이 없다. 사람의 모양을 닮아 인삼人蔘이고 얼마나 닮았느냐가 품질을 가르는 기준이었다. 오래되고 잘생

긴 산삼은 동자로 변신해 인간에게 이로움을 주는 존재로 인식되었다. 생김이 좋아야 효과도 좋다는 생각은 생산지에 대한 구별로 이어졌다. 고(구)려 인삼, 백제 인삼, 신라 인삼, 고려 인삼, 조선 인삼은 국가＋인삼의 조합이다. 나삼羅蔘, 북삼北蔘, 요삼遼蔘, 강삼江蔘 등은 지역＋인삼의 조합이며, 개성삼開城蔘, 금산삼錦山蔘, 풍기삼豊基蔘 등은 도시＋인삼의 조합이다.

인삼은 인간 세상의 권력과 이익에 따라서도 명칭이 달라졌다. 조선총독부 전매국에서 미쓰이물산에 독점판매권을 넘긴 관영 홍삼은 '고려' 혹은 '조선'이라는 생산지＋인삼 명칭 덕분에 매출액을 높일 수 있었다. 경작자조합, 상인조합, 주식회사들은 전매에서 제외된 인삼을 말려 백삼白蔘을 만들기도 했다. 백삼은 제조법과 관영·민영의 구분이 함축된 용어였지만 '고려인삼'으로서 가치는 그대로였다.

'고려 인삼'이 국가＋인삼의 명칭으로 타자적 시각을 담은 형용사＋명사라면, '고려인삼'은 신비의 영약이라는 이미지를 바탕으로 형성된 한국 인삼의 대명사였다. 고려인삼 제품은 옛 고려 왕조의 인삼이 생산되었던 조선산朝鮮産 가삼을 재료로 만든 홍삼·백삼·홍삼정·인삼 엑기스·인삼 드링크 등을 포함하는 것이었다.

책 제목 〈작지만 큰 한국사, 인삼〉은 고려인삼이 지닌 역사·문화적 이야기를 세계사적 문맥 속에서 엮어 보려는 뜻에서 붙였다. 좀 진부한 이야기이지만 우리는 스스로 '인삼의 종주국'은 한국이라고 말한다. 그러면서도 아직 전문성과 대중성을 지닌 인삼의 역사는 엮지 못하고 있다 해도 과언이 아니다.

이 책은 인삼의 신비한 이야기와 과학적 효능을 다룬 것이 아니다. 사람을 닮은 인삼을 대하는 인간의 소망과 욕망, 그것이 우리 역사 속에서 만들어 낸 이야기가 중심을 이룬다. 지금까지 축적된 학계의 연구 성과에 기댔지만, 책의 구성은 독자가 흥미를 느끼는 한 꼭지를 읽어도 작은 인삼 이야기로 완결될 수 있게 구성했다. 자연히 수미일관하지 못한 구석이 있고, 흥미와 추론으로 흐른 부분도 있다. 이는 전적으로 필자의 책임이다.

1장은 산삼이 인삼인 시절에 형성된 우리 생활 속 인삼 이야기다. 2~3장은 가삼이 인삼이 되고 홍삼이 포삼이 되어, 동아시아 무역 네트워크 속으로 들어가는 시기의 이야기다. 4~5장은 개항 이후 조선의 홍삼 무역과 근대 서양이 본 고려인삼 이미지에 대한 이야기다. 6~7장은 일제강점기 인삼산업과 식민지 조선에서 고려인삼이 품고 있던 상징성 이야기다. 8장은 8·15 이후 고려인삼이 전매제에서 민영화로 이행하는 과정을 담았다.

***

인생은 우연의 연속처럼 보이지만 우연이 점철되면 필연이 된다는 생각을 하곤 한다. 30대 초반에 운 좋게 건양대학교에서 교편을 잡았다. 인근 부여에 전매청 개성지청의 간판을 달았던 KT&G 부여 인삼 공장이 있었다. 김영삼 정부가 '역사 바로 세우기'에 온 힘을 쏟을 때인지라, 우후죽순 식으로 열리던 역사특강 강연자로서 공장을 돌아본 적이 있다. 지역 균형 발전을 위한 RIS사업의 일환으로 금산 인삼주, 한산 소곡주 등의 역사문화적 원류를 찾는 일에 발을 담그기도 했다.

그러던 중 한국인삼공사 블로그에 '삼蔘스토리'를 연재해 달라는 청탁을 받았다. 블로그에 올린 글이 독자들의 관심을 끌었는지 언론과 방송에서 연락이 왔다. 21세기에 접어들자 '문화의 시대'라는 흐름을 타고 여기저기 박물관 특강 등에 불려가기도 했다. 남북역사학의 만월대 발굴과 역사용어 공동연구 등의 작업이 한창일 때에는 선친의 고향 개성을 다녀올 기회도 있었다. 하지만 정작 인삼의 문화사를 엮어 보자고 결심한 것은 교수 생활을 시작한 지 20여 년이 지난 뒤였다.

'커피'는 기호품의 역사라는 열풍을 타고 대학의 교양강좌로 개설되고 대중서도 출판되었다. 하지만 '인삼'은 그렇지 못했다. 오늘날

문화와 소비의 중심에 당당히 선 MZ세대는 매일 '얼죽아(얼어 죽어도 아이스 아메리카노)'는 외쳐도 그들에게 인삼차는 전통시대 조선을 연상시키는 용어에 불과하다. 고려인삼은 과거나 현재나 우리 역사 속에 항상 자리하고 있던 문화의 담지자였다. 이는 '인삼'이 우리 정서와 문화의 일면을 읽어 낼 수 있는 소재라는 사실과 연결된다. 한국연구재단의 지원을 받아 본격적인 작업에 착수했지만, 속도는 더뎠다. 미흡한 공부에 한계를 느끼기도 했다.

어느 학형이 "너의 공부는 시간이라는 긴 띠에 군데군데 구멍이 난 것 같다" 했는데 정말 맞는 말이다. 그렇지만 감사를 드려야 할 분은 수없이 많아서, 앞으로의 다짐으로 감사 인사를 대신하려 한다. 우선 우리나라 인삼의 도시 개성과 금산에 대한 지역 연구를 계획하고 있다. 개성은 38도선으로 바로 문앞에서 분단을 경험해야 했고, 휴전 이후에는 북한이 되었다. 다행인 것은 현대사 과정에서 고려인삼의 명맥은 강화도를 비롯한 경기 일대에서 이어질 수 있었고, 금산·풍기 등이 인삼산업의 중심지로 성장했다는 점이다.

인삼은 자연의 산물이다. 자연환경과 인문환경 그리고 시간의 흐름이 쌓여 역사와 문화를 이룬다. 개성과 금산에 대한 지역학 연구는 공간, 시간, 인간이 엮어 온 역사문화의 총체적 연구가 될 것이다. 특히 개성은 분단 속에서 남북 통합의 경험도 있기에, 개성학은 통일인문학의 한 방편이 될 수도 있다는 기대도 해 본다.

'고려인삼Korea Insam'의 신비가 인삼의 성분과 효능에 관한 과학적 연구를 통해 밝혀지고 있다. 이와 더불어 인간의 가치가 함께하는 고려인삼 문화와 지역학이 융복합 학문의 영역에서 호흡해야 한다. 그래야 인삼人蔘이 '진셍Ginseng'이 아니라 인간 중심의 과학과 인문이 함께하는 '인삼仁蔘'의 새 영역으로 나갈 수 있을 것이다.

2022년 12월
이철성

제1장

우리
생활 속
인삼 이야기

01
진짜 인삼의 대명사,
고려인삼

"옛날 사람은 모두 백 살이 넘도록 장수했는데, 후세의 사람은 왜 일찍
죽는 겁니까?"

　나무로 호미를 만들어 인간에게 농사짓는 법을 가르쳐 준 신농神農이
의학에 통달했다는 태일황인太一皇人을 찾아갔다가 그의 제자에게 던진
질문이다. 신농은 인신우두人身牛頭, 즉 사람의 몸에 소의 머리를 지닌 중
국 신화시대의 황제로서 농사의 신이자, 약의 신이며, 횃불을 발명하고
불을 관장한 염제炎帝로도 알려진 인물이다.

신농은 음식으로 병을 치료할 수 있다는 '의식동원醫食同源'의 핵심을 이해하고, 각지로 사람을 보내 모든 약초를 구해 오도록 했다. 몸소 약초의 효과를 직접 확인하는 임상 실험도 했다. 어떤 날에는 하루에 70종 이상의 독초를 경험하기도 했다. 마침내 그는 인간에게 유용한 약초를 가려내 약을 발명하고 《신농본초神農本草》라는 책으로 정리했다고 한다.

이 책은 현전하지 않지만, 동양 최초의 의약서로서 약물의 명칭·형태·산지·채취 시기·약효 등이 상세하게 기록되어 있었다고 한다. 이후 이 책은 양梁나라 도홍경陶弘景(456~536)에게 계승되어 《신농본초경집주神農本草經集注》로 집대성되었고, 명나라 때 이시진李時珍(1518~1593)의 《본초강목本草綱目》으로 발전하여 동양 약학의 뿌리가 되었다.

《본초강목》에서 인삼은 원기를 돕고 폐를 튼튼히 하고, 간장·비장의 양기를 돋우어 주며, 위장의 기를 열어 주고 곽란·구토·갈증을 멎게 하고 혈맥을 잘 통하게 하여 오래 복용하면 몸이 가벼워지고 장수하는 신초神草로 소개되었다.[1] 그러나 아무 인삼이나 그러한 효험을 볼 수는 없었다.

신농은 스스로 풀 맛을 보아 약초를 찾아 냈다고 한다. (01)

도홍경은 백제의 인삼을 최고로 꼽았다. "인삼은 백제의 것을 귀중하게 여기는데 생김새가 가늘고 단단하며 색깔이 희다. …… 고구려 인삼은 곧 요동 지방에서 나는 것으로 생김새가 크지만, 속이 꽉 차지 않고 연하여 백제의 것에 미치지 못한다." 6세기 초 무렵부터 중국의 의학서에서 요동 인삼과 한반도 남부에서 자생하는 고려인삼을 비교했다는 점이 흥미롭다.

도홍경에 따르면 요동 인삼(고구려 인삼)은 '누런 기운이 돌고 가늘고 길며 수염이 있어서 달리 황삼黃蔘이라 구분하며, 자줏빛 줄기에 잎사귀가 껄끄러웠다.' 반면 고려 인삼(백제 인삼)은 '푸른 줄기에 잎사귀가 부드러우며 사람의 모습을 닮은 유체인삼有體人蔘'이었다.

고려 인삼이 장수의 선약仙藥이었음은 통일신라시대 최치원이 당나라 고변高騈에게 올린 글에도 보인다.[2]

이마무라 토모의 《인삼사》에 소개된 요동 인삼(왼쪽), 사카노우에 노보리의 《인삼보》에 소개된 신라 인삼(가운데), 백제 인삼(오른쪽)의 모습이다. (02)

(생일 선물을 바칩니다) 해동의 사람 모습을 닮은 인삼 일구—軀 ······ 모양
이 하늘이 빚어 내렸고 ······ 약을 만드는 절구에 넣어서 약효를 보겠다
하시면 반드시 인삼은 자신의 몸이 축나기를 바랄 것이며, ······ 진실로
적어 변변치 못하지만 장수하시길 바랍니다(《계원필경》 권18 물장).

인삼 3근 ······ 해가 뜨는 지역에서 캐서 천지를 건너왔습니다. ······ 비
록 삼아오엽三椏五葉의 인삼이라 부를 수 있지만, 품질이 별다르지 않을
까 부끄럽습니다. 다만 수만 번의 물을 건너고 수천 개의 험난한 산을 넘
어왔음에도 그 남아 있는 향을 귀히 여겨 주십시오(《계원필경》 권18 물장).

최치원은 해동 인삼(고려인삼)이 장수를 누릴 수 있는 영초라는 점을 외
교적 겸양을 통해 뽐내고 있다.

백제 인삼,
6세기 중국 시장
최고의 약재였다

인삼은 오래전부터 신비한 약효로 인해 어떤
약재보다 중시되어 왔다. 백제 인삼은 특히 그러했다.

도은거陶隱居가 말하기를 상당군上黨郡은 기주冀州 서남쪽에 있으니 지금
의 위나라이다. 그 인삼의 모양은 길고 누런 색이니 모양이 방풍防風과
같고 윤기가 많고 달아서 민간에서는 복용하지 않는다. 이에 백제의 것
을 중히 여기는데 생김새가 가늘지만 단단하며 희다. 기운과 맛이 상당

군 것보다 담박하다. 다음으로 고구려 인삼을 쓴다. 고구려 인삼은 곧 요동 인삼이다. 생김새가 크지만 알차지 못하고 부드러워 백제 인삼만 못하다. 백제는 지금 고구려에 복속되어 있기 때문에 고구려가 바치는 것은 이 두 가지 종류가 다 있으니 취사선택할 뿐이다(《중수정화경사증유비용본초》 권6 초부 상품지상 인삼조).

도은거는 도홍경이다. 따라서 위 인용문은 6세기 전후 중국에서 파악한 고구려, 백제, 신라의 인삼 지식이 담긴 기록이다.[3] 인삼은 지형·기후·지질·토양 등 자연환경에 매우 강한 영향을 받는 약초이다. 종자가 같아도 생장환경에 따라 2세대가 지나면 다른 종류의 인삼이 생산되기도 한다. 인삼을 밭에서 대량으로 재배하기 이전 시기, 자연산 산삼이 진짜 인삼인지를 두고 논쟁이 일어난 것도 이러한 이유다.

상당군은 중국 산서성 동남부 일대를 말한다. 여기서 나는 상당 인삼은 진짜 인삼이 아니라 유사인삼인 만삼蔓蔘이었다. 만삼은 상당 지역뿐만 아니라 만주·요녕·하남·섬서·감숙·사천 등지에서 자생하는데, 인삼만큼 강력한 효력이 있지는 않지만 인삼 대용으로 충분히 활용할 수 있다고 한다. 만삼의 씨는 갈색이며, 줄기에 털이 있고, 결정적으로 꽃에 자색이 섞여 있다. 중국 사람이 천하의 보배로 여겼던 태항산과 난약산의 자단삼紫團蔘으로 보인다. 그러나 백제 인삼과 고구려 인삼의 효능이 알려지고 중국으로 유입되면서 상당 인삼은 천하 보배의 지위를 이들에게 넘겨주어야 했다.

백제 인삼의 효능은 의학과 의료체계의 발전과 관련이 있었다. 2004년 부여군 은산면 가중리에서 원삼국시대 집터가 발굴되었다. 1~3세기경 집들이 있었을 것으로 추정되는 이곳에서 약초 쥐손이풀의 씨앗 17개가 확인되었다. 쥐손이풀은 오늘날까지 민간 경험방에서 설사를 멈추게 하는 지사제로 쓰이는 다년생 약초이다. 잎이 쥐의 손처럼 생겼다 해서 붙은 이름인데 민간에서는 무좀풀, 이질풀이라고도 하며, 노관초老瓘草 또는 현초玄草 등으로 불리기도 한다. 백제에서 질병을 치료하기 위한 처방 중심의 약재가 중시되었음을 보여 주는 유물이다. 부여군 능산리 절터에서 발견된 '능산리 사지 25번 목간'에서는 약재를 담당하는 사역인 지약아支藥兒의 존재가 밝혀지기도 했다. 백제에서 체계적인 의약제도와 세밀한 문서행정이 시행되고 있었음을 뒷받침하는 유물이다. 백제의 의약학을 담당한 관청으로는 약부藥部가 있었다. 《일본서기》에 의하면 553년 6월 일본이 백제 성왕에게 의박사醫博士, 역박사易博士, 역박사曆博士 등의 교체를 요구하여, 554년 2월 의박사 나솔奈率 왕유릉타王有楞陀와 채약사 시덕施德 반양풍潘量風, 고덕固德 정유타丁有陀 등이 교체 인원으로 파견되었다고 한다.

6세기 백제 도읍 부여에는 의박사, 채약사의 전문지식을 바탕으로 당대 최고의 약재가 몰려들었다. 의박사는 약부에 소속된 의학자였다. 이들은 《백제신집방百濟新集方》과 같은 의학서를 편찬하여 의학을 체계화했다. 의학교육 역시 이들의 몫이었을 것이다. 채약사는 약재를 채취하고 이를 공납으로 받아서 가공 관리하는 역할을 한 것으로 추측된다. 채약사의 임무 수행은 1995년 발굴된 '궁남지 출토 1번 목간'과 2008년 나주 다시면 복암리 목간에서 보듯 백제가 호적을 작성하고 부세와 공물 수취를 위해 지리지를 편찬한 것이 뒷받침되었기에 가능했다.[4]

이 같은 백제의 약물학에 대한 관심은 "백제 사람은 음양오행, 의약, 점복 등에 능통하다"는 중국의 평가를 이끌어 냈다.[5] 백제에서는 사비 천도 이후 중국 남조의 지식인과 기술자를 초청하는 등 선진기술을 받아들이려 하는 욕구가 커졌다. 같은 시기 백제 인삼과 같은 삼국의 약초 및 의학지식이 역으로 중국에 영향을 미치고 있었다. 백제 인삼은 일찍부터 중국에 알려져《명의별록》에 고구려 인삼과 더불어 진짜 인삼으로 기록되면서 세계 최상의 상약上藥으로 인정받았다.

목조관음불상이
품고 있던
고려 인삼

고려시대에는 중국 송나라를 비롯하여 아라비아·동남아시아 등과 활발한 국제무역이 이루어졌다. 이때 고려의 대표 상품은 역시 인삼이었다. 고려 인삼(국명+인삼)의 시대가 열린 것이다. 1123년 송나라 사신으로 고려에 왔던 서긍은《고려도경》에서 "고려는 인삼이 곳곳에서 난다"고 했다.[6] 인삼을 끓여 숙삼熟蔘으로 가공하여 보존기간을 늘리는 제조기술이 개발되었음을 소개하기도 했다.

북송北宋의 의관 구종석寇宗奭은《본초연의本草衍義》에서 "인삼으로 지금 사용되는 것은 중국 하북 변경의 각장호시榷場互市에서 오는 것으로 모두 고려에서 나는 것이다"라고 했고,[7] 원나라 황제는 "세상에서 말하길 인삼은 너희 나라에서 나는 것이 좋다고 한다"라고 했다.[8] 그렇게 고려 인삼이 우리 인삼을 대표하는 고유명사가 되었다.

2010년 고려 인삼이 실물로 발견되었다. 부산 동래구 원광사에 있던 천성산 관음사 목조보살좌상의 복장물 중에서 인삼이 나온 것이다. 넓은 어깨에 곧은 자세로 당당한 모습을 한 이 보살상은 1502년에 제작된 것으로 확인되었다.

보살상의 몸 안에서 다양한 복장물이 나왔으며 발원문을 통해 정확한 내용도 알려졌다. 원래 복장물에는 오약五藥이라 하여 동쪽 인삼, 서쪽 계심桂心, 남쪽 감초, 북쪽 아리阿梨, 중앙 부자附子 등 다섯 가지 약초를 넣었다. 복장물로 인삼을 넣은 사실은 충남 문수사 금동아미타여래좌상의 몸 안에서 나온 복장물 물목인 〈미타복장입물색기彌陀服藏入物色記〉(1346)에서도 확인된다. 그러나 실물은 이 보살상 복장물의 고려 인삼이 유일하다. 이 인삼은 방사성탄소연대 측정 결과 서기 1060년 전후 시기로 확인되어 현존하는 유일한 고려 인삼이 되었다. 목조보살좌상이 고려 인삼을 천 년 이상 품어 온 셈이다.[9]

복장물에서 인삼이 발견된 보살상으로는 국립중앙박물관 유물 금동관음보살좌상도 있다. 이 보살상은 조선 초기 15세기경 제작된 것으로 추정되며, 복장물은 15세기와 17세기에 넣었을 것으로 추측된다. 인삼은 밀·유리·겨자씨 등과 함께 동쪽 보병에 있었다.

천성산 관음사 목조보살좌상과 복장물 인삼이다. (03)

조선시대
인삼 자생지

　　　　　조선시대에는 전국에서 인삼이 산출되고 유통되었다. 이에 따라 '삼국+인삼' 구분 방식은 여전히 존재했지만 '생산 지역+인삼'이라는 의미가 강해졌다. 조선시대 산삼 채취가 가장 늦은 시기까지 활발히 이루어진 곳은 폐사군 지역이었다.

세종 때 폐사군廢四郡 지역을 강계부에 예속시켜, 백성을 옮기고 그 지역을 비워 버렸다. 그리하여 지금은 수목이 하늘에 닿을 듯한 아주 깊은 두메가 되었는데, 인삼이 많이 산출된다. 해마다 봄·가을에 백성들이 산에 들어가 캐도록 허가하여 그것으로 공물貢物과 세부稅賦에 충당하게 했다. 그래서 강계부가 인삼 산지로 나라 안에 유명하다(《택리지》 팔도총론 평안도).

폐사군 외에 태백산맥 줄기를 타고 소백산맥과 차령산맥 산간에도 인

국립중앙박물관 금동관음보살좌상, 복장물 인삼과 인삼을 쌌던 포장재이다. (04)

1

삼은 자라고 있었다. 18세기 《홍재전서》에서는 "중국에서는 요삼遼蔘을 손꼽고, 우리는 나삼羅蔘을 손꼽는다. 나삼은 영남에서 나는데 영남은 바로 옛 신라이다. 까닭에 나삼이라 하는 것이다. 관동, 강계, 관북의 인삼을 그다음으로 친다"고 했다.[10] 19세기 《임원경제지》에도 "우리나라 민간에서는 영남과 호남에서 나는 것을 나삼羅蔘이라 하고 평안도와 강원도에서 나는 것을 강삼江蔘, 함경도에서 나는 인삼을 북삼北蔘이라 한다"고 하여 인삼을 산출지에 따라 구분했다.[11]

18세기 중엽 인삼을 둘러싼 환경에 커다란 변화가 발생한다. 자연산 인삼 수확이 크게 줄어들고 재배 인삼으로 만든 홍삼이 새로운 상품으로 개발된 것이다. 홍삼은 중국으로 수출되어 각광을 받았다.

내가 중국 사람에게 들으니 그 말에, "가짜 홍삼을 모르는 것이 아니나, 백삼에 비하면 독이 없으니 홍삼을 사용하는 것이다" 했다. 근래에는 아편이 성행하여 여러 경로로 매매하는 이가 많다. 책시柵市에서만 그런 것이 아니라 풍천·장연 해상과 관북시關北市에서도 매매가 되고 있으니, 이는 모두 내가 직접 본 것이다. 중국 사람의 필기를 상고하건대, "백제삼에 수염이 있는 것을 황삼黃蔘이라 하고, 고려삼은 자단삼에 가까우며 신라삼에 버금간다" 했다(《임하필기》 권28 춘명일사 홍삼지시).

자연산 인삼이 거의 절종되고 재배 단계로 들어섰음에도 내의원에서는 산삼을 고집했다.[12]

내의원에 저장된 삼은 단지 경상도와 강원도의 구분이 있을 뿐인데, 경상도의 삼은 대전大殿에 올리고 강원도의 삼은 각전에 올립니다(《임하필기》 권28 춘명일사 내국홍삼).

조선시대 자연산 인삼은 경상도·전라도·평안도·강원도·함경도에 이르기까지 거의 전 지역에서 심마니들에 의해 채취되었다. 그러나 주요 산지는 존재했다. 조선 전기 《세종실록지리지》의 인삼의 공납 군현을 통해 이를 가늠해 볼 수 있다. 물론 여기에는 두 가지 전제조건이 필요하다. 하나는 산삼의 산출지가 크게 변화하지 않았을 것이라는 전제이다. 다른 하나는 《세종실록지리지》의 인삼의 공납 지역이 실제 인삼 산출지라는 전제이다. 항상 지방의 군현에서는 절산 공물絶産貢物에 대한 징수가 문제가 되고 있었기 때문이다.

《세종실록지리지》에 따르면 조선시대 인삼 산지는 태백산맥·소백산맥·차령산맥 등 주요 산맥을 따라 분포했다. 남해 및 서해안의 해안가와 평야지대에서는 산출되지 않았다. 구체적으로 경기도에서는 37개 중 영평현 1곳을 제외하고는 인삼 공납 지역이 없었던 데 비해, 강원도는 도내 군현의 88퍼센트, 함경도는 59퍼센트, 평안도는 52퍼센트로 절반 이상 고을이 인삼 공납을 부담하는 지역이었다. 한편 충청도는 46퍼센트, 경상도는 21퍼센트, 전라도는 20퍼센트 정도였다.

02
심마니는
어떻게 살았을까?

심마니는
전업 직종이었을까?

　　　　　심마니[심메마니]는 산삼을 캐는 일을 업으로 삼은 사람이다. '심'은 산삼의 고어古語이고, '메'는 산의 고어이며, '마니'는 '큰 사람'을 뜻하는 불교 범어에서 유래되었다.[13]

　산삼mountain ginseng에는 자연의 야생삼wild ginseng, 종자나 묘삼을 심어서 기른 산양삼山養蔘mountain grown ginseng 그리고 임간재배삼林間栽培蔘woods-cultivated ginseng이 있다. 하지만 산양삼은 산에 종자를 심었다가 세월이 오래된 이후에 캐는 것이었으며, 임간재배삼은 두둑을 만들고 토양에 인공을 상당히 가하여 기르기 때문에 심마니가 캐려는 대상은 아니었다.

17세기 조선에서 산삼에 대한 사회적 수요가 폭발적으로 증가했다. 산삼이 상품으로 기능하기 시작한 것이다. 특히 중국과 일본으로의 수출이 크게 늘면서, 조선의 산삼은 절종 단계에 이르렀다. 이에 인삼의 종자를 얻어 밭에서 재배하려는 시도가 지속되었다. 18세기 후반에는 전국 각지 밭에서 인삼이 재배되었는데 집 부근 밭에서 키웠다고 해서 가삼家蔘이라고 불렀다. 지금 우리가 인삼이라 할 때는 산삼과 가삼을 함께 부르는 경우가 많다. 가삼 덕분에 인삼 생산량이 늘긴 했지만 궁중의 내의원이나 정부의 공물은 물론 민간의 수요를 노린 산삼 채취는 19세기까지 계속되었다.

그러나 일제강점기를 거치며 우리나라 산림은 급속히 황폐해졌다. 목재·초본류 등의 임산자원은 물론 호랑이·담비 등의 비임산자원 약탈이 무분별하게 자행된 것이다. 산삼의 생장 특성에 맞는 깊은 원시림 속 반양반음의 조건도 크게 바뀔 수밖에 없었다. 이로 인해 산삼 채취 지역은 평안북도 강계를 중심으로 하는 북부, 설악산과 오대산을 주축으로 하는

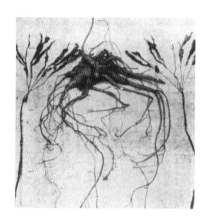

1936년 4,000여 원에 팔린 산삼. 당시 산삼은 2냥중 이상이면
1뿌리의 가격이 500원부터 4,000~5,000원까지 나갔다. (05)

1

중부, 지리산을 중심으로 하는 남부 지역으로 극히 제한되었다. 당연히 채취량도 급격히 줄어들었고 엄청나게 귀한 상품이 되었다. 강계군 어뇌면漁雷面 전씨 노인이 산삼으로 벼락부자가 된 사례와 약 1.8킬로그램[480인중刀重]의 산삼이 4,000여 원(현재 가치로 5,000여만 원)에 팔렸다는 보도는 나라 안 화젯거리가 될 정도였다.[14]

이 같은 환경 변화는 심마니의 습속에도 영향을 끼친 것으로 보인다. 100년 전 심마니의 모습은 어떠했을까. 민속학의 연구 성과를 빌려 살펴보면, 신성에 기대어 안전과 풍요를 빌고, 그들만의 은어와 신호를 사용하며, 제의·생활·노동에서 특징적인 모습을 보였다.

심마니는 한자로는 채삼인採蔘人으로 썼다. 심마니는 다른 약초를 캐지 않았으므로, 사냥을 하면서 약초를 캐던 산척山尺과는 구분되는 직업이었다. 또한 채삼을 전업으로 하는 사람과 부업으로 하는 사람이 나뉘어 있었다. 하지만 전업 채삼인일지라도 농업을 가업으로 삼았다고 봐야 한다.

산삼의 생장 특성상 심마니의 활동 시기는 더위가 가라앉고 일교차가 커지는 처서(양력 8월 23일경) 이후부터 한로(양력 10월 9일경)와 상강(양력 10월 24일경)까지가 일반적이다. 인삼의 잎이 새로 나와 눈으로 식별이 가능한 소만(양력 5월 21일경)부터 잎이 시드는 상강까지 활동하기도 했다. 하지만 영양분이 뿌리로 내려오고, 산삼의 열매와 잎을 구별하기 쉬운 처서부터 상강 전후까지 산에 드는 경우가 일반적이었다.

채삼인의 생활은 고달팠다. 조선 중기의 문신 이춘원李春元(1571~1634)은 〈채삼행〉이라는 시에서 인삼 채취에 내몰린 백성의 사정을 이렇게 읊었다.

대관령 동서로 천만 갈래 뻗은 산

신령스런 약초 뿌리 그 사이에서 자라네

사람 모습 닮았고 더러는 양의 뿔 같은데

제일 우수한 것을 자단삼이라 하네

캐고 다듬어 불로장생 영약 만들면

죽을 사람 살리는 데 더 좋은 것 없다네.

《구원선생집》 권1 시)

시의 첫 부분에서는 인삼 생산지, 모양, 품질, 약효 등을 노래한다. 이어 중국 시장에서의 높은 수요와 비싼 가격으로 인해 상인들이 인삼 생산지 백성들을 찾아 앞다투어 가는 모습을 그리고 있다.

세 가지 잔뿌리 없는 인삼 중국에 곧장 내면

천금이라도 값을 따지지 않고 다투니

개성의 부상 서울의 장사꾼들

길에 연이어 그 수를 헤아릴 수 없네

힘센 말 가벼운 차림으로 쏜살같이 달려

농사 힘든 바위 계곡의 산간 집 찾으니

손에 쥔 인삼 채취 허가 황지첩黃紙帖

마당 가득 어지럽게 낙엽 쌓이듯 하네.

호조의 인삼 채취허가증인 황지첩을 들고 일확천금의 기회를 노리려는 부상富商들 뒤에는 죽음을 무릅쓴 심마니들이 있었다.

숲 우거진 응달 낙엽 우거진 대관령

세 치 크기 보습에 흰 나무 자루 끼워

간단한 차림 호표虎豹인 듯 험한 곳 마다치 않아

이따금 낭떠러지에서 귀한 목숨 잃는다네

몰래 다니다가 도리어 관리에게 들키면

풀 속으로 숨기를 놀란 사슴같이 하는데도

광주리 털고 움막집까지 찾아 멋대로 뒤지며

아내와 아들까지 묶어 모진 매질한다네.

심마니들은 보잘것없는 도구만 들고 온 심산궁곡을 헤매다가 낭떠러지에서 떨어지기도 하고, 허가증이 있는지 검열하는 관원을 피해 숨기도 했다. 걸렸다 하면 온 집안이 털리고 매질을 당했다고 한다. 옛날에는 가끔 많이 캤던 적도 있으나 지금은 씨가 말라 버렸다. 결국 채삼꾼은 더 구하기 어려워진 이 신령스러운 약초를 둘러싼 고생, 그에 따른 원망을 신농씨에게 돌린다. 인류에게 약초를 가르쳐 준 신농씨를 화근을 만든 우두머리에 비유하며 울부짖는다.

화수禍首 신농씨 온갖 풀 맛보아

남의 집 부자 온전치 못하게 하니

차라리 이 산 옮겨 바다를 메울 수 있다면

망망한 넓은 들판을 만들어 뽕밭을 일구리라.

산에서 나는 인삼, 즉 산삼은 이미 17세기 중반 절종 현상을 보인다. 하지만 희소성에 따른 가격 상승과 효능에 대한 믿음은 더욱 강해졌다. 이 때문인지 인삼을 캐는 심마니는 100년 전에도 우리 곁에서 어렵지 않게 볼 수 있었다.

1929년 평안북도 강계군에서 허가증을 받은 심마니는 1,240명, 이듬해인 1930년에는 1,038명, 1936년에는 700~800명 정도로 지속적인 감소 추세를 보인다. 이들이 모두 전업 심마니라고 할 수는 없으나 이 정도 규모라면 홀로 산에 들어가는 경우보다는 채삼단, 즉 무리를 지어 활동했던 것으로 추정된다. 그 편이 산행에서의 안전을 도모하고 작업에 필요한 준비물도 나누어 질 수 있기 때문이다. 채삼단은 3명에서 10명까지 편성했는데, 3·5·7 등 홀수 편성이 많았다. 홀수를 길한 숫자로 보는 관념에 따른 것이다. 여자 심마니, 곧 개장마니는 단원에 끼워주지 않았다.

채삼단을 이끄는 사람을 어인마니라고 한다. 한자로 어인御人이라고 쓰지만, 실상은 북방계어로 알려진 어이[親]에 인人이 붙으면서 나타난 유추 현상이다. 나이가 많고 산에 든 경험과 산삼에 대한 지식, 그리고 산삼 채

1936년 어인마니의 복장을 한 강계읍 동부동 이기정李基貞 씨.
그는 10여 년간 어인마니로 채삼뿐 아니라 서선 지방으로 행상도 하면서
신임을 받았다고 한다. (06)

1

취 경험이 많은 자이다. 단원은 어인마니의 말을 따르는데, 거역하면 단원의 자격을 박탈했다.

조직이 크면 어인마니 아래 중어인을 두기도 했다. 어인마니 아래에는 취사를 담당하는 정재精才가 있었다. 대원은 소댕이[소대인小待人], 나이가 가장 어린 대원은 염적마니라고 불렀다. 직위가 부여되지 않은 대원은 최마니, 김마니 등 본인의 성에 마니를 붙여서 불렀다.

심마니의
채삼단 형성과
산에 들기 전 습속

심마니가 되고 싶은 사람은 어인마니를 찾아가 배움을 청했다. 좋은 산삼을 많이 캐고 인품도 인정받는 어인마니는, 초보 심마니에게 지식보다는 심마니의 마음가짐을 가장 강조했다. "욕심을 부리면 안 된다. 욕심을 부리면 절대 심 못 본다", "마음을 비우고 그저 가다가 복 있으면 내줄 것이고, 그걸 보려고 이거 신경 써서 다니면 안 보인다"고 가르쳤다.

어인마니는 초보 심마니를 데리고 실습을 반복했다. 이를 통해 산중에 산세를 살피는 방법, 산삼의 위치를 찾는 방법, 주변에 약초나 식물을 찾는 방법 등을 가르쳤다. 초보 심마니는 이런 일정 기간의 학습을 마쳐야 비로소 심마니의 일행으로 활동할 수 있었다.[15]

심마니들은 입산에서 하산까지를 한삼이라고 불렀는데, 보통 3~10일이 걸렸다. 일삼메꾼은 처서쯤 들어가는 심마니, 만삼메꾼은 늦가을 추분 이후 들어가는 심마니를 말한다. 봄에 채취한 산삼을 춘메, 여름에 채취한 것을 황메, 가을에 채취한 것을 백메라고 했다.

입산일은 일관에게 천기를 점치게 한 뒤 날짜를 받아 어인마니가 결정하고 마니들에게 통지했다. 호랑이 날인 인일寅日은 피했다. 산신의 화신이 호랑이라는 믿음 때문이었다. 입산 날짜는 누구에게도 알리지 않아야 했으며, 이때부터 심마니들의 근신 생활이 시작되었다. 어인마니의 집에는 금줄을 치고, 대문 앞에 황토를 깔아 부정한 사람의 출입을 막았다. 부부관계를 피하는 것은 물론이요, 부인이 월경 중이면 참여할 수 없었다. 상가는 물론 잔치에도 가지 않았다. 마당너구리라 부르던 개, 마당꿩이라 부르던 닭도 잡아먹지 않았고, 말도 많이 하지 않았으며, 집을 떠나는 날에도 손짓으로 인사를 대신했다. 전체적으로 마을 제사가 있을 시 금하던 금기사항과 비슷했다.

심마니는 산에 들기 전에 채삼한 산삼을 공동으로 소유할 것인지, 최초 발견자의 몫으로 할 것인지를 결정한다. 원앙메[동메]는 공동으로 채삼, 분배하는 것이고, 독메[각메]는 산삼을 발견한 심마니가 전적으로 산삼을 소유하는 것이다. 독메의 경우 근처에 자생하는 산삼을 어떻게 처리할 것인가의 문제가 발생한다. 보통 최초로 발견한 자가 주변 탐색을 마치고 "보시오" 또는 "소망 보시오" 하면 다른 단원도 주변에서 산삼을 찾아 자기 몫으로 할 수 있었다.

심마니의 준비물에는 어떤 것이 있을까? 심마니는 산삼을 찾는 행동을 '잰다'라고 한다. 이때 사용하는 필수품이 '마대'라고 부르는 지팡이다. 마대는 층층나무, 박달나무, 황벽나무 등으로 만들어 산행할 때 사용하지만 나무를 쳐서 신호를 보낼 때도 활용한다. 피나무 껍질로 만든 '주르먹'이라는 망태기, 채삼할 때 다른 식물의 뿌리를 걷어 내거나 모둠을 이룰 때 사용하는 글띠기(톱), 찍메(도끼), 감재비(낫)도 준비한다. 모새미

(쌀), 질(된장), 감사(고추장), 백사(소금), 파, 마늘, 올림대(숟가락), 산재까치(젓가락), 새옹(솥), 우묵이(바가지), 호련(성냥), 주제비(하의), 더구래(윗옷), 술, 소지, 양초, 모자와 설피(신발), 각반 등도 준비했다.

산행을 떠나기 전과 입산한 날에 어인마니 주관으로 산삼을 많이 캐고 맹수의 피해를 막아 달라는 산신제를 드리는데 이를 '어인선생제'라고 했다. 어인마니는 "소례로 올린 정성 대례로 받아 주시고, 좋은 심 볼 수 있도록……마당심, 떼심, 줄심 산삼을 많이 캐게 해 달라"고 빌었다.

심마니들은 입산하기 전부터 꿈의 길흉에 따라 입산 여부를 점치기도 하고, 꿈에서 산행 중에 산삼을 만날 수 있을지에 대한 계시를 받는다고 믿었다. 백발노인이 무를 줘서 받는 꿈, 산삼이 사람으로 변하는 꿈, 산개(호랑이)가 사람을 물어가는 꿈은 길몽이라며 좋아했다. 반면 눈 덮인 산을 보는 꿈, 얻은 무를 남에게 주는 꿈, 얼음에 쌓인 산과 들을 보는 꿈, 타고 있던 산개가 빠져나가는 꿈은 흉몽으로 여기고 싫어했다. 심마니에게 꿈은 산신의 계시이자 산행의 방향을 결정하는 기준이었다.

심마니의 "심봤다!"와 "소망 보시오!"

심마니의 집단 생활에서 두드러진 특징은 말을 아끼는 신언愼言의 습속이다. 신언의 습속은 집을 떠나 산행을 시작할 때부터 시작되는데, 가족끼리는 "무사히 다녀오라", "잘 있어라"라는 인사말도 나누지 않았다. 산 생활을 위해 모둠 즉 산막을 지을 때도, 산행 중 의사소통이 필요할 때에도 대화보다는 마대로 나무를 쳐서 서로 신호했다. 한 번 치면 '말하지 말라', 두 번 치면 '모이자', 세 번 치면 '안침(휴식)하자'는 의미였다.

산의 전체 형세를 보는 것을 대국이라 하고, 산을 재기 전에 산세를 보고 산삼이 나올 산인지 아닌지를 결정하는 것을 대산이라고 했다. 산을 잴 때는 일반적으로 어인마니가 앞장서 예전에 산삼을 캤던 '구광 자리'를 찾는다. 구광 자리는 '표적'이라 하여 돌로 표시하거나 나무 사이에 돌을 끼워 놓는다. 구광 자리에서는 휴면 산삼이 다시 돋아날 확률이 높기 때문이다.

심마니는 꿩과 흑저귀(까마귀)를 길조로 여기고 발길을 잡는다. 꿩과 흑저귀가 산삼 씨를 좋아하기 때문이다. 반면 진대마니(뱀), 노루, 담비는 흉조로 여긴다. 산을 타다가 어인마니가 적당하다고 생각되는 곳에 이르면 각자가 산삼을 잰다. 보통 산의 7~8부 북쪽 능선으로, 그늘진 계곡이나 경사진 곳에 통풍이 잘되고 시원한 곳이다. 산에서 심마니들은 주로 은어를 써서 대화한다. "목네미 하세"는 산을 넘어가자는 말이고, "전산 하세"는 다른 산으로 가자는 말이다.

산삼을 발견하면 "심봤다"를 외친 뒤 산삼 옆에 마대를 꽂고 주위에 산삼이 더 있는지 잰다. 그 이후 "소망 보시오" 하면 휴식을 하고 있던 다른 심마니도 산삼을 잰다. 채삼은 어인마니가 도와 준다. 채삼을 하기 전에는 산삼을 향해 세 번 반을 절한다. 첫 번째는 산삼을 본 것에 대한 감사를 담아, 두 번째는 산삼의 나이가 심마니 나이보다 많기를 희망하면서, 세 번째는 좋은 산삼이기를 바라면서, 세 번째 반은 산신에게 올리는 절이라고 한다.

채삼에서 중요한 것은 가는 뿌리를 다치지 않게 하는 것이다. 가는 뿌리가 끊어지거나 상하면 산삼이 놀라고 그것을 먹는 사람도 놀란다는 속설 때문이다. 산삼을 채취하는 것을 '돋운다'고 한다. 산삼을 뽑아 올리는 것이 아니라 밑에서부터 들어올리며 흙을 턴다는 의미이다.

산삼은 많지 않을 뿐더러 약효가 재배종보다 뛰어난 것으로 믿어져 왔다. 이 때문에 산삼의 가격과 효능, 중국 인삼의 유입 등 여러 문제가 제기되고 있다. 특히 산삼의 나이인 삼령蔘齡에 대한 논란이 끊이지 않는 가운데 삼령이 100년 단위로 부풀려지는 경우도 많다. 2010년 임업 통계에 의하면 우리나라에서 51년 이상인 나무는 2.4퍼센트에 불과하다고 한다. 우리 산림의 현재 모습은 1960년대 산림녹화 사업의 결과라는 것이다. 조성된 지 50년 남짓한 산에 100년 이상의 산삼은 현실적으로 존재하기 어렵다.

심마니의 습속도 많이 변했다. 심마니는 산삼만을 채취하고 다른 약초는 캐지 않았으나 요즘은 그렇지 않다. 채삼단 구성에 여자 심마니가 끼는 것도 개의치 않는다. 설악산, 치악산, 소백산, 속리산, 지리산 등 백두대간을 중심으로 활약하는 심마니는 수천 명에 이를 것으로 추정되지만, 정확한 숫자는 알 수 없다. 이들 중 대다수는 다른 직종에 종사하는 부업 채삼인으로 보인다. 산속에서 생활하는 기간이 줄고 차량을 이용한 원거리 이동이 가능해지면서 채삼단 인원도 단출해지고 휴대품도 줄어들었다. 도구도 모두 현대용품으로 탈바꿈했다. 심마니의 숫자는 1997년 IMF 사태를 지나 산양삼 재배가 늘어난 2000년 즈음부터는 더욱 줄었다.

심마니는 감소하고 있지만 성취의 기쁨을 갈구하는 현대인의 심리상태 때문인지 "심봤다!"라는 기쁨에 들뜬 심마니의 외침은 일상용어로 생생하게 쓰이고 있다. 산삼을 캐고 다른 사람과 채삼의 기쁨을 나누는 "소망 보시오!"라는 심마니의 공동체 의식도 "심봤다!"와 어우러져 우리 곁에 함께하면 좋겠다.

약재 전문시장
약령시와 인삼

350여 년 전
약령시가 열리다

무병장수는 예나 지금이나 인간의 한결같은 바람이다. 그렇다면 의약의 혜택이 원활치 않았던 시기, 아픈 자의 병을 낫게 하고 건강을 지키기 위한 약재는 어디서 어떻게 구할 수 있었을까?

첫 번째로 꼽을 수 있는 곳은 오일장이다. 18세기 이후 문헌에 따르면 조선 전국에서 열린 장시는 1,000개가 훌쩍 넘었던 것으로 파악된다. 이들 장시는 일정한 범위 내에서 4~5개의 장시가 각기 다른 설장일設場日에 개시함으로써 그 지역 내에서 상품 거래가 항상 이루어지는 시장권을 형성했다. 이에 따라 기존의 정치·행정 중심 도시가 아닌 상업 중심 도시가 성장하는가 하면 수공업 중심 도시도 생겨 나고, 포구를 중심으로 유통권이 확대되기도 했다.

장터에는 봇짐장수 보상과 등짐장수 부상의 보부상단, 일반 소상인, 생활필수품을 내다팔고 사는 백성들이 모여들었다. 정부는 장터에서 정부 시책을 반포하고 홍보했으며 죄인을 처벌하는 권력의 상징공간으로 활용했다. 백성에게 장터는 억압에 대한 저항의 거점이 되기도 했다. 장터에 개인적인 억울함이나 사회 불만을 적은 괘서나 벽서를 붙이기도 했으며, 장터를 농민 봉기의 집합장소로 이용하기도 했다. 장터는 송파장의 산대놀이 같은 민중 연희가 열리는 흥겨운 마당이자 정보 교환의 장으로도 기능했다.

이러한 오일장에서 귀한 약재와 인삼을 구할 수 있었을까? 간단한 식품성의 초재草材 정도는 찾을 수 있었을 것이다. 하지만 인삼을 포함한 약재는 전문시장을 통해 매집되고 유통되었다. 바로 약령시藥令市이다.

약령시는 약재를 교환·매매하는 시장으로 영시令市라고도 불렀다. 약재시장을 약령시나 영시로 부른 이유에 대해선 두 가지 설이 있다. 하나는 중앙 정부의 명령에 따라 개설되었기 때문에 그리 부르게 되었다는 설이며, 다른 하나는 약재를 채취하는 시기와 기준인 월령月令, 즉 계절에 따라 열리는 시장이라는 뜻에서 그렇게 불렀다는 설이다.

약령시는 대대로 봄과 가을에 열렸다. 약재를 공물로 바치는 시기도 봄과 가을이었다. 일부 한약재는 가을에 채취 혹은 수확하여 끝손질하는 사이에 봄이 되고, 대부분 약재는 여름과 가을에 채취하여 늦가을에 완성되었다. 봄에 열리는 시장을 춘령시春令市, 가을에 열리는 시장을 추령시秋令市라고 했는데, 개시 기간은 10일 이상이었다.

약령시는 약재의 주요 산지와 사회적 수요 등에 따라 자연발생적으로 탄생한 것으로 추정된다. 하지만 여기에서 유념해야 할 부분이 있다. 중국 약재인 당약唐藥을 우리나라의 약재, 즉 향약鄕藥으로 대체하려는 큰 흐름이 존재했다는 점이다. 1433년(세종 15)에 간행된 《향약집성방》은 이러한 흐름에서 눈길을 끄는 의학서다. 《향약집성방》은 조선 약재와 중국 약재를 비교연구하고, 각 지역에서 생산되는 약재의 실태를 담았다. 나아가 이를 토대로 민간에서 쉽게 활용할 수 있도록 《향약채취월령》을 간행했다. 중국의 약재가 아닌 조선의 약재를 종합 수집한 것이다.

1610년(광해군 2) 허준의 《동의보감》도 같은 맥락에서 만들어진 의학서다. '동의'란 중국과는 다른 조선의 의학 전통을 뜻하고, '보감'이란 중국과 조선 의학을 아우르는 표준을 세웠다는 뜻이다. 이런 특징 덕분에 《동의보감》은 출간 이후 중국과 일본으로 퍼져 나갔고, 그로부터 400여 년이 지난 2009년 유네스코 기록문화유산에 등재되었다.

17세기 이후 조선에서는 중국 약재를 대체하여 한반도에서 자생 혹은 재배 가능한 약재를 사용하려는 움직임이 한층 강해졌다. 또 임진왜란과 병자호란 이후 중국과 일본에서는 조선 인삼에 대한 수요가 급격히 증대되어 수출량이 크게 늘고 있었다. 이에 국내 수요는 물론 외교와 무역품으로서 인삼을 구하기 위한 약재시장의 필요성이 커졌다. 약재시장은 쌀이나 다른 곡물과는 달리 채취, 보전, 진위와 양부良否 감별 등이 중요했다. 이에 정부 주도의 약령시 개설 필요성이 높아졌다.

드디어 1658년(효종 9) 정부는 경상, 전라, 강원도의 감영이 있던 대구, 전주, 원주에 약재 특수시장 약령시를 공식적으로 열었다. 이를 두고 백성들은 '장場'에 간다고 하지 않고 '영令'에 간다고 했다.

약령시의
과거와 현재
그리고 인삼

전통적인 약령시의 성격이 크게 변화하는 계기는 1894년 갑오경장이다. 갑오경장 이후 정부의 약재 우선 매입제도가 중단된 것이다. 약령시에서 정부가 약재를 사들이는 제도가 없어지자, 약령시의 개시 주체가 지방 정부에서 약종상의 자치단체인 상계商契로 넘어가게 되었다.

이 같은 변화에 따라 약령시는 입지조건, 약재 가공기술, 작업장 등의 제반 조건을 배경으로 하여 시장경제의 원리가 작동하면서 부침을 겪게 된다. 함흥, 원산, 개성, 대전, 제천 등지의 약령시도 이러한 시대적 배경 아래 개설되었다.[16]

서울은 예나 지금이나 최대 약재 소비처였다. 조선시대 한양의 약재시장은 현재 서울 을지로 입구의 구리개와 종로 4가 근처의 배우개를 중심으로 분포했다. 구리개에는 주로 정부 관리가 이용하는 약국이 즐비했고, 배우개에는 서민들이 이용하는 약국이 분포했다. 이들 약국은 백성들에게 무료 시술을 베풀고 옷가지를 지급하던 보제원이 있던 제기동 쪽으로 1970년대 자리를 옮기면서 현재에 이르고 있다. 바로 현 한약재 최대 시장인 서울의 경동 한약재 시장이다.[17] 서울의 약재시장은 소비지 상설시장의 성격이 강해, 엄밀한 의미에서 약령시라고 하기 어렵다.

약령시의 대표 주자는 대구였다. 대구에 약령시가 발전할 수 있었던 데에는 몇 가지 중요한 요인이 있었다. 우선 대구는 조선시대 경상도 감영 소재지로서 전통적 행정 도시이자 교통의 요충지로 인구와 물자의 이동이 편리했다. 또한 태백산맥과 소백산맥 자락에서 풍부하게 산출된 약재가 대구로 유입될 수 있었다. 여기서 거래된 약재를 전국으로 운송할 수 있는 낙동강 수운과 육로도 갖추고 있었다. 이 지역에서는 나삼이라고 불린 최고 품질의 인삼이 산출되었는데, 정부에서는 경상감영이 있던 대구 약령시를 통해 내의원에서 쓸 최고 품질의 인삼을 구하려 했다.

대구의 춘령시는 음력 2월 1일부터, 추령시는 음력 11월 1일부터, 각각 한 달 동안 열렸다. 인삼을 채취하여 상납해야 하는 시기를 고려한 개시 기간이었다. 약령시는 대구 객사를 중심으로 봄에는 남쪽에, 가을에는 북쪽에 개설되었다. 이를 남시, 북시라고 구별했다. 약령시에서는 우선 정부에서 필요로 하는 약재를 매매한 후 민간 수요의 약재가 거래되었다. 약재를 선별하기 위해 경상감사가 의원 중에서 시약관과 접장 등을 임명하여 책임을 맡겼다.

대구 약령시가 열리면 약을 사고팔려는 사람들이 전국은 물론 외국 여러 나라에서 운집했다. 이 때문에 종종 약재 매매자 사이에 싸움과 소송이 일어나기도 했다. 한말에는 이러한 분쟁에 대처하기 위해 경상감영에서 이동식 파출소와 즉결처분소를 설치했다. 약령시에는 어음 발행과 환전 대부 등을 위한 기관도 여러 곳 생겨났다. 1904년 대구 약령시에는 1만 명이 몰려들어 약재 거래액이 100만 원에 달했다고 한다. 당시 11개 주요 도시에 설립된 농공은행 중 대구농공은행의 총 자본금 규모가 30만 원 남짓이었다는 점, 당시 쌀 한 가마 가격이 0.6원이었다는 점을 생각해 보면 대충 그 규모가 짐작이 간다. 지금의 대구 성곽 남쪽의 약전골목이 형성된 것은 1907년 이후의 일이다.

2007년 기준 대구 약령시에는 50여 개의 한약방과 90여 개의 약업사, 25개의 한의원, 15개의 인삼사, 70여 개의 제탕·제환소를 포함하여 350여 개의 한방 관련 업소가 밀집해 있는 것으로 조사되었다. 흥미로운 점

1

은 건삼, 수삼, 인삼 정과를 비롯해 인삼 분말과 환, 진액, 캡슐, 차 등 인삼 관련 상품을 판매하는 전문 인삼사가 있었다는 것이다. 과거에도 대구 약령시에서 인삼이 가장 비중 있게 취급된 물품이었음을 짐작케 하는 대목이다.[18]

금산의 약초시장은 서울의 경동시장, 대구 약령시와 함께 현재 전국 3대 약령시로 꼽힌다. 금산에 인삼시장이 형성되기 시작한 역사는 100여 년 전으로 거슬러 올라가지만, 국내 제일의 대규모 인삼시장으로 면모를 굳히기 시작한 것은 1945년 8·15 이후의 일이다. 한국전쟁으로 개성 인삼시장이 폐쇄되자, 상대적으로 금산 인삼시장이 최대의 인삼시장으로 급성장했다. 금산은 전국 백삼 거래량의 약 80퍼센트를 차지하는데, 2일과 7일 장날은 약령시와 일반 시장이 함께 어우러진 모습을 볼 수 있다.

금산 인삼시장은 백삼이 거래되는 구시장, 수삼 판매가 이루어지는 수삼센터 그리고 국제 인삼시장으로 나뉘어 열린다. 약초시장은 국제 인삼시장과 수삼센터 사이에 조성되었다.[19] 인삼시장으로는 풍기, 진안, 강화의 장시도 빼놓을 수 없다.

인삼과 감초의 어울림

오늘날의 약재시장에는 한의사가 약의 조제와 진료행위를 할 수 있는 한의원, 약의 조제와 판매를 담당하는 한약방, 건재상으로 불리며 약재의 도소매업과 수출입을 하는 약업사, 약업사 외에 수출입을 전문으로 하는 무역회사 등이 존재한다. 이 밖에 약재를 전문적으로 썰거나 갈아 주는 절단소나 제분소, 약을 전문적으로 달여 주는 탕제원도 있다.

약재시장 종사자 중에는 일제강점기와 해방 이후 우연한 기회에 운명적으로 약방을 운영하거나 자격시험을 통해 자격을 얻어 한의원을 연 후천직처럼 알고 살았던 사람들이 있다.[20] 이들이 한의약의 실무를 시작하면서, 그리고 한약업사와 한의사 시험을 준비할 때 손에서 떼놓지 않은 책이 있었다. 《방약합편方藥合編》이 그것이다.

《방약합편》은 조선 후기 한의학자인 황도연黃度淵(1807~1884)의 아들 황필수黃泌秀가 황도연의 저서 《의방활투醫方活套》를 토대로 편찬한 책이다. 《방약합편》은 《동의보감》과 함께 임상적으로 가장 많이 활용되고 있는 의약서로 한의학의 활용도를 높이고 한의학 대중화에 지대한 공헌을 했다는 평가를 받는다. 특히 약재의 성질과 효능을 7언 절구의 한시로 만든 《방약합편》 약성가는 노래처럼 읊조리면서 쉽게 외울 수 있어 실무에 빠르게 적용 가능하다. 《방약합편》의 처방 및 그 처방을 구성하고 있는 약물을 분석한 연구가 있다.[21] 여기서 가장 많이 쓰인 약물의 순위는 아마도 약령시에서 비중 있게 다룬 약재 순이 될 것이다. 그렇다면 인삼은 어떠했을까.

《방약합편》의 467개 처방 중에서 약물 324개가 이루어 내는 조합은 모두 5,045개였다. 이 가운데 단일 약물로 가장 많이 등장하는 약물은 무엇일까. 1등은 감초였다. '약방의 감초'라 불리는 속담의 명성을 통계로 확인할 수 있다. 2위는 생강, 3위는 당귀, 4위는 진피陳皮, 5위가 인삼이었다. 약물 2개가 이룬 조합의 빈도는 감초와 생강이 1위, 감초와 진피가 2위 그리고 감초와 인삼이 공동 3위로 나타난다. 약물 조합의 숫자가 늘수록 인삼의 쓰임새가 늘어나는 것을 확인할 수 있다.

약물 5개가 이룬 조합에서 인삼은 감초, 대추, 백출, 생강과 함께 빈도

1

1위를 차지한다. 이후 약물 6개부터 10개가 이룬 조합까지 인삼은 1위의 조합에서 빠지지 않는 약재이다. 《방약합편》의 특징을 가장 잘 반영한 약물 조합은 감초, 당귀, 대추, 백출, 백복령, 생강, 숙지황, 육계, 인삼, 황기 등 10개의 약물로 구성된 조합이라고 한다. 한의학계에서는 이것이 십전대보탕十全大補湯의 약재 조합에서 천궁과 백작약이 빠진 것이라는 점에 주목하여, 《방약합편》이 기를 보충하는 효능이 강조된 책이라고 해석하기도 한다.

인삼과 감초는 정치적 비유로도 사용되었다. 윤선도(1587~1671)의 시문집 《고산유고孤山遺稿》에 다음과 같은 글이 있다.

> 인삼은 원기를 보양하여 참찬參贊하는 공이 있으므로 삼參이라는 이름을 붙인 것인데, 인재에 비유하면 대부종大夫種과 소하蕭何의 부류가 여기에 해당합니다《고산유고》 권2 소疏 갑신소).

대부종은 우리에게 문종文種으로 더 알려진 인물로, 춘추시대 월왕越王 구천句踐의 신하이자 오吳나라 멸망에 일등 공신이다. 소하는 한漢 고조 유방의 신하로 초한전쟁楚漢戰爭 때 양식과 군병의 보급을 맡았던 최고의 공신이다. 두 명의 공신을 인삼에 비유한 것이다. 이어 대황과 같은 역할을 하는 인물의 예를 든다.

> 대황大黃은 능히 묵은 기운을 밀어 내고 새 기운을 불러와 오장五臟을 안정시키는 것이 마치 난세를 평정하여 태평을 이루는 것과 같기에 장군초將軍草라고 부르는데, 인재에 비유하면 범려范蠡와 한신韓信의 부류가 여기에 해당합니다.

범려는 천재 전략가이자 경세가였다. 오나라를 멸망시켰으니 월왕 구천이 공을 나눌 줄 모르는 성격임을 알아챈 후 모든 것을 버리고 떠나 거부가 되었다. 한신 역시 항우를 떠나 유방에게 망명하여 공을 세우며 대장군에 올랐지만, 한나라의 권력이 안정되자 참살당한 인물이다.

하늘이 약물을 내는 것이 어느 세상이고 없지 않으니, 어찌 인삼이나 대황이 없는 때가 있겠습니까. 오직 제대로 가려 내어 잘 쓰는 것을 어떻게 하느냐에 달려 있을 뿐입니다.

얼핏 보면 문종과 범려, 소하와 한신은 고사성어 토사구팽을 연상케 한다. 그러나 실제로 인간 세상사에 던지는 교훈은 인삼과 대황처럼 인재를 잘 등용해야 한다는 데 있을 것이다. 그렇다면 감초는 어떠했을까.

감초는 다른 약들을 중화시키고 백 가지 독을 없애 주기 때문에 국로國老라고도 부르는데, 인재에 비유하면 《서경》〈진서秦誓〉에서 말한 단단일개신斷斷一介臣이 여기에 해당하니, 비록 다른 약들이 있더라도 이것이 없으면 어렵습니다. 그런데 대극大戟은 감초와 반대되는 성질을 갖고 있어서, 비록 감초가 있더라도 대극을 섞으면 칼처럼 사람을 죽이니, 이 또한 경계하지 않으면 안 됩니다.

단단일개신이란 한결같이 정성스럽기만 할 뿐 다른 특별한 재주는 없다 하더라도, 그 마음씨가 아름다워 남을 포용하는 신하라는 뜻이다. 대극은 버들 옻인데 독초이다. 감초 역할을 하는 사람을 써야지 대극의 역할을 하는 사람을 써서는 안 된다는 것이다.

인삼과 감초를 두고 "사마군실司馬君實의 말은 인삼이나 감초 같다"라고 한 말도 종종 보인다. 사마군실은 북송의 정치가이자 역사학자 사마광司馬光을 일컫는다. 순수하고 독실하다는 평을 받았는데, 사람을 아우르면서 영향력을 행사하여 사마상공으로 불렸음을 상기할 필요가 있다.

이처럼 인삼은 단일 약재로서도 으뜸이었을 뿐만 아니라, 감초 등 다른 약재와의 결합을 통해 더욱 영험한 효능을 만들어 내는 '조화의 신초'였다. 당연히 약령시에서도 주목받는 약재 중의 약재는 인삼이었다.

04
건강을 담는 약장,
건강을 비는 인삼

건강을 담는
약장

조선시대 향약을 중심으로 본초학의 발전을 논할 경우 빼놓을 수 없는 책이 있다. 조선 전기의 《향약집성방》(노중례·유효통 등·1431), 중기의 《동의보감》(허준·1610), 후기의 《광제비급廣濟秘笈》(이경화·1790)·《제중신편濟衆新編》(강명길·1799)·《의종손익醫宗損益》(황도순·1868) 등이다. 이 중 《광제비급》은 중앙 정부가 아닌 지방에서 간행된 임상의학서이면서도 조선 의서로서는 드물게 향약 활용과 관련된 내용을 담고 있다.[22]

《광제비급》은 1789년(정조 13) 이병모李秉模가 함경도 관찰사로 나갔을 때, 당시 백성의 곤경을 직접 목격한 것이 저술의 계기가 되었다. 이병모

1

는 함경도가 전염병과 풍토병이 많은 지역임에도 불구하고 무당을 믿고 약을 믿지 않는 풍속 때문에 날마다 굿만 일삼아 죽음에서 벗어나지 못하는 현실을 보았다.[23] 이에 평안도 성천 출신의 이경화李景華에게 '대중들을 구제할 수 있는 보물이며 백성들을 오래 살 수 있게 하는 비급'을 써 달라고 부탁했다.

이러한 책의 편찬 의도가 명확히 드러나는 부분이 바로 제4권의 〈향약단방치험鄕藥單方治驗〉이다. 민간에서 구하기 쉬운 50종 약물의 향명鄕名, 주치主治, 복용법 등을 설명하고 있는데, 단연 인삼이 맨 처음에 언급된다.[24] 여기서 한 가지 특이한 점은《동의보감》에서는 인삼을 '심'이라고 했는데,《광제비급》에서는 따로 한글 표기 없이 '인삼'이라고 한 점이다. 인삼이 맨 처음으로 언급된 것을 함경도 궁벽한 촌에서도 인삼을 구급 처방에 쓸 수 있게 되었다고 해석한다면, 그것은 모름지기 인삼 재배 덕분이 아닐까 생각한다. 이규경이 "우리나라 동쪽 강계 폐사군에서는 천하의 일품인 산삼이 산출되었지만, 지금은 가삼이 아주 번성하여"라고 말한 것도 이 추론을 뒷받침한다. 그만큼 인삼이 일상에 가까이 다가와 있었다는 의미이다.

응급 처방 및 치료 약재를 보관하기 위해서는 반드시 약장이 필요했다. 약장이 없다면 "수없이 쌓인 약재에서 하나하나를 살펴야 하므로 노나라의 명의 편작扁鵲도 능히 환자의 병을 치료하지 못했을 것이다." 불로장생의 영약 인삼은 귀하디귀한 약재로서 약장 하단 다른 서랍과는 분리된 공간이나 특별한 상자에 보관되었다.

약장은 중국에서는 백 개의 눈이 달린 상자라는 뜻의 백안주白眼廚라고 불리다가 후대에는 과장되어 천안주天眼廚라고 불렸다. 우리나라에서는 각기소리各其所里, '각비슈리'라고 불렸다. 온양민속박물관이 소장한 약

덮개를 씌우고 글자를 새긴 약장이다. 인삼과 녹용을 하단 아래 배치했다. (07)

나전인삼갑. 인삼과 같이 왕실이나 외국 사신에게 선물하는 귀한 약재는
전용 약장을 만들어 보관하고 관리했다. (08)

인삼문목제약틀. 탕제를 짜는 약틀에 인삼 문양이 새겨져 있다. (09)

장에는 덮개에 영험한 보배라는 뜻의 영보靈寶, 보배롭고 귀중한 물건이란 의미의 보감寶鑑이라는 글자가 쓰여 있다. 그 아래에 2단 높이의 감초, 소엽蘇葉을 담은 큰 서랍 양옆으로 윗단에 인삼, 아랫단에 녹용을 넣는 서랍이 배치되었다.

약장은 상징성과 실용성을 고려한 수장용 목가구였다. 인삼이 항상 약장의 고정된 자리에 위치했던 것은 아니다. 허준박물관 소장 약장에서 인삼은 하단 큰 서랍에 녹용과 함께 있거나, 아예 빠지는 경우도 있었다. 하지만 보통 인삼처럼 왕실에서 사용하거나 외국 사신에게 선물할 정도로 귀한 약재는 화려한 장식을 더한 전용 약장에 보관했다. 한독의약박물관에 있는 나전인삼갑은 표면에 당초무늬를 자개로 장식하고 내부는 방습과 방충을 고려하여 제작했다. 인삼을 왕실에 진상하거나 중국 사신에게 선물하는 데 사용했던 것으로 추측된다.

장승업 필 백물도 기명절지도.
장승업은 기이한 옛 그릇, 꽃가지, 화과, 채소 등을 소재로 하는 기명절지도에 능했는데,
그림 왼쪽에 인삼을 그려 놓았다. (10)

한약방이나 대가大家에는 약탕기로 달인 탕제를 짜는 약틀이 필요했다. 끓인 탕제를 베 헝겊에 싸서 약틀 받침대에 올려 놓고 압착판으로 누르면 약즙이 약틀 바닥의 구멍 난 홈을 통해 흘러내린다. 그 탕액을 사발로 받으면 손쉽게 복용이 가능했다. 흥미롭게도 한독의약박물관 소장 약틀에는 인삼 문양이 새겨져 있다. 탕액 소재로서 인삼의 중요성을 유추할 수 있는 증거이다.

인삼은 궁중에서 민간에 이르기까지 폭넓은 수요층을 대상으로 소비되었던 기명절지도器皿折枝圖에도 등장한다. 장승업의 〈기명절지도〉가 대표적이다. 이 그림에는 고동기古銅器가 중심을 이루고 부귀·장수·다남多男 등 길상적 의미를 가진 꽃·과일·괴석 등과 함께 인삼이 자리 잡고 있다.

산신도 속 인삼

울릉도 성인봉의 지명 유래 중 하나로 산삼 전설이 전해진다. 효성 깊은 아들이 산삼을 캐서 어머니의 병을 치료했는데, 신령이 산삼의 위치를 알려 주었다 해서 그곳을 성인봉이라 했다는 이야기이다.

소백산 도솔봉의 산삼밭에 사는 가장 크고 오래된 산삼은 풍기 장날이 되면 동자로 변하여 장을 보러 가곤 했다. 장날 마을에서 친분을 맺은 한 농부가 산삼밭이 있는 것을 알게 되었다. 동자는 자기는 캐지 말고 다른 산삼을 맘껏 캐라고 부탁했지만 농부가 욕심 때문에 동자마저 캐 버리자 산삼밭은 옻나무밭과 부추밭으로 변하고 말았다. 인간의 욕심을 경계하는 이야기다.

1

옛날 어느 나무꾼이 한겨울에 산에 나무하러 갔다가 벼랑 밑에 동삼童蔘이 많이 있는 것을 발견했다. 가파른 벼랑을 혼자 내려갈 수 없어서 이웃 사람에게 말하자 도와 주겠노라 했다. 밧줄에 소쿠리를 묶은 뒤, 이웃 사람이 밧줄을 잡고 나무꾼은 소쿠리를 타고 벼랑 아래로 내려갔다. 동삼을 모두 담아 올리고 나자, 이웃 사람은 나무꾼을 벼랑에 내버려두고 가 버렸다. 이때 이무기가 나타나 나무꾼을 등에 태워 구출하고, 이웃 사람은 물어 죽였다. 나무꾼은 큰 부자가 되었다. 동자삼을 매개로 인간 삶의 고난과 행운을 권선징악 관념에 담아 낸 이야기이다.

이처럼 인삼 전설은 넓고 깊은 산속을 배경으로 등장한다. 정신적 내면에는 산을 숭배하는 문화가 자리 잡고 있다. 일상에서 인삼을 들고 있는 산신이 그려진 그림을 쉽게 만나는 것도 그 이유이다. 산신도에 담긴 '산신'과 '인삼'의 의미를 어떻게 읽어야 할까.

한국의 산신은 해·달·별 등과 더불어 최고의 지위를 차지하는 신령이다. 단군이 구월산에 들어가 산신이 되었다는《삼국유사》의 기록은 우리나라 산신 숭배의 역사가 오래되었음을 보여 준다. 산신도는 산신을 표현하는 도구로, 산신이 무속·불교·도교 등과 오랜 기간 융화되면서 다양한 종교적 바람을 담았던 만큼 여러 형태로 표현되었다.

산신도는 불교 계통, 무속 계통, 그리고 불교와 무속 모두에서 보이는 유형으로 나누어 볼 수 있다.[25] 인삼과 관련된 산신도는 세 번째 유형에서 많이 나타난다. 가장 많이 보이고 익숙한 산신도로, 이 유형에 등장하는 산신은 도인형 산신과 여성형 산신으로 나뉜다. 산신도에는 산신이 호랑이를 대동하는 경우도 많다. 산신이 호랑이 위에 올라탄 기호산신형騎虎山神型, 산신 옆에 호랑이와 시동이 함께 나타나는 삼위일체형, 호랑이가 산신의 몸을 감싸면서 나타나는 산신보위형保衛型으로 나눌 수 있다.

산신도 속 산신은 대부분 도인 형의 남성 산신이지만 종종 무속에서 산신 아기씨, 부군府君 아기씨, 산신 할머니, 여산女山신 등으로 불리는 여성이 산신으로 표현되기도 한다. 현존하는 산신도에 남성이 많은 것은 조선 후기 가부장제에 따른 결과로서, 고려시대까지는 산신이 여성으로 표현되는 것이 오히려 자연스러웠다. 모악산·대모산 등 산 이름에 여성이 들어간 것도 산신이 여성인 것과 무관하지 않으며, 지리산을 어머니 산이라고 하는 것도 같은 맥락이다.

산신이 남성일 경우 호랑이·영지버섯·인삼·부채·천도복숭아·불로초 및 십장생 등이 그림의 소재로 등장한다. 남성 산신이 대부분 노인으로 표현되는 데 비해, 여성은 젊은 여자로도, 중년의 여인으로도, 할머니로도 표현된다. 젊은 여인은 생산 신으로서의 기능을, 할머니는 다양한 경험을 쌓은 경륜자로서의 기능을 지닌 존재를 상징했다.[26]

무당부채.
도령애기씨부채라고도 하는 합죽선면에 인삼을 든 여인이 있다. (11)

산신은 막연한 산의 주인이 아니라 다양한 방면으로 인간에게 다가서는 일상생활 속의 존재였다. 산신이 들고 다니는 죽순은 남성을 상징하고, 산삼과 불사약이 든 조롱박은 인간의 죽음을 회생시킬 수 있는 신통력을 지니고 있다고 믿어졌다. 산신 또는 선녀나 동자들이 들고 있는 영지버섯은 아기를 생산하는 여성을 상징하는 의미였다.

산신이 왼손에 장수의 상징인 불로초를 들고 있을 때도 있다. 무신도의 약사신장藥師神將에 산삼과 작은 약병 두 개, 책 등이 놓인 상이 그려지고, 무당이 굿을 행할 때 사용하는 부채 그림에 해와 달, 산이 있는 배경에 소나무와 모란, 그 사이에 아기씨와 도령이 산삼과 모란을 들고 있는 모습을 볼 수 있는 것도 산신이 인간에게 장수를 가져다준다는 믿음, 인간에게 장수라는 선물을 줄 수 있다는 바람이 투영된 것이었다.

〈그림 1〉·〈그림 2〉는 남성 산신이다. 〈그림 1〉의 산신은 하얀 도포를

남성 산신도
1 – 남성 산신을 호랑이가 호위하고, 산신은 한 손에 지팡이와 다른 한 손에 인삼을 들었다. (12)
2 – 남성 산신은 호랑이에 올라타고, 손에는 영지와 인삼을 각각 들었다. (13)

3

4

5

여성 산신도
3 – 여성 산신이 머리에는 얇은 사 고깔을 쓰고, 목에는 염주를 둘렀는데,
양손에는 인삼과 붓을 들었다. (14)
4 – 여성 산신이 한 손에는 인삼을 다른 한 손에는 염주를 들었다. (15)
5 – 여성 산신이 한 손에는 인삼을 다른 한 손에는 영지버섯을 들었다. (16)

입었는데 얼굴 표정이 한없이 어질고 선하다. 산신 왼쪽에서 산신을 호위하듯 앉아 있는 호랑이의 표정은 마치 산신에게 애교부리는 듯 정감이 있다. 깊은 산중 소나무를 배경으로 산신의 손에는 지팡이와 인삼을 그려넣어 생명을 담아 냈다. 〈그림 2〉는 호랑이 등에 올라탄 기호산신형이다. 화려한 복장의 산신이 한 손에는 영지버섯을, 다른 손에는 인삼을 들고 있다. 인삼이 중앙 부위에서 강조되고 있다. 영지는 아기를 점지할 수 있는 여성 상징이며, 인삼은 목숨이 위태로운 사람을 살려 낸다는 영약으로 산신의 계시 없이는 얻기 어려운 것들이다.

〈그림 3〉~〈그림 5〉는 여성 산신이다. 〈그림 3〉의 산신은 머리에 얇은 사[薄紗] 고깔을 쓰고 단정한 머리 매무새에 비녀를 쪽지었다. 목에는 염주를 두르고 한 손에 인삼을 들고 있다. 온화하고 인자한 얼굴인데 옆에 서 있는 시동도 그러하다. 〈그림 4〉의 산신은 하얀 한복을 입고 한 손에는 염주를, 다른 한 손에는 인삼을 들고 있다. 산신이 불교와 융합된 모습을 잘 표현하고 있다. 〈그림 5〉의 산신은 산천 할머니로 역시 단정한 모습에 산과 구름 등이 상징적으로 표현되고 손에는 빠짐없이 인삼과 영지가 들렸다.

그림 속 산신의 손에 들린 인삼은 자연의 기운을 응축한 산삼이라기보다는, 밭에서 윤택하게 키운 인삼의 모습이다. 민간의 눈에 인삼이 더 익숙하기 때문으로 보인다. 산신도에는 인간이 산신에게 바라는 가장 강렬한 소망이 담겨 있었다. 사람들은 산신이 다산과 무병장수의 기원을 들어 줄 것이라고 믿고 있었다. 인삼은 그러한 바람의 반영이었다.

제2장

동아시아를
연결한
인삼로드

01
인삼,
한·중·일의 길을 열다

무역의 길이
다시 열리다

    1592~1598년 일본의 조선 침략이라는 역사적 사실을 두고 동아시아 3국은 임진왜란壬辰倭亂, 만력조선지역萬曆朝鮮之役, 분로쿠·게이죠 전쟁[文禄·慶長の役] 등 각기 다른 용어를 사용한다. 오히려 이를 'The Korean-Sino-Japanese War, 1592~1598'이라고 표현하는 것이 훨씬 가치 중립적이라고 생각될 정도이다. 이처럼 전쟁의 명칭을 둘러싸고 미묘한 긴장감이 있다는 것은, 그만큼 이 전쟁이 동아시아에 끼친 영향이 막중했음을 뜻한다.

  동아시아의 세계대전이라 할 전쟁을 겪고도 3국은 조공체제라는 과거의 외교체제를 그대로 활용하면서 각각 안정과 번영을 구가했다. 중국에서는 명·청의 교체가 일어났고, 일본에서도 도쿠가와 막부가 새로운 시대를 열었다. 조선은 왕조는 바뀌지 않았으나 사회경제적 발전의 성과를 거두고 있었다.

그렇다면 각국이 활용한 번영의 새로운 기제는 무엇일까? 여기에서는 3국을 잇는 길 위에서 그 해답을 찾고자 한다. 그 길에서 어떤 사람들이, 어떤 물건을 실어 나가고 들여왔을까?

17세기 중엽부터 18세기 중엽까지 100여 년은 조선이 중국과 일본을 연결하는 중개무역으로 부를 축적하던 시기였다. 임진왜란 이후 일본은 청나라와의 공식적인 외교채널이 끊어진 반면, 조선과는 1609년(광해군 1) 국교를 다시 열었다. 일본에서 필요한 물건의 대부분은 쓰시마번을 통해 수입되었다. 조선 상인은 중국에서 수입한 비단을 왜관에서 일본 상인에게 넘길 경우 약 2.7배의 이익을 남길 수 있었다.[1]

왜관을 통해 일본으로 넘어간 것은 중국 비단만은 아니었다. 당시 일본이 수입한 최고의 인기 상품은 조선의 인삼이었다. 일본에서는 임진왜란 이후 《동의보감》을 비롯한 각종 조선 의학서가 알려졌다. 이에 따라 인삼의 효능에 대한 인식이 한층 높아지면서 인삼에 대한 수요가 폭발적으로 증가했다.

당시 상황을 적은 한 자료에서는 "일본의 풍속에는 어떤 병이든 인삼을 쓰게 되면 효험이 있다 하여 값의 높고 낮음을 따지지 않고 다투어 매입하려는 까닭에 서울에서 70냥이면 사는 인삼이 일본의 에도로 들어가면 300여 냥 정도에 팔린다"고 했다. 《성호사설》을 지은 이익도 "일본인의 풍속에 병이 생기면 반드시 인삼을 쓰니, 만약 무역을 막으면 죽을 각오로 다투어 사단이 일어날 것이기에 어쩔 수 없이 교역을 허락했다" 했다. 조선 인삼에 대한 일본 사회의 열망이 어느 정도였는지 짐작할 수 있는 대목이다.

당시 일본에서는 나이 어린 여인들이 조선 인삼을 사서 제 아버지의 난치병을 고치기 위해 유곽에서 몸을 팔았다는 이야기가 만담이나 연극의 소재가 되었다고 한다. 인삼을 닮은 풀뿌리를 찾는 무리가 줄을 이어 가짜 인삼이 20~30종류나 나돌았는데, 약이 되기는커녕 생명에 위험이 되는 독초까지 있어 큰 사회문제가 되기도 했다고 한다.

일본에서는 조선 인삼을 사들여 오기 위해 인삼대왕고은人蔘代往古銀이라는 순도 80퍼센트의 특주은特鑄銀을 만들었다. 조선 상인들이 순도가 낮은 은을 거부했기 때문이다. 일본 국내에서 통용되는 은화의 순도가 30퍼센트 내외 수준이었던 점을 감안하면, 조선 인삼을 수입하려는 일본 사람들의 각별한 노력을 잘 알 수 있다. 일본에서는 전국 각지에서 모은 은을 교토에서 인삼대왕고은으로 주조한 후 쓰시마를 거쳐 왜관으로 가져와 조선 인삼 및 중국 물건들과 교환했다. 이렇게 일본으로부터 들여온 특주은, 즉 왜은의 양이 한해 11만 톤에 이르는 경우도 있었다.[2] 조선에 들어온 일본 은화는 다시 조선 인삼과 함께 무역 자금이 되어 중국으로 건너갔다.

인삼대왕고은. 1710년 무렵부터 일본에서 조선과의 인삼 무역을 위해
순도 80퍼센트 이상으로 특별히 주조한 은화이다. (01)

한·중 인삼 무역과
상인

　　　　　　　　청나라와 조선의 무역은 중강개시와 중강후시 및 사행무역이 중심이었다. 압록강은 강 가운데 여러 섬이 있어서 강 줄기가 세 가닥으로 나뉘어 흘렀는데, 의주에 가까운 쪽부터 소서강小西江, 중강中江, 삼강三江이라 불렀다. 중강개시와 중강후시의 '중강'은 여기서 유래한 명칭이며, 교역이 열렸던 곳은 중강에 있는 어적도於赤島라는 섬이었다. 중강에서 조선이 수출한 물품은 소·다시마·해삼 등이 주종을 이루었다. 정해지지 않은 물품은 교역할 수 없었지만 중강개시에서는 인삼·은·수달 가죽 등이 몰래 밀거래되었다. 공식적 교역인 개시開市가 비공식적인 후시後市로 이어지면서 번창했던 것이다.

　중강개시와 중강후시가 번창하긴 했지만 이 당시 조선 무역의 핵심은 역시 해마다 3~4회 정도 파견된 조선 사신단이 청나라 북경을 오가는 과정에서 이루어진 사행무역이었다. 사행무역은 사행의 모든 여정에서 이루어졌으나, 책문·심양·북경에서의 무역이 중심을 이루었다. 책문은 압록강에서 120리 떨어진 곳으로, 청나라 측에서 변경에 쌓은 나무 울타리가 둘러쳐 있어 변문邊門 혹은 고려문으로 불리기도 했다. 이곳은 조선 사신이 청나라에 출입국 신고를 하던 장소이자 양국 상인 사이에 교역이 이루어지는 첫 장소이기도 했다.

　책문에는 조선 사행이 오는 때를 맞춰서 중국 각지의 상인들이 여러 물건을 가지고 몰려들었다. 산해관 동쪽 각 지방의 상인은 물론이고 남방 상인들도 우가장의 바다를 통해 들어왔으며, 북경 상인들도 각기 물건을 싣고 달려 왔다. 교역 액수가 한 번에 은 4만~5만 냥을 넘었다. 교역품 중에는 정부가 인정하는 물건 외에 금지하는 물건도 많았다. 그것을 가능케 했던 것이 바로 여마제餘馬制와 연복제延卜制였다.

여마제는 사신 일행이 압록강을 건너 책문에 들어가는 도중에 방물과 세폐를 실은 말이 쓰러질 것에 대비하여 10여 태駄를 실을 정도의 말을 여분으로 들여보내는 것이었다. 그런데 의주부가 은화 몇 냥을 받고 여마 수를 제한하지 않은 채 넘어가도록 해서 여마에 정부가 금하는 물품을 몰래 싣고 가는 경우가 많았다. 연복제는 원래 사행이 북경에서 책문으로 되돌아올 때 의주부에서 빈 말을 보내 사행 공식 일행의 짐꾸러미를 운송해 왔던 제도였다. 그러나 연복제는 점차 빈 말이 아니라 많은 은화를 책문으로 싣고 가서 교역하고, 다시 특별한 통관 절차 없이 되돌아오는 대

**책문은 압록강에서 120리 거리로 조선과 청의 출입국 관리를 위해
나무 울타리가 쳐져 있었다. 책문에는 조선 사행이 오는 때와 나가는 때를 맞추어
중국 각지의 상인들이 몰려와 교역을 했다. (02)**

청 교역의 방편 중 하나가 되었다.

심양에서의 교역은 조선 사행이 1665년(현종 6)부터 심양을 거쳐 북경으로 가게 된 것과 관련이 깊다. 청나라가 심양의 경제적 활성화를 위해 조선 사행이 심양으로 돌아가도록 하면서, 조선 사행은 방물의 일부를 그곳에 바치게 되었다. 방물을 싣고 온 사람과 말은 곧 귀환해야 했다. 단련사는 심양에서 이루어지는 무역을 관장하는 벼슬아치로, 심양에서 다시 돌아가는 사람과 말을 이끌고 돌아오는 임무를 담당하는 관리였다. 그러나 이들은 일반 사상私商의 교역을 규찰하지 않고 오히려 그들의 우두머리가 되어 여러 날을 심양과 책문에 머물면서 마음껏 매매하고 그 짐을 심양에서 돌아오는 말에 싣고 왔다.

북경에서의 무역은 주로 조선 사행단의 숙소였던 회동관에서 이루어졌다. 회동관 개시는 사신 일행이 떠나는 것을 위로하기 위한 상마연上馬宴이 끝나고 청나라 예부에서 무역 규정을 회동관 벽에 고시한 뒤 시작되었다. 고시 후 북경의 각 점포 상인들이 물건을 싣고 회동관으로 들어왔고, 청나라 감시관의 감독 아래 두 나라 상인들의 무역이 진행되었다. 그때 무역한 물건이 어찌나 많던지 짐을 제대로 싸지 못해 사행의 출발 일정이 미루어지기까지 했다.

이렇듯 활발히 이루어진 조선과 중국과의 무역에서 조선 상인들이 사들인 중국 물건, 즉 '연화燕貨'는 주로 백사白絲와 비단이었다. 주요 결제 수단은 인삼과 은화였다. 무역 상인들 중에는 역관과 서울상인도 있었지만 주로 개성상인을 비롯한 평양·의주·안주 지역 상인들이 활약하고 있었다. 그중에서도 개성상인은 의주상인과 더불어 중국 무역에서 주인과 손님의 관계로 지목될 정도로 인삼, 가죽, 종이 등 중국과의 주요 무역품을 독점 장악하고 있었다.[3]

조선시대 개성은 독특한 도시였다. 이익은 《성호사설》에서 "개성은 고려의 수도로 서울에서 가깝고 중국의 물자가 드나들어 풍속이 화려하다. 오로지 고려의 유풍이 있어 조선 왕조 이후에는 숨어서 복종하지 않았다. 따라서 나라 역시 벼슬길을 닫았는데, 사대부의 후손들은 유학을 버리고 상업에 종사했다"고 했다. 또 《비변사등록》에서는 "개성 사람들은 농사를 짓는 사람이 없고 오로지 상업에만 종사한다"라고 했다. 현대 복식부기와 원리가 같은 송도 사개부기四介簿記가 작성되고, 송방松房으로 불리는 전국적인 조직망을 갖춘 체계적인 상업 활동이 이루어진 것은 이러한 분위기 속에서 가능했다.

개성상인은 광범위하고 조직적인 상업 활동을 통해 국내에서 다양한 상품을 취급하여 이윤을 창출했다. 동시에 인삼과 면포를 통해 자본 축적의 기회를 가질 수 있었다. 즉 개성상인은 이미 17세기 중엽에 서울상인과 함께 조선 상업계에 큰손으로 존재하면서, 중국의 비단과 백사를 인삼과 은화로 결제하고, 다시 인삼과 중국산 비단을 일본에 무역하는 조선 중개무역의 한 축이었던 것이다. 조선 인삼이 개성 인삼으로 인식되기도 했던 이유는 여기에 있었다.

가삼이
널리 퍼지다

부모에게 효성을 다하려는 일본 여인이 자신의 정절과 맞바꾸려 했던 조선의 인삼은 산삼이었다. 그러나 인삼의 채취에는 한계가 있었다. 인삼이 무역상품으로 중국과 일본에서 각광을 받게 되면서 점차 고갈되어 갔던 것이다. "인삼은 비록 우리나라에서 생산되는 것이지만 상인들이 북경과 동래로 옮겨 팔기 때문에 자연히 국내에서는 희귀하게 되었다."⁴ "강계에서 캐 낸 인삼은 모두 사상私商의 손에 들어가 북경으로 팔려 나간다,"⁵ "우리나라에서 생산되는 인삼의 10분의 8~9는 일본으로 넘어간다"⁶는 위기의식이 요동쳤다.

인삼의 대량 채취와 수출이 계속되면서 국내의 인삼 품귀 현상은 심각한 수준에 이르렀다. 이에 이익을 노린 상인들이 평안도와 함경도에서 인삼을 매점매석한 뒤 여러 가지 재료를 섞어 인삼 10근을 20근으로 만들고 100근을 200근으로 만들어 왜관으로 팔아넘기는 '위조인삼 제조사건'이 터지기도 했다.⁷

18세기에는 나라 안에서 약용으로 쓸 인삼도 얻기가 어려운 상황이 되었다. 이에 조선 정부는 1738년(영조 14) 인삼의 채취와 판매 일체를 호조가 통제하는 것을 골자로 하는 〈금삼절목禁蔘節目〉을 반포했다.⁸ 호조가 삼상蔘商에게 인삼 매매를 허가하는 황첩黃帖을 발급하고 그것을 소지한 자에 한하여 인삼 생산지에 들어가 매매할 수 있도록 한 것이다. 이를 어기면 판 사람과 산 사람 모두 잠상潛商의 법률에 의해 처벌토록 했다. 또한 황첩의 유효 기간을 5개월로 하여 똑같은 황첩을 매년 이용하거나 다른 상인에게 넘기는 폐단을 막으려 했다.

그러나 인삼의 수출에 따른 품귀 현상은 여전했다. 1751년(영조 27)에는 "강삼江蔘과 북삼北蔘을 물론하고 우리나라 토지에서 생산되는 것이 매년 점차 희귀하여 국내의 약용삼도 오히려 얻기가 어려우니 중국산 호삼胡蔘을 수입하여 예단삼과 국내의 수요를 충당하자"는 논의까지 등장했다.⁹ 이 논의는 수용되지는 않았지만 이 시기 국내의 인삼 수급 사정이 심각한 국면으로 접어들었음을 반증하는 것이다.

인삼 품귀 현상은 국내외의 많은 수요에도 불구하고 공급은 채취에 의

존함으로써 자원이 고갈된 탓이었다. 이에 따라 조선 사회는 산삼 채취 단계에서 인삼 재배 단계로의 진입을 모색하게 되었다. 그 결과 인삼 종자를 밭에 심어 재배하는 가삼家蔘이 출현했다.

인삼을 누가, 언제, 어디서 처음 재배했는지는 정확히 알 수 없다. 단지 늦어도 18세기 초반에는 재배가 시작되어, 18세기 중반 이후 삼남 지방으로 확대되었고, 18세기 후반에는 강계 지방에도 삼포蔘圃가 권장될 정도로 성행했다는 사실은 분명하다. 이는 숙종(1675~1720) 때 현재의 화순 지역인 전라도 동복현의 한 여인이 산삼의 씨를 받아 밭에서 재배하는 데 성공했다는《중경지中京誌》기록으로 미루어 짐작할 수 있다.[10] 《조선왕조실록》에는 1710년대에 인삼 재배를 생업으로 하는 사람이 있다는 기록도 보이며, 당시 이미 재배삼을 가공하는 방법까지도 알려졌다고 추측할 수 있는 자료도 있다.[11]

18세기 후반에는 "인삼 재배가 성행한 후 경상도·강원도에서 중앙의 내의원으로 상납되는 인삼은 대부분 가삼"[12]이었다거나 "영남은 예로부터 산삼이 나오는 지방이라고 했으나 근래 산삼이 점점 귀해짐에 따라 집집마다 인삼을 재배하는 것이 풍속이 되었다"[13]라고 할 정도로 인삼 재배가 성행했다.

그러나 산삼의 수요가 줄지 않은 상태에서 가삼이 널리 재배되자 여러 가지 문제가 생겨났다. 경상도 양산에서는 궁중 어약御藥으로 올릴 산삼의 구입에 나섰던 아전이 인삼 상인에게 속아 산삼과 가삼을 섞어 만든 인삼을 샀다가 내의원에 의해 세 번이나 퇴짜를 맞고는 결국 돈을 주고 사서 바치는 일도 있었다. 이에 산삼을 경공납京貢納으로 만들어 선혜청에서 돈을 내면 인삼 공인貢人이나 인삼 공물주인貢物主人이 바치도록 하자는 논의가 나오는가 하면,[14] 강계 지역에서는 세삼稅蔘의 양을 줄이고 그 일부를 돈으로 거두게 하는 조치를 취하기도 했다.[15] 또한 관동 지방 고을 하나의 명산을 삼밭[蔘田]으로 정하고 그 주변을 막아 어약을 확보토록 하자거나 삼척의 영장營將이 약간의 채삼꾼을 거느리고 울릉도로 가 그곳의 산삼을 캐 오게 하자는[16] 등 산삼 확보를 위한 갖가지 방안이 강구되었다.

산삼이 귀해지자 수출도 엄격히 봉쇄되었다. 1787년(정조 11) 〈사행재거사목使行賫去事目〉이 반포되면서 "인삼을 몰래 가지고 가는 자는 사형에 처한다"라는 강력한 수출금지 의지가 천명되었다. 하지만 이 금령은 제대로 준수되지 못했다. 산삼은 점차 희귀해져 갔지만 전국적으로 재배되던 가삼이 중국의 높은 수요에 따라 조선의 사상私商들에 의해 밀수출되었기 때문이다.

산삼 수출금지 조치 이후 10년 만에 "근래 가삼의 밀무역이 점점 많아지고 있으니, 금법을 무릅쓰고 넘어가게 하느니 차라리 들여보내도록 하는 것이 좋겠다"[17]는 주장이 설득력 있게 받아들여지고 있었다. 산삼이 아니라 가삼의 밀무역이 활발히 일어나자 이를 합법적인 영역으로 끌어들이려던 의도였다.

그렇다면 당시 인삼 재배와 가삼을 중국 무역으로 연결한 사람들은 누구일까. 바로 개성 사람들이었던 것으로 추정된다. 《중경지》에는 "원래 인삼은 개성의 토산물이 아니나, 중간에 개성 사람이 남쪽 지방에서 인삼 씨를 얻어 삼포를 만들었다"고 기록되어 있다.[18]

가삼 재배에는 전문화된 기술과 장기간의 투자가 필요했다. 인삼은 생장에 긴 시간을 필요로 하고, 전염병이 많아 투자에 대한 위험 부담을 안고 있는 작물이었기 때문이다. 개성상인은 인삼의 대외무역을 주도해 온 세력이자 자본 면에서 인삼 재배의 위험 부담을 감당할 수 있는 세력이었다.

가삼 재배가 성행하자 그에 대한 가공기술도 발전해 갔다. 4~5년 된 가삼을 밭에서 뽑은 것을 수삼水蔘 혹은 생삼生蔘이라고 했다. 그러나 수삼은 수분을 포함하고 있어 오래 보존할 수 없었다. 이에 수삼의 부패를 방지하기 위해 자연건조했는데, 이를 백삼 혹은 건삼이라고 했다. 하지만 건삼은 오래 지나면 부스러지는 문제가 있었다.

따라서 조선에서는 17세기 이전부터 크고 작은 인삼을 혼합해 끓여 말리는 방법을 썼는데, 이렇게 가공한 것을 파삼把蔘이라고 했다. 조선에서는 양각삼洋角蔘이라 하여 몸체는 작으나 색깔이 희고 품질이 좋은 자연삼을 선호했다. 그러나 중국인들은 무슨 이유에서인지 파삼을 선호했다.

그런데 인삼 재배가 시작되면서, 생삼 건조는 끓여 말리는 방식에서 쪄서 말리는 증조蒸造 방식이 일반화되었다. 즉 빈 공간에 시렁을 만들어 그 위에 수삼을 얹은 다음 시렁 밑에서 숯불을 피워 말렸는데, 이를 홍삼이라 했다. 그리고 홍삼을 만드는 장소를 증포소蒸包所라 했다. 증포소는 처음에는 서울의 경강京江에 세워졌으나, 1810년(순조 10) 개성으로 이설되었다. 개성상인은 가삼과 홍삼 제조 및 국내 유통을 장악할 위치에 서게 되었으며, 이를 대외무역으로 확장해 나갔다.

2

02
영조의
건공탕과 인삼

영조의 건강 공신
건공탕

조선 영조는 83세의 장수를 누리며 임금 자리에 무려 52년(1724~1776)이나 있었다. 영조는 〈어제문업御製問業〉이라는 자문자답 형식의 글을 통해 자신의 업적을 스스로 이렇게 정리했다.[19]

팔순 사업을 만약 나에게 묻는다면
마음에서 부끄러워 무엇이라 하겠는가.
첫째는 탕평책인데 스스로 부끄럽다.
둘째는 균역법인데 승려까지 미쳤다.
셋째는 하천 준천인데 만세에 이어질 업적이다.

넷째는 옛 정치를 회복해 여자 종이 자유로워졌다.

다섯째는 서얼 청요직 등용인데 유자광 이후 처음이다.

여섯째는 지금까지의 정사를 《경국대전》을 따라 한 것이다.

탕평·균역법·청계천 준천·노비 신공 반감·서얼 등용 등을 자신의 업적으로 꼽은 것이다. 그러나 영조는 어머니 신분의 미천함에서 오는 심적 갈등과 이복형인 경종의 죽음에 관련되었다는 혐의 그리고 심지어 숙종의 아들이 아니라는 유언비어에 시달려야 했고, 왕의 정통성을 부정하는 반란도 진압해야 했다.

이런 때문인지 영조는 때로 자신의 감정을 억제하지 못해 성격 장애의 면모를 보이기도 했고, 자녀에 따라 극단적인 애증을 나타내 결국 사도세자를 뒤주에 가두어 죽게 하는 불행을 초래했다. 또 자신의 감정 기복에 따라 사소한 실언을 문제 삼아 정승들을 일시에 파직했다가 다음 날 다시 복직시키는 등의 일도 잦아졌다. 이러한 문제점에도 불구하고 영조는 스승과 같은 군주의 상을 세우기 위해 부지런하고 근검절약하는 생활로 모범을 보였다. 또 탕평에 의한 정국 안정을 바탕으로 민생 문제를 해결하여 각 방면에 부흥기를 마련했다.

이러한 영조의 건강을 지켜 주는 약이 있었다. 바로 건공탕建功湯이었다. 건공탕이라는 이름은 영조가 직접 지어 하사한 것이다. 1758년(영조 34) 영조는 자신의 병에 차도가 있자, "이것은 이중탕의 공이다. 이중탕을 이중건공탕理中建功湯이라 하겠다"고 했다. 영조의 나이 65세 때였다.[20] 이중건공탕은 인삼, 백출, 말린 생강, 감초를 달인 이중탕에 인삼 두 돈쭝과 좁쌀을 넣어 마실 수 있도록 한 것이다. '건공建功', 즉 영조의 건강을 지키는 공신 같은 약의 핵심 재료는 바로 산삼이었다.

영조는 평생을 살면서 생사를 넘나드는 질병을 앓아 본 적이 거의 없었다. 자신이 낳은 아들을 죽였다는 죄책감이나 그로 인한 슬픔이 있었지만, 그것이 육체적인 건강을 해칠 정도는 아니었던 것 같다. 오히려 그는 이중건공탕이라는 이름을 하사한 이듬해에 66세의 나이로 16세의 정순왕후를 맞이했는데, 늦은 시간까지 회의를 하다가도 저녁은 꼭 챙겨 먹었다고 한다. 이로 미루어 봤을 때 규칙적인 식생활이 건강 유지의 기본이었다고 생각되지만, 여기에 이중건공탕을 하루 2~3차례 마신 것도 그 비결 중의 하나였던 것으로 추정된다.

영조는 1762년(영조 38) 69세 때부터는 이중건공탕을 하루 두 번에서 세 번으로 늘리고 이름도 그냥 '건공탕'이라 불렀다. 영조는 허리 또는 아랫배가 아픈 병이 있었는데, 이를 다스리기 위해 건공탕을 하루에 네 번 올렸다는 기록도 있다. 이처럼 칠순에 가까운 영조가 몸이 불편한 중에도 부지런하고 게으르지 않으며 종일 낮과 밤을 새워도 스스로 피로한 줄 몰랐던 것은 건공탕 덕분이었다.

1773년(영조 49) 80세 영조는 독서당에서 책을 읽던 정범조丁範祖에게 건공탕을 주제로 시를 지어 올리게 했다. 〈건공가〉는 이렇게 시작된다.[21]

엎드려 바라옵건대 우리 거룩한 임금께서는
건공탕을 거두지 마시옵소서.
큰 하늘은 덕 있는 이를 돌보는지라
온전히 해동국을 부탁하였도다.

조선을 돌보는 영조가 건공탕 마시는 일을 거두지 말 것을 발원한 대목이다. 이어 〈건공가〉는 하루에 세 번 올리는 건공탕에 의미를 부여한다.

건공탕 첫 사발을 올리나니
상제가 밝게 임하시네.
대통은 삼종을 계승하시어
명성으로 조상 종묘 제사 받드네.

영조는 숙종의 뜻을 잇고 정사를 펼친다는 효를 명분으로 자신을 뒷받침할 정치적 세력을 결성하고 문화정책을 추진했는데, 이를 첫 번째 건공탕 사발에 비유한 것이다.

건공탕 둘째 사발을 올리나니
열조께서 밝게 내려오시네.
팔방에서 모여들어 생성되니
몸에다 걸치고 배를 채우네.

영조가 역대 조선 임금들의 뜻을 이어받아 부지런히 정사에 몰두하여 사방 천지에 우주 및 만물의 조화가 가득 차고 넘치니 이것 역시 건공탕 덕분이라 말한다.

건공탕 셋째 사발을 올리나니
만백성이 목을 빼고 축원합니다.
상하가 공경하고 바라는 바니
세 사발도 그 또한 부족하리라.

세 번째 건공탕은 만백성의 행복과 관계된 중요한 존재로 변화하여 세

사발로도 부족하다고 강조한다. 정범조의 〈건공가〉는 계속 이어진다.

> 백 년을 날로 치면 삼 만이 되고
> 천 년을 날로 치면 삼 억이 되니
> 매일매일 세 사발을 올리게 되면
> 사발마다 임금 수명 보태지리라.

영조는 〈건공가〉를 듣고는 무릎을 치고 큰소리로 칭찬하면서 호랑이 가죽을 내려 표창했다고 한다. 이후 건공탕을 마실 때면 문득 그 시를 암송했다고 전해진다.

그러나 세월에 장사가 있던가. 나이가 더 들자 건공탕으로도 약효를 보지 못하는 경우가 종종 생겼고, 새로운 처방 없이 그저 건공탕에 의존해야 하는 현실에 화를 내는 경우도 있었다. 이에 영조는 건공탕을 의인화하여 문답의 형식을 빌린 시를 짓는가 하면 건공탕만을 처방하는 의관의 행태를 정성 없고 안일한 관료사회 나아가 인습에 빠져 혁신하려 하지 않는 세상에 빗대어 비판하는 시도 지었다.[22]

영조의 인삼,
서민의 애환

영조는 스스로를 두고 "아! 이 늙은이는 인삼옹이로다"라고 탄식했다. 영조가 매일 먹은 건공탕으로 소비된 인삼만 1년에 거의 20여 근이었다고 한다. 내의원 인삼은 산삼을 써야 했으니 이 많은 산삼을 궁중에서 어떻게 얻을 수 있었을까? 조선 중기 구원九畹 이춘

원李春元의 문집에는 공물을 바치기 위해 동원된 서민들의 애환을 담은 시가 있다. 이 가운데 전복을 따는 〈채복행採鰒行〉, 인삼을 캐는 〈채삼행採參行〉, 나무를 베는 〈벌목행伐木行〉 3수는 강원도 관찰사 시절 동해의 늙은 잠수부, 대관령의 심마니, 벌목민의 고단한 삶을 사실대로 묘사하고, 이들을 착취하는 지방관과 중앙의 고위 관리들을 비판하는 내용이었다.

채삼에 내몰렸던 백성들은 이따금 낭떠러지에서 목숨을 잃기도 했다. 손에 쥐는 인삼은 머리털 한움큼 정도에 불과했다. 이에 강원도 산간의 궁색한 백성은 서러운 심정을 참을 수 없었다.

옛날에는 가끔 수레 가득 캐기도 했으나
오늘날 캐는 것이라곤 머리털 같다네.
땅 힘도 다 되고 백성 힘도 다해
산신령도 밤에 울고 땅 신령도 운다네.
《구원선생집》 권1 〈채삼행〉

채삼꾼은 감정이 솟구쳐 신농씨가 약재를 구별해 놓은 공적에 대해 화를 냈다. 이놈의 산을 뭉개고 바다를 메워 망망한 들판을 만들 수만 있다면 그곳에 뽕밭을 일구겠다고 불평을 쏟아 낸다. 〈채삼행〉의 이 구절은 다산 정약용이 군역을 피하려고 자신의 생식기를 잘라 버린 가장의 슬픔을 노래한 시 〈애절양哀切陽〉을 떠올리게 한다.

영조 대 인삼 수요의 폭발로 산삼이 무절제하게 채취되는 가운데 산삼의 일본 유출도 대량으로 일어나고 있었다. 1759년(영조 35) 성호 이익이 순암 안정복에게 답하는 편지에 이 같은 상황의 일면이 담겨 있다.

장편의 왕복 편지를 보니 왜인들은 인삼을 생명처럼 여겨서 한 고을에 인삼이 있으면 병을 앓는 자가 인삼을 씻어 그 물을 마시기도 하고 손으로 쥐어 병을 치료하기도 한다고 합니다. 근래 여염에 떠도는 소문을 들으니, 일본에 돌림병이 발생하여 사람들이 많이 죽었는데 늘 인삼이 없어서 그렇게 되었다고 핑계를 댄답니다. 지금 의국醫局에서는 한 뿌리의 값이 무려 1,000전에 가깝습니다. 국중國中이 이와 같으니 일본의 사정은 추측할 만합니다. 저들은 바라는 눈이 항상 간절하여 마치 목마른 사람이 물을 찾는 것처럼 모두 목숨을 살릴 물건이 이 땅에 있다고 지목하고 있으니, 어찌 후일의 우환이 되지 않겠습니까《성호전집》 권27 〈서 답안 백순〉).

일본에서는 그저 인삼을 씻어 낸 물을 마시거나 손으로 쥐어 보는 것만으로도 병이 나을 수 있다고 믿어지고 있었다. 일본 사람들의 이러한 높은 관심이 인삼 산지인 조선에 뒷날 우환이 생기지 않을까 하는 걱정을 낳은 것이다. 실제로 1748년(영조 24) 도쿠가와 이에시게의 등극을 축하하는 조선통신사 선물 목록의 맨 앞을 장식한 것은 인삼 50근이었다.[23]

영조는 "나는 인삼의 정기를 얻었다"고 인삼의 효능에 만족감을 표시하기도 했지만, "인삼이 선단仙丹의 영약이라 하더라도 (인삼 소비량을) 역사책에 써서 후세의 법으로 삼는다면, 어찌 재물을 다 허비하여 민망한 일이 되지 않겠는가"라고 걱정했다고 한다. 인삼 소비량이 만만치 않았다고 들었기 때문이다.

걱정은 현실이 되었다. 영조의 인삼 사랑은 인삼의 절종 현상을 심화시키는 한편, 조선 부호들의 인삼 소비 심리를 부추겼다.

또 나라의 풍속에 과도한 사치가 날로 심해져서 부귀한 집에서는 일과로 삼탕蔘湯을 음용하는 자가 있습니다. 이는 재물이 위로 모여서 소비에 절제가 없기 때문인데, 아랫사람의 손해가 이와 같으면 반드시 재앙을 불러올 것입니다(《성호전집》 권27 〈서 답안백순〉).

이에 조선 정부는 인삼 씨를 뿌린 산을 통제 관리했다. 민간에서는 밭에서 기른 재배삼이 유통되기 시작했다. 하지만 궁중 왕실의 건강을 담당하는 내의원은 여전히 산삼을 고집했다. 영조도 인삼은 관동이나 강계 인삼이 최고이며, 그것으로 건공탕을 만든다고 알고 있었다.

인삼에게 묻는다. 너에게 공이 있는가.
인삼에게 묻는다. 어디에서 왔는가.
인삼에게 묻는다. 강계에서 왔는가.
인삼에게 묻는다. 관동에서 올렸는가.
(《어제문인삼》)

영조는 '인삼에게 묻는다[問人蔘]'라는 내구內句를 반복하며 강계와 관동에서 올라온 인삼이 최고라는 것을 은연중에 말하고 있다. 영조는 근검절약한 왕으로 관복이 해질 때까지 입은 것으로 유명하다. 세자 때나 왕위에 오른 이후에도 가마를 타지 않을 때가 많았고 열 번 중 여덟아홉은 걸었다고 한다. 그렇지만 영조는 서민들의 애환이 담긴 산삼을 가장 많이 소비한 주인공이었다. 영조의 건공탕에 대한 사랑은 산삼 채취에서 인삼 재배로 넘어가는 시기와 절묘하게 맞아떨어졌다.

03

정조, 홍삼 무역의
벼리를 잡다

땅에서 기른
가삼으로
은화의 유출을 막다

　　　　　　1687년 일본 나가사키에 청나라의 상관商館이
설치되면서 부산의 왜관으로 들어오는 일본 상인의 수는 급격히 줄어들
었다. 게다가 일본에서는 도쿠가와 막부 주도로 인삼 재배에 성공함으로
써 일본 내 인삼 소비를 어느 정도 충당할 수 있게 되었다. 이에 18세기
중반부터는 중국과 일본을 잇는 조선의 중개무역은 침체기를 맞았고, 청
나라 중심의 무역구조를 이루었다.

　　일본과의 무역이 줄어든 것은 호조로 들어오는 세입 은화의 변동에서
드러난다. 다음 [표]를 보면 호조의 은화 수입은 1713년을 정점으로 크게

줄어들었다가 1780년대에 접어들면 거의 정체 상태에 있음을 확인할 수 있다. 이는 왜관 무역의 침체에 따른 것이었다.

일본과의 무역 감소에 따른 은화 수입의 감축으로 조선은 중국과의 외교사절 비용 마련을 위한 별도의 대책이 필요해졌다. 이에 조선 정부는 사행에 필요한 공용은화[公用銀]을 마련하기 위해 모자 수입 무역을 시행했다.[24] 이 모자는 중국 요동 중후소中後所의 모자창帽子廠에서 양털을 이용하여 만든 방한용품인데, 주로 사대부나 부유층이 삼동을 나는 데 사용하고 다음 해에는 버리는 소비재성 사치품이었다.

1758년(영조 34) 시작된 모자 무역을 관모제官帽制라고 한다. 관모제는 조선 정부가 역관에게 관은官銀 4만 냥을 빌려 주면, 역관은 그 돈에서 사행 비용을 우선 사용하고 남는 은화로 중국산 방한용 모자를 수입하도록 한 일종의 사무역이었다. 이렇게 수입된 중국산 모자는 서울의 모자전 상인[帽子廛民]·의주상인·개성상인에게 판매를 위임하고, 이들에게 모자 값과 일정량의 이익을 은화로 받아 원금을 재확보하고 이윤을 남겨 다시 별도 사행 비용으로 비축하는 형태로 운영되었다.

[표] 17~19세기 호조 세입 은의 변화

| 세입은 | 39,093 | 30,262 | 39,519 | 17,733 | 66,780 | 31,156 | 28,332 | 12,922 | 16,530 | 716 | 808 | 684 | 620 | 2,197 | 10,512 |

출처: 《증보문헌비고》 권 155, 재용고 2 호조 일 년 경비출입수;
《만기요람》 재용편 4 호조 일년 경비

그러나 이 시기 조선은 은화 부족 상태에 빠져 있어서 관은의 대출을 전제로 이루어지는 모자의 수입과 그 판매를 맡은 상인으로부터 원금과 이윤을 되돌려받는 일이 원활하게 이루어지지 않았다. 게다가 관모제는 정부가 직접 무역에 참여하는 것이라는 비판이 강하게 대두되었다.

이에 1774년(영조 50) 관모제가 폐지되고 1777년(정조 1)에 세모법稅帽法이 시행되었다. 세모법은 정부가 무역 자금으로 은화를 빌려 주던 관모제와 달리 무역상인들이 직접 그들의 자본으로 모자의 수입과 국내 판매를 전담케 한 것이다. 조선 정부는 수입 모자에 과세하여 공용은화를 마련하고자 했다. 세모법은 은화의 부족과 정부가 무역을 한다는 명분상의 논란을 극복하면서 동시에 공용은화의 확보라는 현실적 요청을 모두 충족시킬 수 있는 방안이었다.

역관과 상인에게 18세기 모자 무역은 원금에 25퍼센트 정도의 이윤이 보장되는 조선 제일의 수입 무역이었다. 그러나 모자 수입은 "땅에서 캐는 귀한 은화를 가지고 가서, 천 년을 지나도 헐지 않는 은화를 가지고, 삼동三冬을 쓰고 나면 내버리는 물품으로 바꾸는 어리석은 짓"이며,[25] 경사經史의 어디에서도 근거를 찾을 수 없고 "금을 연못에 던지는 것과 같은 행위"[26]라는 비판이 쏟아졌다.

해결책은 사행 일행의 팔포八包 무역에 은화 대신 홍삼을 채우는 방안이 모색되면서 구체화되었다. 사행의 팔포를 형편에 따라 은화나 인삼으로 바꿔서 채우도록 했던 전례를 활용하되, 산삼이 아니라 가삼으로 채울 수 있도록 한 것이다. 이는 은화의 유출을 막는 동시에 당시 가삼으로 만든 홍삼 밀무역의 확대를 막는 방법이기도 했다.

홍삼으로
수원 화성의
번영을 꿈꾸다

　　　　　　　　　정조는 "국가 재정은 백성과 나라의 근본으로,
이를 바로잡아야 정치를 해 나갈 수 있다"고 천명했다. 이를 위해 재정
운영의 사적이고 자의적인 성격을 없애고 공공성을 높이려 했다.[27] 이 같
은 재정 운영에서 가장 핵심적인 위치를 차지하고 있던 것은 홍삼이었다.

　수원 화성 건설은 정조의 정치적 이상이 담긴 것이었다. 정조는 공사에
동원된 인부에게 임금을 주었고, 땅 값을 주고 토지를 수용했다. 공사를
마친 이후에도 신도시 번영과 민생대책을 세워야 했다. 이를 위해 특별한
재원이 필요했다. 그 중심에 홍삼이 있었다.

　1796년(정조 20) 완성된 수원 화성은 정조가 상왕이 되어 거처할 화성
행궁과 부속 건물로 이뤄져 있었다. 무려 600여 칸에, 성곽이 거의 6킬로
미터에 이르는 웅대한 규모와 첨단시설을 자랑했다. 행궁 바로 앞에 삼남
과 용인으로 통하는 십자로를 개통하고 상가를 배치했다. 도로망과 다
리, 하천을 정비하고 도시 환경도 조성했다.

　"집집마다 부유하고 사람마다 즐겁게[戶戶富實 人人和樂]하라." 정조가 내
건 수원 화성의 미래 비전이었다. 수원 화성을 발전시킬 방안이 필요했
다. 선혜청 당상을 지낸 정민시鄭民始는 사행의 팔포에 인삼을 채워 가도
록 하고 그에 대한 비용[包價]를 거두는 것은 이미 전례가 있다고 하면서,
이것이 중간에 은으로 바뀐 것은 인삼이 점점 귀해진 반면, 은화는 약간
의 여유가 있었기 때문이라고 했다. 그러나 근래에는 가삼의 잠월이 점차
많아지고 있으니 금법을 무릅쓰고 몰래 넘어가게 하느니보다는 차라리
옛 관례에 따라 인삼 무역을 허가하는 편이 사상이나 역관 모두에게 편안

한 방도가 될 것이라고 주장했다.[28] 정조도 은이 귀하면 삼을 쓰고 삼이 귀하면 은을 쓰도록 하여 물화를 무역하는 권한이 나라에 있게 하는 것이 변경 문제를 도모하는 좋은 방책이라며 삼포蔘包의 규정을 다시 써도 무방할 것이라고 했다. 사행 원역의 포에 은과 가삼을 통용하는 문제는 수원성을 부실富實케 하려는 목적과 상관없이 바로 그해의 사행부터 적용 시행되었다.[29]

정민시는 한걸음 더 나아가 가삼 무역과 모자의 판매권을 화성으로 이주하는 서울 부자에게 주자고 했다. 또한 이들로 하여금 큰길 남북으로 기와집을 짓도록 하고, 장사 밑천을 빌려 주어 무역하게 하되, 이자를 받아 화성 수리 비용으로 충당하자고도 했다. 당대 갑부를 만들어 줄 대표 상품이 모자와 가삼이었던 것이다. 이 계획은 수원으로 이주한 한양의 부실호富實戶 20호에게 미삼계尾蔘契를 조직토록 하여 인삼 판매상의 특권을 주는 방향으로 정리되었다. 바로 〈화성부내신접부실호삼모구획절목華城府內新接富實戶蔘帽區劃節目〉이다.

이 절목에서는 한양의 부실호 가운데 20인을 뽑아 수원으로 이주하게

**중국으로 파견된 조선의 정사와 부사가 관모 위에 쓴 털모자는
천 년을 가도 헐지 않는 은을 내다버리는 것이라는 비판을 받았다. (03)**

동아시아를 연결한 인삼로드

하고, 아직 독점이 인정된 바 없는 인삼과 모자의 무역권과 판매권을 주게 했다. 또 이들은 팔 만한 물건이 있으면 물종에 구애받지 않고 매매할 수 있게 했다. 화성 이주자에게 관전官錢을 변통해 주거나 정착에 필요한 각종 혜택을 주는 규정도 있었다. 그러나 이 계획은 판중추부사 이병모의 강력한 반대로 실현되지 못했다.

이병모는 네 가지 이유를 들어 이 절목을 반대했다. 첫째, 수도는 온나라의 근본이며 부호는 빈호의 모범이 되어야 하는데, 자연스럽게 화성에서 살고자 하는 자가 한양으로부터 흘러들어 가는 것을 막을 필요는 없으나 조정이 모집하여 들어가 사는 길을 열어 두는 것은 잘못이다. 둘째, 호戶를 모으고 민을 부유하게 하는 길은 널리 땅을 개간하고 재물을 통하도록 함에 있는 것인데, 지금은 모자와 가삼을 통화의 근본으로 삼으니 잘못이다. 셋째, 서울에서 들어간 객이 도리어 수원의 재물과 권세를 틀어쥐게 되니 이는 주객을 바꾸어 놓는 처사이다. 넷째, 삼상들은 가삼을 1년 전에 미리 돈을 주어 선매하여 팔고 있으므로, 지금 수원의 20호에게 산지 판매 독점권을 주는 것은 옳지 못하다.

요컨대 이병모는 이 절목은 수원에 이주하는 부호에게 국가가 이익의 독점권을 주는 것이라고 규정하고, "이는 마땅히 왕정에서 엄격히 금해야 할 것인데도 불구하고 임시로 이를 허락해 주는 것이니, 이를 어찌 소중한 바를 크게 도모하는 것이라고 하겠는가"라며 정부의 정책을 통박했다.[30]

이에 좌의정 채제공蔡濟恭은 모자와 가삼 문제로 말썽이 생기면 이전에 정정당당했던 공적까지 아깝게 될 우려가 있으므로 정책을 취소하는 것이 좋겠다고 건의했고, 정조도 이를 받아들였다.[31] 다만 정조는 역관에게 가삼을 채워 가도록 한 규정은 그대로 시행하되, 가삼의 밀수출을 막을 수 없는 상황이라면 무역을 공식화하라고 명령했다.

이에 따라 1797년(정조 21) 사행의 팔포에 은화와 홍삼을 통용하여 채우는 것을 인정하는 포삼제가 실시되었다.[32] 사행의 팔포로 인정된 인삼은 가삼을 재료로 만든 홍삼이었다. 이를 포삼包蔘이라 했고, 이에 대한 세금은 포삼세라고 했다.

04
〈오엽정가〉와
'종삼' 기록

약포와
삼포를 읊다

　　　　　18세기에는 산삼 구하기가 하늘의 별 따기였
다. '먹으면 원기를 돋울 수 있고 모든 질병을 고칠 수 있다'는 믿음 때문
에 수요는 많지만 공급이 그에 미치지 못해 산삼의 가격은 천정부지로
치솟았다. 가난한 사람들 사이에서는 병을 고치기 위해 산삼을 구하느니
차라리 죽는 것이 낫다는 얘기까지 돌았다. 자연스럽게 자신의 서재나
유식처遊息處에 약포를 두고 인삼을 얻고자 하는 바람이 시를 통해 드러
났다.

약포춘우藥圃春雨

2

봄비 한번 내리자 땅 기운 융융대고

작은 밭 껍질 깨고 온통 파릇파릇하네.

얼핏 보아도 뜰 앞 풀과는 달라

훗날 병을 구하는 기막힌 공 이루리라.

《계곡선생집》

〈약포춘우〉는 계곡 장유張維(1587~1638)가 사계 김장생이 지은 〈양성당〉
에 10가지 주제로 화답한 시 중 하나이다.[33] 유네스코 문화유산인 돈암서
원의 원류지인 양성당 주변에 약포가 있었음을 알려 준다. 구체적으로 무
엇을 심었는지는 알 수 없다.

하지만 김장생의 제자 윤증尹拯(1629~1714)은 1687년(숙종 13) 이순악이
강원도 인제에서 생삼 뿌리를 보내 주자 화분에 옮겨 심었고, 새싹이 돋
자 반가워 시를 지었다.[34]

작은 창 사이에 뾰족뾰족 돋아난 삼

한계령의 첩첩 산을 넘어서 여기 왔지.

일없이 감상하려 하는 것이 아니라

시든 이 몸 너의 생기 대하려 함이지.

《명재유고》

윤증이 화분에 인삼을 옮겨 심으려 한 것은 단지 화훼 감상 차원이 아
니라 재배를 통해 약효를 오래 보려는 의도였다. 약포를 서원 주변에 개
설하고 인삼을 화분에 옮겨 심으려 했던 17·18세기 후반의 모습은 19세
기 정약용에 이르러 크게 달라졌다.

지금은 곳곳의 포전에 인삼을 심어
무밭 겨자밭과 두둑이 서로 잇닿았네.
개성의 크나큰 밭 삼백 이랑의 수확으로
해마다 연경에 수출함이 영구한 업이 되었네.
《다산시문집》

정약용은 정자 오엽정五葉亭을 노래하면서 인삼을 재배하는 삼포가 늘어나고 이것이 중국과의 무역으로 이어지고 있다고 했다.[35] 삼아오엽三椏五葉은 인삼을 의미한다. 정약용은 아들 학연과 함께 직접 인삼을 재배하여 집안 살림에 어느 정도 도움을 주었다고 한다.[36] 정약용은 인삼을 직접 재배하면서 얻은 인삼의 생육과 재배법 그리고 가삼의 상업적 가치 등을 시 한 수에 엮어 냈다.

가꾸는 자는 농부요 파는 자는 장사꾼이라
선비에 못 끼는 걸 겁낼 겨를이 어디에 있나.
떡갈잎과 검은 흙을 손수 체질도 하고
삼대의 얇은 인삼막을 허리에 끼기도 하네.
《다산시문집》

18세기에서 19세기 초반 서울을 중심으로 활동했던 문인 윤기尹愭는 다음과 같은 기록을 남긴다.[37]

근년 이래로 어떤 사람이 삼을 심는 방법을 개발하여 제 집의 채마밭에 심어 그 이익을 도모했는데, 점점 서로 배워서 이제는 없는 곳이 없다.

2

그 삼의 약성이 산에서 캔 것만 못하지만 그다음이 될 수 있고 값도 점차 낮아졌다. 이에 의원들이 병을 진찰하면 환자의 재력은 묻지 않고 툭하면 '삼을 쓰지 않으면 안 된다' 말하고, 환자의 집에서도 마음속으로 쉽게 여겨 반드시 쓰고자 한다. 약은 귀한데 값은 헐하여 전에는 엄두도 내지 못한 것들을 쓰게 되었으니 백성에게 이익이 됨이 크다(《무명자집》 삼설).

윤기에 따르면 가삼이 산삼보다는 못하지만 가격이 낮아짐에 따라 소아의 천연두·홍역 그리고 소년의 열병에도 인삼을 써서 부작용이 많았다. 또 숨이 끊어져 가는 노인에게도 가삼을 써서 집안 살림이 거덜나고 목숨이 끊어진 뒤에야 끝이 났다. 이에 목숨은 하늘에 달려 있고 죽음에도 때가 있는 법이니 가삼을 남용하면 안 된다고 주장한 것이다.

이규경은 인삼 재배가 성행하여 가격이 모싯대나 도라지와 비슷한 동전 몇 꿰미[緡] 정도밖에 되지 않는다고 말했다.[38] 19세기 인삼 재배가 성행하면서 약재로서의 오용을 걱정하는 단계에 이른 것이다.

그렇다면 조선의 '종삼種蔘' 기록, 즉 문헌에 담긴 인삼을 심고 가꾸는 방법은 어느 정도 수준이었을까? 도쿠가와 막부의 절대적인 후원하에 조선 인삼 시험 재배에 성공한 일본의 종삼 기록과는 얼마나 같고 얼마나 다를까?

이학규의 〈삼서〉와
사카노우에의
〈조선 인삼 경작기〉

서경창徐慶昌은 1802년 강계 지역 공삼貢蔘제도
의 개선책을 제시하면서 "30여 년 이래 강계의 산삼이 해마다 희귀해졌
는데 다른 지역에서도 채취된다는 사실을 들어본 바가 없다. 예전에 비해
더 많이 생산하는 곳은 오로지 영남의 여러 읍인데 민가에서 인삼을 기르
기 때문"이라고 했다.[39] 1770년 무렵 조선에서 가삼 재배가 영남·호남·
강원·충청의 일부 등 전국에서 이루어졌고, 이것이 국내 약재의 차원을
넘어 경제적 가치를 지닌 상품으로 기능하고 있었던 사실과 부합하는 지
적이다.[40]

인삼 재배기술은 기록으로 남겨졌다. 18세기 이후 유득공의《고운당필
기》중 〈가삼〉과 〈종삼방〉, 서호수의《해동농서》중 〈가삼〉, 서영보의《죽
석관유집》중 〈종삼보〉, 성해응의《연경재전집》중 〈속종삼보〉, 서유구의
《임원경제지》중 〈인삼〉, 이학규의《낙하생집》중 〈삼서〉 등이 연이으면
서, 조선의 인삼 재배 기록은 재배법의 핵심요소를 항목별로 분류 서술하
고, 병충해·건조법·성장 부진에 대한 논설을 제시하는 등 전문적인 농서
단계로 진입했다.

이 가운데 이학규의 〈삼서〉는 1800년 정리된 기록으로, 인삼 재배에 관
한 12가지 항목과 부록으로 인삼 관련 시 5수로 구성되어 있다. 서유구
〈인삼〉의 내용을 옮겨 실은 후 인삼 재배 현장의 실상과 자신의 견해를
덧붙여 적었는데, 18세기 후반까지 조선의 인삼 재배 수준을 가감 없이
반영하고 있다.

한편 도쿠가와 막부는 1737년 나가사키를 창구로 이루어지던 중국과

네덜란드와의 무역이 반감되는 상황에 직면했다. 이에 중국에 크게 의존하던 약종藥種 수입이 격감하면서 약종의 자급이 현안 과제로 떠올랐다. 도쿠가와 요시무네는 약초정책으로 채약사를 지방에 파견하여 일본 국내의 약재를 조사시키는 한편, 막부 직영의 약원藥園을 정비해서 국내 재배를 시도했다.

약원에서는 수입에 의존하던 약종을 중심으로 재배했다. 특히 당시 최고가로도 입수가 곤란했던 조선 인삼의 자급이 약초정책의 중요한 과제가 되었다. 이에 인삼을 재배하고 약재로 가공하는 기술 개발이 추진되었다. 이 개발을 주도했던 사람이 사카노우에 노보리坂上登(1717~1776)였다. 그는 다년간의 경험을 통해 자신이 터득했던 조선 인삼 재배법과 제제법製劑法을 알기 쉽게 기록한 〈조선 인삼 경작기〉를 남겼다.

사카노우에의 〈경작기〉와 이학규의 〈삼서〉를 상세히 비교한 연구를 바탕으로,[41] 두 기록의 저술 목적, 인삼 재배기술 및 인삼 제제법 등을 간단히 살펴보면, 조선과 일본의 인삼 재배 단계와 기술 수준을 가늠할 수 있다.

첫째, 저술 목적을 확인해 보자. 사카노우에가 〈경작기〉를 서술한 목적은 일본에 적용할 수 있는 조선 인삼 재배 방법을 알기 쉽게 기록하여, 인삼 부족과 가짜인삼 유통의 부작용을 없애고 궁극적으로는 인삼 자급을 달성하기 위함이었다.

만일 3~5년에 이르도록 바다 건너는 일이 단절되어, (인삼을) 가지고 오는 일이 없을 때는 가령 천금을 던져도 얻을 수가 없다. 이때에 이르러 의료계와 민간 모두 손을 쥐고 발을 굴러도 어찌할 바가 없다. …… 다만 다른 나라에 많은 금을 건넬 때에 (이에) 상응하는 인삼도 함께 건너올 것이라고만 생각하는 것은 큰 오해이다(《국역 조선 인삼 경작기》).

사카노우에는 조선 인삼의 시험 재배 및 제제법을 국가 간 외교 분쟁 시 일본 국내의 약종 자급과 과도한 국부 유출 방지를 위한 절대적인 과업으로 보았다.

반면 이학규의 〈삼서〉는 인삼 재배가 전국적으로 성대하게 일어나고 인삼 제제법을 통해 생산된 홍삼이 중국 시장에서 경쟁력을 갖고 있으니, 인삼 재배법을 잘 터득하여 활용케 하려는 데 목적을 두었다. 특히 가삼이 강원도 여러 군에서 나는 강삼, 함경도에서 나는 북삼과 동급임을 밝히고, 최하는 북경 시장에서 들여온 호삼이라고 평가했다. 또한 조선 인삼이 중국 시장에서 외국과 교역되고 있음을 지적하고 홍삼의 값이 일시적으로 낮더라도 반드시 다시 오를 것이니 이때 내다팔아야 하며, 이것이 인삼 재배의 원대하고 거대한 계획이라고 했다.

둘째, 인삼 종자에 대해 살펴보자. 사카노우에는 일본 인삼과 조선 인삼은 분명히 다르다고 인식하고 있었고, 그 모양과 성질은 많은 시간이 지나도 변하지 않는다고 언급했다.

일본산 인삼은 일본에 자생하는 죽절인삼이다. 얼핏 보면 인삼과 비슷하지만 뿌리는 옆으로 자라고 마디가 있다. …… 일본산 인삼은 야마토 나라의 요시노 및 나가노의 깊은 산중에 많이 서식한다. 조선에서 나는 인삼종과는 크게 다르다《국역 조선 인삼 경작기》).

이에 비해 이학규는 인삼이 쉽게 싹이 나지 않는다는 것은 "산에서 나는 산삼을 말하는 것으로, 밭에서 종자로 싹을 틔우는 것은 산삼에 비해 어려운 일이 아니다"라고 했다. 단 종자가 손상되어도 싹이 나지 않고 땅이 나빠도 싹이 나지 않는 등 인삼 생장을 해치는 것은 여러 가지 요인이 있으니 잘 대처해야 하며, 이는 대충 논해서는 안 되는 중요한 사항이라고 강조한다.

셋째, 인삼을 키우는 토양에 대해서 살펴보자. 사카노우에의 〈경작기〉는 "산의 검은 흙[黑墟]이 상급, 적황색의 흙이 하급, 그 외 진토眞土와 같은 것은 극히 좋지 않다"면서 원론적 수준에서 언급했다. 반면 이학규는 인삼을 심는 것은 모름지기 땅을 잘 얻으면 자라지 않는 것은 없다고 단언한다. 나아가 좋은 흙에 대한 이론적 정의에서 벗어나 "좋은 흙은 굳이 깊은 산을 필요로 하지 않고 이곳저곳 모두 있다"라고 했다. 그러면서 구체적인 장소까지도 제시한다.

> 지금 우선 경기 내의 여러 곳을 말해 보면 도봉을 나와 수락산에 이르기까지가 제일 좋고(양주에 속함), 경안에서 분원까지가 그다음이고(광주에 속함), 관악이 또한 그다음이다(과천에 속함). 이밖에도 오히려 경험한 것이 많으나 지금 다 기록하지 않으니 대체로 산삼이 출토된 곳의 흙은 모두 사용할 만하다(《낙하생집》 책2 〈삼서〉 제4 취토).

넷째, 인삼의 싹을 어떻게 틔우고 키우고 보호하여 기르는가에 대해서 확인해 보자. 사카노우에는 조선 인삼 시험 경작 기록이라는 목적에 충실하게 각 지방의 사례를 적고 화보를 적재적소에 삽입해서 상세히 설명하고 있다. 이에 비해 이학규의 〈삼서〉는 인삼의 싹을 틔워 심고 가꾸는 방법, 울타리와 가림막을 만들어 햇볕을 가리고 물이 들어오지 않도록 하는 방법, 인삼 성장의 기준을 길이와 무게에 두고 판단하는 방법, 병충해에 대비하고 치료하는 방법 등을 수치와 실례를 들어 체계적으로 설명하고 있다.

예컨대 영남의 어떤 삼호蔘戶는 조그만 표주박을 가는 대나무 끝에 매달아서 땅 위에 물을 골고루 뿌릴 수 있도록 해 주는 도구를 이용한다고 소개하고, "큰 가뭄에는 4일에 한 번, 작은 가뭄에는 6~7일에 한 번씩 준다"라고 물 주는 횟수와 양에 대한 구체적인 정보를 기록했다. 또 인삼을 심을 때 땅에 비스듬히 심으면 직각으로 곧게 심는 것보다 오래될수록 점점 자란다거나, 월동을 위해 뿌리를 따로 묻어 두었다가 봄에 캐 내었을 때는 무게가 5분의 1 정도 더 나간다라고도 했다. 인삼 심는 방식에 따른 성장의 차이, 인삼 거래에 따른 무게 정보 등을 구체적으로 주고 있다.

다섯째, 인삼 생장에 가장 위협적인 요소인 병충해에 대해 살펴보자. 사카노우에의 〈경작기〉에서는 조선 인삼 시험 재배 단계에서 걸리기 쉬운 병충해를 재배기술 확산 차원에서 분류하고 적었다. 반면 이학규의 〈삼서〉는 인삼의 해충과 병해를 경작 과정에 따라 설명하고, 병해의 원인에 따른 치료 방법도 분류해서 적었다. 특히 병충해를 종자 생산지와 재배지의 상관성에서도 찾았다는 점이 흥미롭다. 즉 경기 부근의 삼호들이 영남의 씨앗을 싼 가격에 많이 사 오는데, 영남의 종자는 땅을 떠나 너무 멀리 왔기 때문에 얼마 지나지 않아 여러 가지 병에 걸린다는 것이다. 이와 달리 경기 지역의 종자는 비록 비싸지만, 땅의 성질이 같아서 성장이 빠르고 병을 많이 치르지 않는다고 했다. 나아가 경기 지역 사람이 영남의 씨를 미리 사 두고는 거짓말로 경기의 종자라고 하면서 사기를 친다고도 했다. 이를 통해 당시 삼포가 많았던 영남 지역에서는 인삼 종자 시장과 가격이 형성되었고, 이 종자를 구해 삼업을 하려는 인구가 전국적으로 많았음을 알 수 있다.

여섯째, 조선 인삼 재배에 성공한 일본 의약계에 남겨진 최대 숙제는 조선 인삼의 제제법을 알아 내고 적용하는 것이었다. 사카노우에의 〈경작기〉에서는 지금 세상에서 여러 가지 인삼 제법을 써서 "접붙이고, 삶아 보고, 짜 보고, 열매 맺게 하여 향·맛·형태가 닮도록 수단을 다하는 자가 많다. 하지만 그것은 문헌에서 근거를 찾을 수도 없는 것으로서 모두 자신들 각자 생각으로 만들어 내고 자랑하는 무리들이다. 차라리 생인삼을 이용하는 것만 못하다"고 했다. 이런 이유로 조선의 인삼 제제법을 최고로 여기며 배워야 한다고 했다.

사실 형상뿐만 아니라 맛, 향, 효능을 조선 인삼과 같게 만드는 제제법은 인삼의 장기간 보관과 의약품 활용 차원에서 지대한 관심사일 수밖에 없었다. 이에 일본 관의官醫뿐만 아니라 약업에 종사하는 사람들은 조선통신사를 수행한 조선 의관들을 만나 일본에서 재배한 인삼에 대한 품평과 제제법을 알려 줄 것을 요청하는 일이 통상적으로 반복되었다.

예컨대 1764년 2월 조선통신사 일행이 에도 아사쿠사 혼간지의 객관에 머물자 도호토의 의관 사카노우에 요시유키坂上善之가 조선 사행원을 5일간 방문하며 주고받은 필담이 《왜한의담倭韓醫談》으로 남아 있다.[42] 요시유키는 〈경작기〉의 저자 사카노우에 노보리의 아들로 〈경작기〉의 후서後序를 남긴 인물이다.

사카노우에 요시유키는 조선 측 의원이었던 이좌국李佐國을 만나 인삼을 재배하는 방법과 제제법에 대해 궁금한 점을 물었다. 그는 씨 뿌리는 방법·성장 연수에 따라 달라지는 줄기와 잎사귀의 모양, 조선 인삼 중 요동삼과 백제삼의 성질과 맛의 우열, 인삼 씨의 수확, 상품 인삼의 모양과 어떤 치료에 사용되는지 등에 대해 물었다. 이에 대해 이좌국은 질문의 핵심을 비켜 나거나 잘못된 정보를 알려 주고 있다. 이는 국가 기밀 사안에 해당하는 조선 인삼에 대한 정보를 노출하지 않으려던 당시 조선통신사 일행의 일관된 자세에서 비롯된다.

반면 이학규의 〈삼서〉의 수확 항목에서는 인삼이 4~5년근이 아니라 3~4년근이 되면 약으로 쓸 수 있다고 하여 기존 통념을 비판한다. 또 인삼 채취와 판매 사이의 무게 차이를 일반적인 건모율인 4분의 1이 아니라 3분의 1이라 주장하고 수확과 건조에는 인삼을 파는 집에서 쓰는 저울을 사용한다고 했다. 인삼 종자 시장과 함께 인삼 뿌리 시장이 형성되고 있었던 현실을 바탕으로 저술하고 있는 것이다. 인삼을 말리는 방법도 인삼 재배자의 일정한 방식이 있다는 《임원경제지》의 포괄적인 서술과는 달리 음지에서 말리는 방법, 양지에서 말리는 방법, 찌는 방법, 홍삼을 만드는 방법 등을 비교하고 있다.

정리해 보면 사카노우에의 〈경작기〉(1764)와 이학규의 〈삼서〉(1800)는 서술 목적과 인삼 재배기술 및 제제법에 대한 정보의 양과 질에서 상호 큰 차이를 보인다. 사카노우에의 〈경작기〉가 조선 인삼의 시험 재배 단계의 내용을 삽화를 섞어 알기 쉽게 저술한 책이라면, 이학규의 〈삼서〉는 인삼의 생태학적 특징과 재배 단계별 내용을 이론적으로 종합 정리하는 단계를 넘어, 인삼 성장의 여러 가지 경우 수를 다양하게 소개하는 실용서 단계까지 이른 것이었다. 또 사카노우에의 〈경작기〉가 조선의 인삼 제제법을 희구하는 단계였다면, 이학규의 〈삼서〉는 품질 좋은 '가삼'이 중국 수출을 위한 '홍삼'으로 가공되고 국내 판매도 활성화된 단계의 기록이었다. 19세기 북경, 홍콩, 상해는 물론 동아시아 인삼 시장에 공급하던 조선의 인삼 생산은 이렇듯 인삼 재배기술이 현장에서 축적되고 기록으로 쌓이고 있었기에 가능했다.

05
19세기 포삼 무역,
국가 재원의 우물이 되다

사역원의 경비를 넘어
호조의 재원으로

1797년(정조 21) 〈삼포절목蔘包節目〉은 포삼제의 운영 규정으로, 홍삼의 무역량과 세액을 규정하고 잠상을 금지하는 내용을 골자로 하고 있다. 포삼제는 기능상 17~18세기 역관들에게 산삼을 채워 갈 수 있도록 한 팔포 무역과 다를 것이 없었다. 그러나 포삼제는 첫째, 팔포에 채우는 것이 산삼이 아니라 홍삼이었다는 점, 둘째, 공인된 포삼 무역으로 사상私商의 밀무역을 공식 영역으로 유도하려 했다는 점, 셋째, 포삼세의 공식적 부과를 통해 사행 경비를 충당하려 했다는 점에서 팔포 무역과는 차이를 보였다. 이에 향후 포삼 무역은 홍삼 무역량과 포삼 세액이 제도 운영상의 핵심적인 사항이 되었다.

생각건대 당초 (포삼제) 창설은 오로지 역관[譯官]의 생업을 돕기 위한 것이었습니다. 그런데 이것이 한 번 변하여 의주상인의 무역하는 밑천이 되었으며 두 번 변하여 개성 백성의 생계를 꾸리는 산업이 되었으며 세 번 변하여 세액이 점증하여 국가 재정을 보충하는 데 이르러, 나라의 큰 정사政事가 되었습니다(《비변사등록》 238 철종 2년 8월 28일).

포삼제는 시행 이후 흥선대원군 집정 이전까지 크게 세 차례 변화했다. 첫째 단계는 1797년(정조 21)부터 1810년(순조 10)까지로, 포삼제가 역관과 사역원의 재원을 돕기 위해 운영된 시기이다. 사역원 역관과 서울상인이 포삼계인包蔘契人 자격으로 무역을 주도했고, 홍삼 제조장인 증포소는 한양 경강에 있었다. 애초의 무역량은 홍삼 120근이었는데, 1근당 은화 환산 가격은 천은天銀 100냥이었다. 포삼세는 1근당 동전 200냥이었고, 100냥은 사행 비용으로 내주고, 100냥은 사역원의 경비로 쓰게 했다.

두 번째 단계는 1810년(순조 10)부터 1847년(헌종 13)까지로, 포삼 무역이 의주상인의 무역 밑천과 개성부의 산업과 연결되는 단계이다. 1810년 포삼계인에 개성상인이 포함되고, 증포소도 개성으로 옮겨 갔다. 의주상인은 가삼의 매입과 밀무역을 단속할 의무를 띤 포삼별장包蔘別將의 지위를 얻었다. 개성상인은 홍삼을 제조하는 포삼주인으로 등장할 수 있었다. 이 기간에 포삼 무역량은 1811년(순조 11) 200근, 1832년(순조 32) 8,000근, 1841년(헌종 7) 2만 근, 1847년(헌종 13) 4만 근까지 늘었다. 포삼 세액은 당초 근당 200냥에서 1847년의 〈포삼이정절목包蔘釐整節目〉으로 5냥까지 떨어졌지만. 총 세액은 20만 냥 수준을 유지하려고 했다. 이는 증액·감세를 통해 포삼 무역을 장려하는 한편 밀무역을 '눈감아' 주는 합안세闔眼稅를 막으려는 데 초점을 둔 정책이었다.

세 번째 단계는 1851년(철종 2) 포삼 무역량이 4만 근으로 다시 한번 정점을 찍은 뒤에 1만 5,000근~2만 5,000근 사이에서 변동하는 1881년(고종 18) 무렵까지로, 두 가지 부분에 유념해야 한다.

하나는 1851년의 〈포삼신정절목包蔘申定節目〉이다. 이 절목은 지난 50여년간 운영되어 온 포삼제의 기본 골격을 정리하는 의미를 지니고 있었는데, 포삼 무역량 4만 근, 1근당 세액은 4냥 체제였다. 포삼세 총액은 16만 냥이었는데, 이 중 10만 냥은 사역원에 주고 6만 냥은 호조에 보태도록 했다.[43] 포삼 4만 근 중 역관에게 1만 800근의 권리를 주고, 포삼별장에게 2만 9,200근의 권리를 주었다. 포삼 무역량의 증액에 따른 포삼세의 감액이라는 기존의 정책 기조가 유지되고 있었으며, 국가 재정 보충이 공식적으로 이루어지고 있었다.

다른 하나는 1853년(철종 4) 이후 포삼 무역량은 매해 1만 5,000근~2만 5,000근 사이로 줄어들었으나, 포삼 세액의 총액은 20만 냥 수준을 유지하려 했다는 점이다. 이는 기존의 증액·감세 정책이 감액·증세의 기조로 돌아섰음을 뜻한다. 게다가 1857년(철종 8) 〈포삼가정절목包蔘加定節目〉의 예에서 보듯이, 호조의 은화 확충을 위해 포삼 무역을 적극 활용했다.

물론 포삼 무역량은 인삼의 작황, 중국 시장의 시가 및 홍삼 밀무역의 동향, 정부의 긴급 재원의 확보 방안 등 여러 요인에 따라 매년 변동할 수밖에 없었다. 그렇지만 포삼세의 총 규모는 20만~23만 냥 수준을 유지했다. 19세기 호조로 현물로 실제 상납되는 동전의 총액을 훨씬 웃도는 액수였으며, 단일 세원으로는 곡물 수입과 맞먹는 엄청난 규모의 재원이었다. 문제는 증액·감세 정책에서 감액·증세로 정책적 기조가 바뀐 데 있었다. 이에 따라 인삼 생산과 무역 통로를 장악하고 있던 개성상인과 의주상인을 비롯한 사상층이 홍삼의 불법 제조와 밀무역을 감행할 여건이

조성되었다.[44]

황금알 낳는
포삼 무역

고종은 1860년(철종 11) 영·불연합군에 의한 북경 함락, 1862년(철종 13) 임술농민항쟁 발발 등 대내외적으로 어려운 시기에 왕위에 올랐다. 고종 초기의 중요 정책은 국왕과 신정왕후가 최종적인 결정을 내렸다.

신정왕후는 풍양 조씨 조만영의 딸로 순조의 아들 효명세자의 빈嬪이다. 효명세자는 1827년(순조 27) 2월부터 1830년(순조 30) 5월까지 부왕 순조를 대신해 정사를 담당했다. 이 기간에 효명세자는 안동 김씨 세력을 견제하기 위해 반외척 세력의 결집을 추구하다가 갑자기 세상을 떠났는데, 헌종 대에 익종翼宗으로 추존되자 조씨도 비로 승격되었다.

1857년(철종 8) 8월에 당시 대왕대비 순원왕후 김씨가 세상을 떠나자 조씨가 대왕대비에 올랐다. 이것이 흥선대원군이 사적인 영역에서 권력을 잡고 국정을 운영해 갈 수 있었던 배경이었다. 대원군이 세도 권력을 이어 오던 안동 김씨 세력과 이에 반감을 지닌 조 대비와의 갈등을 중재하는 역할을 수행하면서 권력을 행사할 수 있었던 것이다.[45]

그러나 이 모든 정치적 역학관계의 향방을 좌우하는 결정적 요인은 재원 확보였다.

김좌근이 말하기를 연전에 비용이 모자라 원포삼原包蔘 8,000근 외에 5,000근을 더 정해 주어 은화로 바꾸어 재정에 보태었습니다. 지금 형편이 이전에 비해 더욱 어려워 2,000근을 다시 더해 주면 7,000근이 되어 원포元包와 더불어 총 1만 5,000근이 됩니다. …… 대왕대비가 말하기를 만약 국용國用에 이롭다면 지금 변통하는 것은 도리어 늦은 감이 있다. 아뢴 바에 따라 시행함이 좋겠다(《승정원일기》 고종 원년(1863) 정월 21일).

김좌근은 세도 정권을 이끌던 안동 김씨의 대표적 인물로 조 대비와는 정치적 입장을 달리하고 있었다. 그러나 정해진 포삼 이외의 포외포삼包外包蔘을 운영한 선례에 따라 호조 재정을 확보하자는 의견에는 이견이 없었다. 당시 포삼세는 21만 냥 규모로 사역원이 6만 냥을 사용하더라도 그 나머지 15만 냥을 호조가 사용할 수 있었다.[46] 여기에 포외포삼을 운 영했으니 그야말로 황금알을 낳는 거위였다. 다만 조 대비는 포삼별장의 권한을 계속 의주상인에게 인정해 주어야 한다고 했다.

이러한 상황에서 집권한 흥선대원군은 경복궁 중건 비용과 군비 확충을 위해 호포법 실시, 당백전 발행, 결세結稅 증액, 도성문 출입세를 비롯한 잡세 부과, 원납전 징수 등을 실시했다. 일반적으로 조선시대 유통경제의 발전을 반영하면서 국가 재정에서 차지하는 비중이 점차 높아졌던 세원은 각종 명목의 잡세였다. 포삼세 역시 잡세의 범주에 들어 있었다. 하지만 다른 어떤 명목의 세원보다 활용하기 쉽고 규모도 컸다.

대원군 집권기에 징수한 도성문세의 경우에도 연간 합계 1만 냥을 넘는 곳이 없었다. 경강京江 수세의 경우도 마찬가지였다. 이에 비해 1864년(고종 1) 포삼 2,000근을 가정加定한 경우의 세입은 이를 훌쩍 뛰어넘는다. 〈포삼가정절목〉에 따라 은 1냥 5전씩 거둔다고 가정하더라도 은화 3,000냥, 동전으로는 적어도 1만 2,000냥의 세입을 거둘 수 있었다.[47]

의주부 관세청도 포삼 무역과 재정 확보 차원에서 빼놓을 수 없는 역할을 맡았다. 의주부 관세청은 포삼세를 비롯한 무역세를 거두고 필요 재원을 나누어 지급하는 중요한 기관이었다. 의주부 관세청은 1814년(순조 14) 의주 부윤 오한원이 모자 1,000척隻의 세금이 감축되자 책문에서 수입되는 물건에 과세토록 요청하면서 창설되었다.[48] 처음에는 의주상인의 책임하에 모자세·포삼세·후시세後市稅 등 이른바 상세商稅를 거두어 사행의 공용을 마련하는 기관이었는데, 포삼 무역의 규모가 급격히 늘어나고 그에 따른 세입이 증가하자 비중이 커져서 호조의 외고外庫라고 불리기도 했다.[49]

그런데 1854년(철종 5) 포삼 무역이 감액·증세 정책으로 전환되고 서울과 지방 관아의 사무역이 심각해지면서 의주부 관세청의 수입이 크게 줄어들기 시작했다. 조선 정부는 1854년(철종 5) 〈만부관세청구폐절목灣府管稅廳求弊節目〉을 반포하여 세금 누수와 탈법을 막고 무역세를 철저히 거두려 했다. 이에 따라 의주부 관세청에는 8월부터 이듬해 5월까지 중앙에서 임명한 감세관監稅官이 파견되었다. 감세관은 사역원에서 파견되었지만 비변사에서 관문을 발급받았다. 뿐만 아니라 관세청에 대한 업무는 의주부를 거치지 않고 중앙에 바로 문서를 보낼 수 있는 권한이 있었다.[50]

1854년(철종 5) 관세청의 폐단을 바로잡으려는 조치는 상당한 효과를 거두었던 것으로 보인다.

관세청의 고질적인 폐단이 극도에 달해 분기별 집행 때마다 조정의 계획을 어렵게 하는 부족분이 수만 냥이었습니다. 그러나 감세관을 설치한 뒤로부터 저절로 잉여분이 생겨서 경사京司에서 가져다 쓰는 것만도 벌써 수만 냥에 가깝습니다. 근래에 와서 점차 폐단이 생기고 있다 하니, 신중하게 선택하겠습니다(《승정원일기》 고종 1년 11월 20일).

2

1864년(고종 1) 조 대비가 사역원에서 감세관을 선택해 보내라고 지시하자 영의정 조두순趙斗淳이 아뢴 내용이다. 감세관 파견이 세입의 증가를 가져왔고, 그 잉여분을 중앙 재원으로 활용하고 있었던 것이다. 대원군 집권기에도 중앙 재정의 부족한 경상비는 자연스레 관세청의 수입을 전용해 사용했다.

1866년(고종 3)에는 병인사옥과 병인양요 등 대내외적으로 불안한 정국이 지속되면서 더 많은 재원 확보가 필요했던 것으로 추측된다. 이해 10월 11일 의정부가 책문에서 수입되는 물품인 책화柵貨뿐만 아니라 북경에서 수입되는 북화北貨에도 동일하게 과세하자고 요청해 결심을 받았기 때문이다. 감독 책임은 의주부 관세청에 맡겼다.[51]

연이어 포삼 1만 5,000근이 증액되었다. 이 가운데 강화영江華營이 1만 근, 송영松營 3,000근, 옹진영甕津營이 2,000근에 해당하는 포삼세를 나누어 받게 했다.[52] 1869년(고종 6) 6월에는 관세청에서 동래부와 충청수영에 각각 5,000냥씩 나누어 보내 왜인 접대와 군수 비용에 쓰도록 했다.[53] 같은 해 9월에는 삼군부의 요청으로 황해도 초도진 이현포에 매년 2,000냥을 떼어 주고 해상 방어를 위한 군비로 사용하게 했다.[54] 또한 12월에는 평안도 후창에 고을을 만들기 위해 의주부 관세청에 있는 운현궁 별획전別劃錢을 사용한다고 결정되기도 했다.[55] 관세청에는 대원군이 개인적으로 움직일 수 있는 재원도 있었던 것이다.

한편 1870년(고종 7) 1월에는 반민泮民의 급료 명목으로 매달 1,000냥씩,[56] 삼군부 운영을 위해 매년 5,000냥씩을 관세청에서 끌어다 쓰게 했다.[57] 1871년(고종 8) 1월에는 평안도 봉수를 지키는 장졸의 유지襦紙衣 비용도 관세청에서 대도록 했다.[58] 5월에는 신미양요와 관련하여 별초군 급료 명목으로 매년 8,160냥씩 선혜청에 돈을 주도록 했다.[59] 1872년(고종 9) 2월에는 호위청扈衛廳 군수를 위해 매년 1,000냥을 떼어 주도록 했다.[60] 그리고 1873년(고종 10)에는 도성문세 혁파의 대책으로 관세청의 포삼세가 쓰였다. 이에 1874년(고종 11)에는 관세청의 포삼세로 경상 비용을 보충하는 것이 거의 100만 냥이라는 기록도 나왔다.[61]

이처럼 대원군 집권기 관세청 수입은 군비 증강의 재원부터 다양한 경상비까지, 심지어 운현궁 별획전으로도 사용되었다. 포삼 무역과 포삼세에 대한 관심이 국가 차원에서 크게 높아지는 것은 당연한 일이었다. 필요한 경비를 포삼세를 통해 손쉽게 얻을 수 있었기 때문이다. 하지만 포삼세의 안정적 수취를 위한 선결과제가 있었다. 다름 아니라 불법적 홍삼 밀무역을 막는 일이었다.

눈감아 주는
합안세를 막아라

1874년(고종 11) 영의정 이유원李裕元은 당시 홍삼 밀무역 상황을 다음과 같이 직설적으로 말하고 있다.

홍삼 밀매를 금지하는 것은 국가의 큰 정사입니다. 정조 정사년(정조 21·1797)에 수출 인삼을 처음 150근으로 결정했다가, 이어 물정을 알아보고 120근으로 마련하고 몰래 변경을 넘어가는 폐단을 일체 엄금했습니다. 이것이 바로 홍삼에 대한 월경 밀매를 금지시킨 첫 규정입니다. 순조 신미년(1811)에는 200근으로 결정했습니다. 정해년(1827)부터 임진년(1832)까지는 1,000근이 8,000근으로 바뀌었습니다. 헌종 정미년(1847)에는 4만 근이 되었습니다. 철종 신해년(1851)부터 무오년(1858)까지는 늘고 줄어든 것이 일정치 않다가 마침내 1만 5,200근이 되었습니다. 두 나라 사이의 무역을 진행하며 군수軍需를 보충하기 위하여 병인년(1866)에는 2만 200근으로 할 것을 생각했습니다. 이에 이 액수로 시행하기 때문에 매번 몰래 홍삼 밀매를 막는 문제에 대해 경연 자리에서 엄격한 지시가 내렸던 것입니다. …… 개성에서는 송삼松蔘을 의주 사람에게 몰래 팔며 의주 사람은 반드시 조용한 은폐지에서 몰래 쪄서 만듭니다. 의주부에서 엄하게 금지한다고는 말하지만, 아래에 있는 아전들이 거의 다 한 통속이므로 그놈으로 그놈을 없애 버리려는 것과 다름없습니다(《승정원일기》 고종 11년 7월 30일).

이유원은 3년간 의주 부윤의 자리에 있던 터라 포삼 무역의 연원에 대해 소상히 알고 있었다. 고종 대에 들어 군수를 위한 재원도 포삼세에서 마련했다고 솔직히 털어놓았다. 이런 이유로 홍삼 밀매를 금지하는 일이 국가의 대사라고 말한 것이다.

이는 1854년(철종 5) 조선 정부의 포삼정책이 감액·증세 정책으로 전환된 것과 밀접히 연관되어 있었다. 이 정책은 개성상인과 의주상인을 중심으로 홍삼의 불법 제조와 밀무역을 구조화시켰다. 정부의 정책이 역관과 서울상인 위주의 이익을 보호하는 결과를 낳았기 때문이다. 포삼 무역량 감액은 포삼 판매 권한을 가진 사람들에게는 국내에서 싼 가격에 홍삼을 구입하고 중국에서 높은 가격을 유지할 수 있는 기회를 제공한 반면, 가삼 재배를 생업으로 하는 개성 부민에게는 잉여 가삼을 양산하고 실업을 유발하는 정책이었다. 포삼세의 관리와 수세를 맡았던 의주상인에게도 유리할 것이 없었다.

이 같은 사정을 알고 있었던 조선 정부는 감액·증세로 선회한 바로 그

해부터 사행 연로에 대한 기찰을 강화하여 홍삼의 불법 제조와 밀무역을 막고자 했으며, 그 책임을 의주부와 개성부에 맡겼다. 그러나 의주부와 개성부는 불법을 보호해 주는 대신 합안세, 즉 눈감아 주는 세와 같은 사세私稅를 받았다. 암묵적으로 홍삼 밀조와 밀무역을 묵인했던 것이다. 그 결과 홍삼의 불법 제조와 밀무역은 더욱 기승을 부렸다.

1860년(철종 11)에는 개성 사람 박정하가 홍삼 69근을 몰래 만들어 팔다가 기찰하던 포교에게 체포되는 사건이 일어났다.[62] 이듬해 1861년(철종 12)에는 송도 선죽교 부근 현학동에 사는 최문호의 집에서 홍장섭·윤만대, 서울에 사는 최이경 등이 서로 모의하여 홍삼 1만 2,000여 근을 몰래 만들었다가 경포교京捕校에게 발각되는 사건이 일어났다.[63] 이 사건에 연루된 윤만대는 송도 남부에 살았던 무역상인이었으나 사업에 실패한 후 친분이 있던 서울의 최이경과 부화뇌동하여 홍삼을 만들었다고 자백했다.[64]

같은 해(1861) 11월에도 개성 사람 손일지, 손덕명과 의주 사람 김정연이 연루된 홍삼 밀조와 밀무역 행위가 발각되어 처벌받는 일이 벌어졌다.[65] 이때 연루된 김정연은 본래 보부상으로 먹고살던 의주상인이었다. 다년간 책문에 왕래하여 중국어를 알고 있었는데, 1847년(헌종 13)부터 송도 남부로 내려와 살면서 호구지책으로 삼포의 사환 노릇을 하고 있었다.[66] 그는 이 사건이 있은 지 3년 후 다시 임시형·임봉익 형제에 의한 홍삼 밀무역 사건에도 연루된다.[67] 이로 미루어 봤을 때 그는 조선 정부의 감액·증세 정책하에서 의주상인으로서 사업에 실패한 이후 그간 각별한 관계를 유지했던 개성상인이 있는 곳, 즉 개성부로 흘러들어와 삼포의 사환 노릇을 하면서 살았던 것이 아닌가 추측된다.

06
황해 상의
홍삼·백삼 밀무역

손상준·임흥철
밀무역 사건

국경을 함부로 넘나드는 것을 막는 변금정책과
해상을 통한 외국인과의 접촉을 막는 해금정책은 조선 정부의 변치 않는
원칙이었다. 자연히 해상무역은 불법 밀무역으로서 강력하게 규제되었
다. 단지 해난을 당한 표류 선박에 대해서는 덕의德意에 입각하여 호의로
대접하고 은혜를 베풀어 돌려주었다.

19세기 조선과 중국을 잇는 항로는 점차 경제사적 의미를 띤 '무역항
로'로 변화하기 시작했다. 특히 조선 정부가 포삼 무역 관련 정책을 감
액·증세로 전환하자 홍삼 밀무역은 육로뿐만 아니라 해상에서도 활발히
일어났다. 황해 상에 당선唐船 혹은 이양선이 자주 출몰하고 그들과의 밀

무역이 큰 문제가 된 것이다.

　1854년(철종 5) 의주부에서는 "근래 홍삼의 밀수출은 개성과 의주로 이어지는 연행길에서만 이루어지는 것이 아니라 회령·경원 등 함경도의 개시開市, 황해도의 당선과도 이루어집니다"라고 하면서 "백삼을 불법으로 사고파는 자, 홍삼으로 가공해 주는 자가 발각되면 먼 섬에 유배시키고, 이를 막지 못한 관리는 죄를 따져 처벌해야 합니다"라고 했다. 또한 밀수 상인과 밀반입하려던 홍삼은 몰수하여 반으로 나눈 뒤 "절반은 발각한 포교에게 상으로 주고, 절반은 백성들의 세금 부담을 줄여 주는 데 써야 합니다"라고도 했다. 여기서 주목되는 것은 황해도의 당선, 즉 서해 상에 중국 배와의 거래에서는 홍삼뿐만 아니라 백삼도 밀무역되었다는 점이다. 1860년(철종 11) 비변사는 다음과 같이 보고했다.

　해주의 바닷길은 근래 홍삼이 불법으로 새는 구멍입니다. 평안감영, 황해감영과 황해수영에 공문을 내려 각별히 살피게 하여 실효를 볼 수 있도록 해야 합니다. 그리고 만약 불법으로 수송하는 것이 있으면 양의 다소를 막론하고 잡아 낸 포교에게 특별히 주어 그 노고에 보답해 주도록 지시함이 어떠합니까?(《승정원일기》 철종 11년 9월 28일)

　평안감사, 황해감사, 황해수사에게 황해 상의 홍삼 밀거래 책임을 묻고 이를 발각해 낸 포교에게 포상해야 한다는 의견을 밝힌 것이다.

　근래 북경에서의 홍삼 거래가 매해 예전보다 못합니다. 1만 근을 가지고 가는 것이 번번이 다 팔리지 않아 가격이 낮아지는 근심이 높아지고 있습니다. …… 한 뿌리의 인삼이라도 홍삼으로 더 만들거나 밀수출되는

2

일이 없게 한다면 허다한 폐단이 어떻게 일어나겠습니까. 평안과 안주는 인삼이 몰래 넘어 들어가는 중요한 길목이며, 해서海西는 어선이 질러가는 지름길이니 더욱 규찰에 신경을 써야 합니다. 이런 뜻을 평안감사, 황해감사와 수사 그리고 개성유수 및 의주부윤에게 공문을 내서 각별히 염탐하고 검문하되, 적발되는 양이 적고 많음을 따지지 말고 보고토록 하십시오. 또 만약 다른 기관의 정탐에서 홍삼의 불법 제조와 밀반출이 적발되면 해당 지역에 책임을 묻도록 하여 명심해서 거행토록 지시함이 어떠합니까(《승정원일기》 철종 12년 7월 18일).

황해를 통한 홍삼 밀무역이 확대되자 "해주의 바닷길은 홍삼이 불법으로 새는 구멍", "황해도 해상에서 일어나는 중국 배의 소란은 홍삼으로 인한 것이며, 이는 모두 개성에서 인삼이 규정 외로 더 만들어지기 때문"이라는 인식이 팽배해졌다. 고종이 즉위한 이후 조 대비는 교서를 내려 해서에 청나라 배가 왕래하는 이유는 홍삼을 몰래 팔려는 밀수 상인 때문이라고 단정하고, 연해 수령과 변장에게 밀무역을 엄금케 하고 이를 어기는 자는 사형에 처할 것임을 분명히 했다.[68] 그러나 이러한 교서를 비웃기라도 하듯 불과 4개월 만에 개성 사람 손상준과 임흥철의 홍삼 밀수출 사건이 터졌다.[69]

손상준과 임흥철은 고용인 박근식과 뱃사람 장성칠, 신윤구와 함께 1863년(철종 14) 가을 체삼體蔘 15근과 미삼尾蔘 34근 도합 49근을 몰래 제조했다. 이어 이들은 1864년(고종 1) 봄에 홍삼을 배에 싣고 바다로 나갔다가 개성부의 포교와 경별장京別將에게 붙잡혔다. 이 사건으로 손상준과 임흥철은 효수형이 결정되었지만, 감형되어 먼 섬에 유배 보내서 평생 노비 신분으로 살도록 했다. 박근식과 장성칠은 엄형 후 먼 곳으로 유배 보냈다. 신윤구는 소금을 팔기 위해 배를 띄웠고 홍삼을 실은 적이 없으며, 배천에 사는 김원보가 밀조한 홍삼 25근을 실으려고 했지만 자신이 거절하여 싣지 않았다고 진술했다. 진술의 사실 여부를 조사했지만 진실을 밝히지 못하자, 그 책임을 물어 개성유수를 종중추고從重推考했다.

이로써 사건은 일단락되었다.[70] 하지만 중앙 정부는 개성을 중심으로 불법 생산된 홍삼이 개성부 포교와의 결탁하에 해상을 통해 밀무역되고 있었다는 사실을 중시하고 문제 삼았다. 이에 개성유수에게 잠삼을 규찰

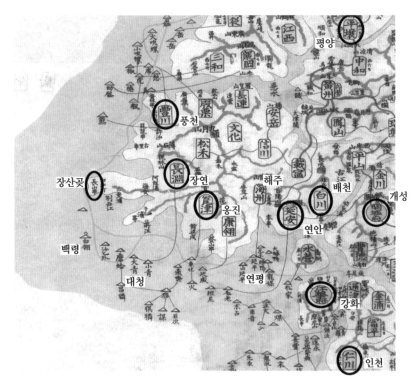

황해도 해도와 연안 항로. 황해상의 밀무역은 해로의 발달로
평안도, 경기도, 충청도 지역에 이르기까지 폭넓게 이루어졌다. (04)

하는 책임을 묻고, 같은 해 7월 7일 이 내용을 재차 강조하는 결정을 내
렸다.[71] 그럼에도 불구하고 홍삼 밀무역 사건은 불과 한 달 뒤에 또 터져
나왔다.[72]

홍병구·임시형
밀무역 사건

이번에는 황해도 옹진 해상이었다. 사건 연루
자는 삼주蔘主 홍병구, 거간꾼 임시형, 행동책임 김정연, 물주 조관섭, 뱃
사람 김순원·이성삼 등이었다. 이들은 고종 1년(1864) 봄과 여름 사이에
황해도 옹진의 여러 섬 주변에서 배를 타고 밀무역을 감행했다. 이 소문
이 크게 나자 관아에서 해안가 각처를 정탐하던 중 인천 포구에서 장물을
교역하던 상인들을 잡아들이면서 밀무역의 전모가 드러나게 되었다.

홍병구는 개성 북부 이정리 당상교에 살았다. 그는 삼포를 운영했는데,
이웃에 사는 임시형이 찾아와 홍삼 제조를 부탁했다. 얼마 후 그는 임시
형에게 2,500냥을 받고 인근에서 재배한 인삼을 사들여 홍삼 160근을 만
들고 나머지는 그의 집에 쌓아 두었던 인삼을 홍삼으로 만들어 주었다.
그는 임시형이 바다로 나가 밀수출하는 줄은 몰랐다고 했지만, 당시 홍삼
불법 제조는 밀수출을 전제로 이루어졌으므로 그의 변명은 설득력이 없
었다.

임시형은 개성 동부 신곡에서 삼포 거간꾼으로 살아 가던 자였다. 그는
사건 심문에서 작년(철종 14) 4월 동생 임봉익이 평소 친분이 있던 인천의
양반 조관섭을 데리고 와서 홍삼을 구해 달라고 부탁했다고 말했다. 홍삼
가격은 근당 19냥 5전씩으로 결정했으므로 160근의 가격은 모두 3,120

냥이었다. 그 가운데 2,600냥만 홍병구에게 주고 나머지 값을 주지 못해 빚 독촉을 받는 처지가 되자 인천에 있는 조관섭 집에 갔다며 밀무역 사건에서 발뺌하려 했다.

김정연은 고향은 의주인데 오래전 개성으로 이사하여 낙타교에서 미투리를 만들며 살았다. 그는 이미 1861년(철종 12) 11월에 개성 사람 손지일·손덕명의 홍삼 밀조 사건 때 김초선 등과 연루되어 처벌을 받았다가 풀려난 전과가 있었다. 김정연이 행동책임을 맡은 것은 다년간 책문에 왕래하여 중국말을 할 줄 알았기 때문이었다. 그런데 김정연의 진술에 따르면 조관섭은 양반으로 홍삼 제조와 밀무역을 하는 큰 장사치였고, 이에 임시형 등은 조관섭에게 2,500냥과 배를 빌릴 수 있었다.

1863년(철종 14) 창연도에 처음 나간 사람은 임시형 형제와 함께 조관섭에게 돈을 빌린 박보경과 조관섭의 노비 오봉길 그리고 뱃사람 김순원, 이성삼과 노꾼 6명이었다. 중국 배를 만나지 못하자 김정연은 그해 11월쯤에 박보경의 말을 듣고, 아예 인천에서 지내며 밀무역의 기회를 계속 엿보면서 덕산, 옹진포 등지에 나가보기도 했다. 그러던 중 1864년(고종 1) 5월 다시 모여 홍삼 108근과 임봉익이 더 바꾸어 온 홍삼 10근 총 118근을 밀무역하기로 하고, 창연도로 나가 중국 선박과 교역했다.

홍삼 가격은 한 근에 은 7냥씩이었는데, 이를 팔고 사들인 물품은 거의 대부분 서양목이었다. 받아 온 짐은 오봉길의 집에 풀었다. 김정연은 밀수품을 팔던 김순원과 이성삼이 잡혔다는 소식을 듣고 도망쳤으나, 처자식이 신창현 감옥에 잡혀 있다는 소식을 듣고 자수하기 위해 조관섭 집에 들렀다가 관원에게 붙들렸다.[73]

김순원은 강화 동금도에서 여러 해 살다가 제물포에 임시로 몸을 붙여 살면서 고기잡이와 농사 그리고 뱃일로 살아 가던 자였다. 평소 친하게 지내던 제물포 사람 이성삼이 1863년(철종 14) 9월쯤 송상松商이 황해도로 나가려 하는데 값을 후하게 쳐 줄 것이라고 말했다.[74] 이성삼을 따라가 보니 인천 도장리에 사는 양반 조관섭의 집이었다. 그에게 제시된 수고비는 100금이었다. 오봉길 집에서 수삼으로 만든 홍삼을 싣고 9월 그믐쯤 배를 띄워 곧장 옹진 창연도로 나갔다. 마침 중국 배 한 척을 만났으나 표류하던 빈 배라 곧장 돌아왔다가, 1864년(고종 1) 6월 10일쯤 조관섭이 다시 나갈 것을 강압적으로 요청하여 창연도로 나가 중국 배와 교역했다는 것이다. 그는 자신과 박보경, 김정연이 함께 작은 배를 타고 중국 배가 있는 곳으로 갔는데, 김정연이 물건 값을 중국말로 흥정하고 박보경이 직접 물건을 장부에 적었다고 했다.[75]

이상의 내용을 정리하면 이번 밀무역은 일을 꾸민 주모자, 돈을 댄 출재자出財者, 배를 낸 선주, 배를 움직인 사공 등이 합심하여 감행한 사건으로, 홍삼을 불법 제조한 밀조자까지 연루된 대규모 사건이었다.[76] 이에 김정연은 개성으로 압송되어 군중이 모인 자리에서 효수되었고, 김순원·홍병구·임시형·이성삼·조관섭은 형조로 압송되어 엄형을 받고 먼 섬으로 유배되었다. 박보경·임봉익·오봉길은 도망쳐 끝내 붙잡지 못한 채 사건은 종결되었다.[77]

그런데 여기서 흥미를 끄는 몇 가지 점이 발견된다. 첫째는 자금을 대고 배를 빌려 준 조관섭이 홍삼 무역이 큰 이익이 남는 장사라는 사실을 알고 있던 양반이었다는 점이다. 밀수품 목록을 일일이 기록했던 박보경도 양반층이었다. 송상 임시형과 임봉익도 조관섭의 자금 지원이 없었다면 일을 꾸밀 수 없었다. 그런데도 이 사건에서 가장 무거운 형벌을 받은 자는 김정연이었다. 자신의 죄를 발뺌하려는 의도가 있었겠으나, 반상의 신분 차이와 위협을 이기지 못해 참여했다고 진술했던 김순원과 이성삼도 조관섭과 같은 형벌을 받았다. 상업이 발달하긴 했지만 신분제가 여전히 작동하고 있었음을 확인할 수 있는 대목이다.

둘째는 임봉익과 임시형이 송도의 거간으로 상업에 종사하던 사람이라는 점, 그리고 자금만 있으면 홍삼은 개성 삼포에서 언제라도 구할 수 있었다는 점이다. 1861년(철종 12)에 김초선이 모집한 홍삼은 933근이나 되었다. 개성이 상업 도시이자 홍삼 생산의 중심지였음을 알 수 있는 부문이다.

조 대비는 이 사건을 정리하면서 해상 방어가 육지 방어보다 더 중요하다고 강조했다.[78] 이는 전통적인 해금정책을 다시 한번 강조하는 의미로 읽을 수도 있다. 하지만 포삼 무역과 홍삼 밀무역은 언제나 상반된 이익 곡선을 그리고 있었다. 따라서 조 대비의 발언은 해상 밀무역에서 빚어지는 재원 유출을 정부 차원에서 막으려는 의지를 드러낸 발언이었다고 평가할 수 있다. 1865년(고종 2) 황주·평양·안주 등 연로에 정부가 인정한 인지를 붙인 것 이외의 물품을 철저히 검색하도록 하고, 황해감영과 황해수영에 공문을 보내 해안 방어를 경계토록 한 것도 같은 맥락에서 이루어진 조치였다.[79]

셋째는 조선의 최대 수출품은 홍삼이었고 최대 수입품은 서양목이었다는 점이다.[80] 1861년(철종 12) 11월 김정연이 김초선의 지휘를 받아 홍삼을 가지고 장산곶으로 나가 무역을 할 때 사들인 물건도, 그 후 손덕영과 함께 홍삼을 팔아 사들인 물건도 서양목이었다.[81] 서양목은 천의 너비가 넓고 실이 가늘어 곱게 짜인 하얀 무명천을 말한다. 중국을 거쳐 조선에 들어왔다 하여 당목唐木이라고도 했다. 중국 상인은 이 교역을 위해 조선의 연안 항로로 들어왔고 조선 상인은 홍삼을 가지고 이들과 밀무역을 감행한 것이다.

1864년(고종 1)과 1865년(고종 2)에는 황해도 인근 바다에 중국 배가 수시로 왕래하는 것을 두고 "전적으로 홍삼 밀무역에 관련된 것이다"라는 발언이 나올 정도로 홍삼 밀무역이 성행하고 있었다. 이런 가운데 1866년(고종 3)에는 미국 국적의 제너럴 셔먼호가 대동강에서 불타고 선원이 죽는 사건이 일어났다. 프랑스와의 병인양요도 발발했다. 해금海禁에 대한 주의가 다른 어느 때보다 높은 시기였다. 이에 홍삼의 잠조와 잠월을 막고 해상을 통한 밀무역을 금지하는 조선 정부의 조치도 거듭 천명되었다.[82]

1860년대 접어들면서는 황해도 인근 앞바다가 아니라 평안도 앞바다에서도 홍삼 밀무역이 감행되었다. 평안도 청천강 북쪽 지역을 순시한 서경순은 1868년(고종 5) 의정부에 다음과 같이 보고했다.

청천강 이북의 여러 읍에 있는 각 포구들의 바깥 바다에서 중국 사람들의 배가 때도 없이 오가면서 우리나라 모리배들과 몰래 장사를 하고 있습니다(《고종실록》 고종 5년 11월 5일).

1869년(고종 6)에는 황해감사 조석여가 황해도 초도 앞바다에 경강선 한 척이 중국 배와 몰래 통상하다가 포구 백성들이 소리를 지르며 포를 쏘자 중국 배와 경강상인이 모두 달아나 붙잡지 못한 일을 보고하기도 했다.[83] 이 사건의 주모자는 김치진으로 그는 홍삼 밀무역 외에 우리나라 지도와 병서까지 팔아넘겨 충격을 주었다.[84] 앞서 뱃사람 정군명은 밀무역을 마친 뒤 충청도 아산으로 내려갔었는데, 그곳 아산 장교에게 밀수품 서양목을 갖고 있다는 이유로 돈을 빼앗겼다. 천주교 서적 수입 금지와 관련된 정부의 기록에 따르면, 해서의 옹진·풍천·장연, 호서의 내포 지

방 6~7개 읍이 중국과 연결되어 사단이 발생할 수 있는 지역으로 명시되어 있었다.[85]

요컨대 대원군 집권기 당선唐船과의 밀무역은 서해안 전역에 걸쳐 발생하고 있었고, 밀무역 주체는 개성과 의주상인뿐 아니라 경강상인도 있었다. 또한 이 시기에는 개성상인을 중심으로 소규모 자본을 가진 사람들도 과감히 밀무역에 참가했다. 해상 밀무역의 주체와 활동무대가 넓어지고 참여하는 상인층도 늘어나고 있었던 것이다.

이양선과의
홍삼 밀무역 사건

1860년대부터는 이양선과의 홍삼 밀무역도 등장했다. 중국 배를 뜻하는 당선이 아니라 이선異船이 특별히 기록되고, 중국인을 뜻하는 '저들彼人'이 아닌 '이류異類'가 강조되었다. 이양선에 중국 남부 지역과 유구국琉球國의 배와 선원들도 있긴 했다. 하지만 이선과 이류의 강조는 양인, 즉 서양인과의 접촉이 시작되었음을 의미하는 것이었다. 1866년(고종 3) 1월 홍화서, 정석인, 박면철, 이인순 등이 이양선과 몰래 내통하여 홍삼을 밀거래하다가 붙들리는 사건이 일어났다.

임금이 전교했다. 이양선과 몰래 내통하여 물화를 교역하는 것은 바로 나라에서 엄격하게 금지해 온 일이다. 그런데 지금 이놈들이 이류異類들과 사이 좋게 만나서 저지른 죄가 이처럼 낭자하다. 그 죄상을 살펴 보니 놀랍고 비통하기가 이를 데 없다. 비록 이번 사건으로 보면 서양인 출몰은 주로 중국 배가 오가는 해로를 이용하여 점점 넓혀진 것이다. 나라의

2

기강이 해이해지고 사회의 풍속이 무너진 것이 어찌 이처럼 극에 달했단 말인가!(《승정원일기》 고종 3년 1월 25일)

고종의 강한 비판에도 불구하고 같은 해 8월에는 김도강, 박문호가 개성 사람 권사흡, 홍인보, 문국보 등과 연결하여 불법 제조된 홍삼을 지니고 있다가 검거되는 사건이 일어났다. 김도강 등은 홍삼을 가지고 안주나 의주로 가려 했다고 진술했다. 그러나 황해감사는 이 말을 믿지 않았다. 이들이 가까운 바닷길을 두고 먼 육로로 갈 이유가 없다는 것이다. 황해감사는 김도강 일당 역시 서양 배와 접촉하려 했다고 단정했다. 황해감사는 서양 배와 접촉하는 이유는 "첫째도 홍삼이요, 둘째도 홍삼 때문이다"라고 할 만큼 서양 배와의 홍삼 밀거래 사실을 확신했다.

제3장

광저우로
모여든
고려인삼

01
인삼, 베이징에서
광저우로

해상 실크로드의
출발지 광저우

광저우廣州에서는 봄·가을에 중국 대외무역의 바로미터라고 알려진 캔톤페어Canton Fair가 열린다. 캔톤은 유럽 상인들이 광저우를 지칭하던 용어이다. 광저우는 중국의 3대 강 중 하나인 주장珠江 삼각주 북쪽에 위치하며, 서장西江·베이장北江·동장東江 세 하천의 합류점에 자리 잡고 있다. 또한 바다 넘어 홍콩과 마카오를 마주하고 있다. 이 같은 탁월한 지리적 위치로 인해 광저우는 베이징·상하이·우한과 더불어 중국 4대 교통 허브 도시이며, 화남 지역의 대표적 공업 도시이자 역사·문화·관광 도시이다.

광저우는 과거에도 아시아—아프리카—유럽을 연결하는 해상 실크로드의 출발지로, 동남아시아·남아시아·아라비아반도 등 각 지역에 경제 문화 교류를 촉진했다. 광둥성의 수출화물이 일반적으로 광저우의 황푸항黃埔港에서 선적하여 출발한다는 점도 예나 지금이나 비슷하다. 특히 먼 바다로 나가는 해상교통과 중원을 관통하는 육상교통의 교차점에 위치하여, 광저우는 중국 대외무역의 독점적 지위에 오를 수 있었다.

당나라 때 광둥과 중원의 연결을 위해 뚫은 다위링大庾嶺 새길은 남북을 종단하는 수출입 화물이 광저우로 밀려들 수 있는 배경이 되었다. 청나라의 대외통상 항구 일원화 정책으로 광저우는 중국 유일의 통상 항구가 되었다. 그곳에서 중국의 대외무역을 독점한 상인이 광저우 십삼행十三行이었다. 광저우의 무역상 독점적 지위는 아편전쟁이 발발하기 전까지 80여 년간 지속되었다. 당시 유럽 상인들은 광저우를 베이징, 런던에 이어 세계 제3의 도시라고 지칭하기도 했다.

조선 사행단이 베이징에서 중국 인삼 상인에게 매도한 고려인삼이나 서해 상에서 밀무역으로 넘겨진 고려인삼도 세계 시장과 연결되기 위해서는 광저우로 모여들었을 것이다. 그러나 이 시기 광저우에서 활동한 조선 상인의 모습은 아직 확인되지 않는다. 다만 광저우에 14세기 제작된 '고려인 라마단'의 비문이 남아 있어 흥미를 끈다.[1] 비문의 주인공 고려 사람 라마단을 두고, 원나라에 상당한 배경을 지닌 고려 유력 집안 출신으로 무슬림교로 개종한 고려 사람이라는 설과 무슬림 상인집단 출신으로 원나라와 고려에서 활발한 정치·경제적 활동을 펼치다가 광저우에서 죽은 중앙아시아계 사람이라는 설이 있기 때문이다. 이처럼 광저우는 고려 때에도 청자, 인삼 등 고려의 대외무역과 무관하지 않았을 가능성을 보여 준다. 또한 일제강점기에는 고려인삼상회를 상하이에 열고 직접 중국 판매에 뛰어든 상인의 모습을 찾아볼 수 있다.

이러한 사실은 조선시대 홍삼 상인의 광둥 지역 진출의 사례는 찾을 수 없지만 고려인삼의 명성은 중원을 넘어 광저우를 통해 유럽 각국으로 퍼져 나갔을 것이라는 추론을 가능케 한다.

19세기 베이징에서의
홍삼 무역

1821년(순조 21) 개성유수 오한원은 중앙 정부에 다음과 같이 이야기했다.

> 청나라로 수출하는 홍삼은 모두 개성부에서 생산되는데 의주상인이 매년 금법을 무릅쓰고 밀수출하는 것이 수천 근을 내려가지 않습니다!(《승정원일기》 순조 21년 12월 3일)

홍삼 밀수출을 막기 위해서는 홍삼 무역량을 늘려야 한다고 주장한 것이다. 홍삼 무역이 공인된 1797년(정조 21) 정부가 정한 공식 무역량은 120근이었으며, 가격은 1근당 가장 좋은 품질의 은화[天銀] 100냥이었다. 쌀값으로 환산하면 흰쌀 60~80석에 이를 만큼 비쌌다. 조선 사행단에 의해 고려홍삼은 베이징으로 옮겨졌다. 베이징에서 홍삼은 아주 귀중한 약재로 은화 300냥에서 700냥에 거래되었다.

그런데 홍삼 무역이 정식으로 시작되자 중국 상인들이 값을 내리려는 상술을 부렸다. 그 현장을 1798년(정조 22) 베이징에 갔던 서유문은 이렇게 전한다.

연전에 홍삼 값은 매 근에 300냥이었고, 이번 가을에 청나라 달력을 가
져오는 조선 사신이 갔을 때는 600냥이었습니다. 이번에도 값이 700냥
에 이르렀는데, 베이징에 도착하니 신씨, 장씨 성을 쓰는 두 상인이 서로
짜고 사지 않으면서 350냥을 받으라고 하니, 역관들이 어찌할 바를 모른
다 합니다(《무오연행록》 3권 무오년 12월 27일).

청나라 상인 신 아무개, 장 아무개가 돌아갈 날짜가 정해진 조선 사신
일행의 약점을 이용해서 서로 짜고 홍삼 구매를 미루는 방식으로 홍삼 값
을 내리려 했다는 것이다.

청나라 상인들의 가격 인하 상술은 또 다른 형태로도 나타났다. 중국
에서 조선 홍삼이 남아도는 것처럼 꾸며서 가격을 떨어뜨리려 했다는 것
이다.

근래에 중국 사람들이 이전에 무역해 두었던 홍삼을 내놓고 보여 주면
서 '이것은 무용지물이다. 매매할 수 없다'고 말하여, 저들이 우리나라
사람을 떠보려 합니다. 사행이 돌아와야 할 기간이 다 되어서야 부득이
팔고 떠나게 되니 마침내 팔기는 하나 온갖 이유를 달아 싼 가격에 팔게
됩니다. 저 나라의 인심이 교묘히 속이는 것이 이와 같습니다(《승정원일
기》 순조 2년 4월 10일).

그러나 실상은 홍삼에 대한 중국 내 수요가 많았기 때문이며 그 저변에
는 조선의 홍삼 밀수출이 자리하고 있었다.

이에 조선 정부는 홍삼 밀무역을 공식 무역으로 끌어들이기 위해 1823
년에 1,000근, 1827년에 3,000근, 1828년에 4,000근, 1832년에는 8,000

근으로 공식 무역량을 늘렸다. 홍삼 무역 30여 년 만에 공식 무역량만 66배 이상 증가한 것이다. 그러다가 1841년에는 2만 근까지 늘어났다. 첫 무역량 120근에 비하면 무려 166배 이상 증가한 셈이다. 이처럼 공식 무역량을 늘렸지만, 홍삼 밀수출은 그치지 않았고 오히려 조선 정부의 골칫거리가 되고 있었다.

이렇게 공식·비공식으로 베이징으로 들어간 고려인삼은 특산품으로 청의 예부에 납부하는 것을 빼면, 대부분 회동관이나 인삼국에서 중국 약재상에게 팔리고 거기에서 다시 중국 전역으로 팔려 나간 것으로 추정된다.

인삼, 중국 최대의 약재 도시
장슈쩐을 거쳐
광저우로 가다

수도 베이징에서 광저우에 이르는 최단 교통 운송로는 베이징에서 대운하를 타고 양저우揚州에 도착하고, 다시 양쯔강을 거쳐 포양호鄱陽湖 → 간장贛江 → 다위링大庾嶺 → 주장珠江을 따라 광저우에 이르는 길이었다.

이 교통로는 명나라 때 이미 사절로라는 별칭이 붙을 정도로 외국 사절도 많이 이용했다. 수많은 상인과 상품 역시 이 길을 따라 이동하면서 주변 도시의 발전을 가져왔다. 중국 내지에서 간저우贛州 → 다위링 → 광저우로 몰려들었던 상품은 찻잎과 생사生絲가 전체의 70퍼센트를 차지했는데 물종으로는 350여 종이 넘었다. 그중에는 쌀·자기·면포 등과 함께 약재도 포함되어 있었다. 특히 간장으로의 운송과 화남과의 수륙 운송 요충지인 장슈쩐樟樹鎭은 16세기에 "가호가 수만이고 장시江西와 광둥의 온갖 화물이 왕래하며 남북 약재가 모이는 웅대한 도시"로서 전국 최대의 약재 전업시장이 형성되어 있었다. "약이 장슈쩐을 거치지 않으면 영험한 약이 되지 않는다"는 이야기가 나올 정도였다.[2]

장슈쩐은 특히 광저우가 대외무역을 독점하던 시기에 크게 발전했다. 장슈쩐의 약재상인은 부족한 약재를 얻기 위해 중국 각지에서 생산되는 약재를 수집했으며, 이곳에서 수집된 약재는 다시 가공되어 중국 전역으로 퍼져 나갔다. 1820년대 장슈쩐 인구 12만여 명 중 약재업 종사자는 30퍼센트 이상이었고, 제약 전업 시술인도 200~300인이나 되었다.

약재상인 중 규모가 제일 큰 것을 자호字號라 했는데 약재의 원거리 판매와 도매가 주된 업무였다. 이들 자호는 다른 지역의 약재상인과 경쟁력을 갖추기 위해 분업을 실시하고 지역을 나누어 맡음으로써 내부 경쟁을 피하는 모습까지 보였다. 자호보다 규모가 작은 것을 약행藥行이라 했는데, 규모가 큰 약행은 도매도 하고 약재 생산지에 '장莊'을 설치하여 약재를 구하기도 했다. 그보다 작은 규모의 약재상인은 '점店'이라 했다.

장슈쩐의 약재상인은 랴오둥 지역까지 진출했던 것으로 알려져 있다. 게다가 광둥과 전국 각 성省 사이에 유통된 상품의 종류를 살펴보면, 인삼이 직예直隷, 즉 베이징 지역에서 건포도, 대추, 가죽제품 등과 함께 광둥 지역으로 들어왔고, 각종 직물, 시계, 서양의 잡화, 아편을 가져간 것으로 나타난다. 중국에서 널리 알려진 홍삼의 명성이 장슈쩐까지 알려졌을 것이라 짐작할 수 있는 근거다.

고려인삼 역시 장슈쩐에서 다른 약재들과 함께 집산된 이후 중국 최대의 무역 도시 광저우로 향했다.

02
서양으로 수출된 고려인삼, 중국으로 수입된 미국 인삼

아편전쟁과
고려인삼

광둥성廣東省은 해안선이 약 4,300킬로미터로 중국 전 해안선의 23.8퍼센트를 차지한다. 해안선이 길고 굴곡이 심한 편이어서 선박이 정박하기 좋은 항구가 많다. 광둥성의 성도省都 광저우는 일찍부터 태국·필리핀군도·술루제도Sulu Archipelago·셀레베스군도·말라카군도·싱가포르·보르네오섬·자바·수마트라·말레이시아·베트남·캄보디아 등과 교역했고, 그곳의 상인도 광둥 지역으로 와서 교역했다.

중국과 동남아시아의 무역이 전개되면서 중국과 서양 여러 나라가 교역할 수 있는 기회도 자연스럽게 생겨났다. 포르투갈 상인이 이미 명나라 때 중국에 진출했고, 스페인은 동남아시아의 식민지에서 중국 상인들과 교역했다. 명말 이래 네덜란드·영국·프랑스·덴마크·스웨덴·이탈리아·프러시아·미국 상인들도 중국에 와서 교역하기 시작했다. 광둥에서는 일본과의 무역도 진행되었다. 광저우는 바다를 통해 서양과 동양을 잇는 해상 실크로드의 연결지였던 것이다.

청나라는 1757년 서양과의 무역항을 광저우항으로 제한하고 서양과의 무역은 13행行이라는 특정 상인에게만 독점적으로 허가했다. 이후 1841년까지 '하나의 항구에서만 통상을 허가'하는 일구통상一口通商 정책을 펼쳤는데, 이를 광둥무역체제라고 한다.

광둥무역체제 시기 외국 상인은 직접 중국 내 시장에서 물건을 사고팔수 없었다. 외국 상인들이 물건을 사기 위해서는 반드시 양행상인洋行商人의 손을 거쳐야 했다. 양행상인들은 대외무역을 독점하는 일종의 특권 상인이었다. 이들을 광둥 13행 상인, 흔히 13행이라고 불렀다. 13행이라 해서 13개의 가문이 이끌었던 것은 아니다. 특권을 가진 집안의 수는 수시로 바뀌었다.

13행은 상인 길드식 조합인 공행公行을 만들어 활동했다. 외국 상인은 주장 강변 황푸고항黃埔古港에 늘어선 광둥 13행 상관을 벗어날 수 없었다. 청나라는 상관을 설치함으로써 외국인의 거류지와 무역의 범위를 제한하는 동시에 외국 상인을 통제하는 '일구통상' 정책의 표상을 만들었다.

중국에서 외국으로 수출되는 상품은 일단 광저우에 집결된 후 13행의 손을 통해 외국 상인에게 넘어갔다. 거래량은 영국이 가장 많았고, 미국·네덜란드·덴마크·프랑스·스웨덴·스페인·프러시아·이탈리아·기타 국가 순이었다.[3]

수출품은 차가 가장 많았고, 생사와 견직물이 그다음이었다. 수입품은 모직물·면화·아편·백은 등이 주종을 이루었다. 특히 광저우를 통해 유입된 백은은 중국으로 유입된 은화의 80퍼센트를 차지할 만큼 높은 비중을 차지했다.[4]

베트남의 민 망 황제가 고려인삼을 광저우를 통해 얻고 있었듯, 서양인들도 광저우에서 고려인삼을 얻었다. 중국 사람들에게서 들었던 고려인삼의 명성은 서양 사람에게도 충분한 관심을 불러일으켰다. 신비의 영약 홍삼을 그들의 나라로 가지고 가서 최고의 권력자인 국왕과 귀족들에게 선물하기 위해 적지 않은 양이 교역되었을 것으로 추정된다.

광둥무역체제를 통해 중국은 서양과의 무역에서 흑자를 기록했다. 무역적자가 계속 불어나자 영국은 이를 메우기 위해 동인도산 아편을 들여와 팔기 시작했다. 아편의 수입량이 늘어나자 이제는 역으로 중국의 은화가 영국 등 서양으로 유출되기 시작했다. 중국의 무역적자 폭은 1830년대 현격히 늘어났다. 중국은 아편의 단속을 강행할 수밖에 없었고 이는 아편전쟁을 불러왔다.

그런데 흥미로운 점이 있다. 중국에 아편 수입이 늘어나는 시기에 조선의 홍삼 수출도 급증한 것이다. 1841년 2만 근으로 늘어난 홍삼의 공식 수출량이 1841년에는 2배인 4만 근까지 증가했다. 조선의 홍삼이 아편 해독에 뛰어난 효능이 있다는 중국 사람들의 믿음 때문이었다. 홍삼에 대한 절대적인 믿음이 폭발적 수요를 유발했던 것이다.

개성 출신 김택영은 《중경지》에서 "아편으로 병든 청나라 사람들이 인삼을 약으로 쓴다. 이런 까닭에 우리나라 인삼을 얻어 아주 귀중히 여기며 복용한다"라고 했다. 이유원도 《임하필기》에서 "근래 아편이 유행하여 여러 경로로 매매하는 이가 많다"고 했다.[5] 실제로 조선의 홍삼 수출량은 〈표〉에서 보는 바와 같이 1847년과 1851년에 정점을 찍었다.

중국 시장에 퍼져 있던 고려인삼의 명성은 조선산 홍삼이 광저우에서 서양으로 수출되는 배경이 되었다.

1831년 청나라를 다녀온 한필교韓弼敎는 《수사록隨槎錄》에서 아편의 독성에 대해 언급하면서, "아편연鴉片烟은 대개 음란을 조장하는 독약인데, 며칠만 피게 되면 숨이 곧 끊어질 듯이 다 죽어 가는 사람을 환하고 청량淸朗하게 만들어서, 수십 년 전 일도 기억하고, 병들고 늙어 일어날 수 없는 사람도 소년처럼 부녀자를 가까이할 수 있다. 그러나 열흘 이후가 되면 정기가 짓무르고 녹아 내리는 것이 피우지 않았을 때보다 심하다"고 했다.[6]

1833년 김경선金景善의 사행 기록 《연원직지燕轅直指》에는 당시의 청나라의 특이한 동향으로 "근래 광둥성·푸젠성福建省 병사와 장교 중에 아편 흡연자가 적지 않는데, 근력이 피로해지고 업무가 해이하게 된 것은 주로 여기에 기인한다"고 했다.[7] 아편 흡연자가 늘면서 관료사회가 부패하였고 군사력도 떨어졌으며, 국민의 건강도 해쳐 국가 생산력에도 막대한 손실을 주었다. 아편 밀수로 은화가 해외로 유출되고 무역수지가 적자로 전환되었음은 물론이다.

〈19세기 포삼 무역량 변동〉

*출처: 이철성, 《조선 후기 대청 무역사 연구》, 국학자료원, 2000 참조.

이런 가운데 이 시기 조선의 고려홍삼이 중국에서 아편 해독에 특효가 있다고 알려졌고 수출량이 급격하게 늘었음은 앞서 밝힌 바 있다. 인삼이 아편 독성을 해독하는 데 쓰였던 것은 사실이다. 한방 처방에 계양연환戒洋烟丸과 삼연백보환蔘煙百補丸이 있기 때문이다. 계戒는 경계한다는 뜻이니 계양연환은 양연洋烟, 즉 서양 아편을 경계하는 알약이라는 뜻이다. 삼연백보환도 인삼과 아편이 연결된 처방약을 의미한다. 인삼이 모르핀 중독을 해독하는 작용이 있다는 사실은 예부터 알려져 왔다.

그렇다면 실제로도 그러할까? 홍삼의 추출물과 사포닌 성분이 모르핀의 의존성 및 내성 형성을 억제하는 효과가 있다는 것이 실험을 통해 입증되고 있다. 또한 쥐를 통한 동물실험 결과, 고려인삼의 사포닌 성분이 모르핀의 반복적 투여로 야기되는 면역기관의 중량 감소, 면역세포의 기능 저하 등 손상된 면역 기능을 회복시켜 주는 효과가 있다고 한다. 모르핀 중독으로 인한 면역 기능의 저하 치료에 고려홍삼이 유용하다는 것이다.[8]

중국이 아편으로 내우외환의 고통에 휘말리고 있을 때, 조선 해역에서는 중국 배인 당선뿐만 아니라 서양의 이양선도 자주 출몰했다. 광동-산둥-랴오둥을 잇는 교역 네트워크가 작동하고 있었기 때문이다. 교역품 목록에는 고려인삼이 빠지지 않았다.

중국 시장으로 들어오는
미국 인삼

예나 지금이나 인삼의 최대 소비지는 중국이었다. 중국의 거대한 인삼시장에 주목한 서양 상인들에 의해 1750년경부터 막대한 양의 미국산 인삼이 중국 시장으로 유입되었다. 조선산 인삼의 경쟁자가 등장한 것이다.

인삼에 대한 최초의 서양 기록은 원나라 때 중국을 여행한 마르코 폴로의 《동방견문록》에서 찾을 수 있다. 1653년 8월 제주도에 표류해 조선에서 14년 동안 억류 생활을 한 바 있는 네덜란드인 하멜이 저술한 《하멜표류기》에도 인삼이 조선의 특산품으로 기록되어 있다.

하지만 인삼의 약효와 특징을 자세히 소개하기 시작한 것은 18세기에 접어든 이후였다. 첫 기록은 1711년 예수회 선교사로 중국에 파견된 프랑스인 자르뚜Jartous가 중국에서 활동하던 중 인삼의 형태와 생태, 약효와 이용가치 등을 기록한 서간문 형식의 보고서에서 찾을 수 있다.

자르뚜 신부는 인삼이 만약 이 지역 이외의 다른 나라에서 생산될 수 있다면 그것은 캐나다일 것이라고 생각했다. 캐나다의 산림이나 산악이 달단韃靼과 흡사하다고 생각했기 때문이었다. 그의 예상은 적중했다.

자르뚜의 서간문은 1714년 《*Philosophical Transactions of the Royal Society of London*》에 〈달단 인삼 이야기〉라는 제목으로 실렸는데, 이 기록이 캐나다 몬트리올 근처의 프랑스 선교단 라피토Josep Francois Lafitau 신부에게 전해지면서 인삼은 본격적인 관심을 끌기 시작했다. 라피토 신부는 서간문 중 캐나다에 인삼이 서식할 가능성이 크다는 이야기에 관심을 갖고 서간집에 그려진 인삼 스케치를 원주민인 모호크족 인디언에게 보여 주었다.

인디언들은 대번에 알아보고 신부를 대동하여 산으로 가서 그 실물을 채취하는 데 성공했다. 이것이 아메리카 인삼panax quinquefolium이 세계에 알려지게 된 시초였다. 이후 1750년에는 버몬트에서도 인삼이 발견되었다. 그러나 시인 에머슨이 "여태껏 보지 못했던 신비의 뿌리"라고만 언급했던 것처럼, 인삼이 지닌 경제적 가치는 미처 깨닫지 못했다.

〈조선왕국전도〉는 1737년 프랑스 지리학자 당빌Jean-Baptiste Bourguignon D'Anville이 발간한《신중국지도첩》에 수록된 지도이다. 이 지도의 오른쪽 삽화에, 인삼을 들고 있는 조선 노인의 모습이 있다.

당빌의 〈조선왕국전도〉에 실린 '인삼을 든 노인'은 아직 서양에 제대로 알려지지 않은 미지의 조선인을 그린 삽화로서 서양인들에게 인삼, 모자 그리고 독립왕국이라는 조선의 이미지를 낳았다.

반전은 1747년 동양으로 가지고 갈 무역품 조달에 고심하고 있던 미국의 매사추세츠 스톡브리지에서 일어났다. 미국 매사추세츠와 코네티컷에서 모호크족은 인삼을 채취하여 알바니의 네덜란드 상인에게 팔고 쇠그릇, 술 등과 바꾸었다. 네덜란드 상인들은 런던과 암스테르담에 있는 동인도회사에 500퍼센트의 이익을 남기고 이 인삼을 팔았다. 동인도회사는 이를 광둥이나 베이징의 청나라 상인에게 판매했다. 1757년 미국산 인삼이 청나라에 수출되기 시작한 것이다. 그 뒤 오하이오주나 미시시피 계곡의 인삼도 청나라에 흘러들어 갔다. 독립전쟁 직전에는 매사추세츠 서부 지방 인삼이 청나라에 수출되었다. 이때는 조선의 영조 재위 후반기로, 산삼보다는 재배한 인삼으로 만든 고려홍삼이 대량으로 중국에 넘어가던 시기였다.

미국은 일본으로도 인삼을 수출했다. 미국 독립전쟁의 도화선이 되었던 보스턴 차 사건 이후 동양 무역에 종사했던 뉴욕이나 보스턴의 미국 선박이 선적한 주요 물품은 인삼이었다. 이들은 네덜란드 상인에게 비싸게 팔아 이익을 챙겼고, 네덜란드 상인은 치즈나 버터를 좋아하는 일본인들의 기호를 이용하여 인삼을 팔았다. 이에 따라 고려인삼과 미국 인삼의 경쟁은 불가피해졌다.

미국산 인삼이 물밀 듯 중국으로 들어왔지만, 고려인삼의 명성을 넘어

당빌D'anville이 그린 〈조선왕국전도Royaume de Coree〉.
이 지도는 지형, 산세, 수계, 경·위도 등이 정확하게 그려져 있는데,
조선과 청나라 간의 국경의 인식을 판단하는 데 중요한 근거 자료로 쓰인다. (01)

서지는 못했다. 미국 인삼의 수입에도 불구하고 고려인삼의 브랜드 가치는 흔들리지 않았다. 중국의 귀족이나 부유층에게는 오랜 역사를 통해 쌓아 온 고려인삼에 대한 믿음이 있었다. 여기에 1840년대 아편 해독에 효과가 있다는 믿음까지 더해지면서 고려인삼은 명품이 되었고 수요가 폭발적으로 늘어났다.

아편전쟁의 패배로 청의 광둥무역체제는 무너졌고 난징조약이 체결되었다. 난징조약은 청나라 최초의 근대 조약이자 불평등조약이었다. 청나라는 광저우에서 외국 무역을 독점하던 13행의 폐지와 협정관세율을 약속했다. 홍콩을 영국에 할양하고 영국인의 거주와 무역을 위해 광저우·샤먼廈門·푸저우福州·닝보寧波·상하이 등 5개 항구를 개방했다. 몰수된 아편의 대금, 전쟁비용 배상 등은 물론 영국인을 보호하기 위한 영사재판권 인정과 최혜국 대우까지 명시했다. 이로써 중국의 동아시아 종주국 지위는 크게 흔들렸다.

난징조약에는 아편에 대한 언급이 누락되어 있었다. 이에 따라 전쟁 이후 아편 밀수는 합법화되었고 유입은 계속 증가했다. 아편 수입이 증가하면서 고려홍삼에 대한 인기는 더욱 늘어날 수밖에 없었다. 1860년대 조선 연안에서 당선과 이양선이 출몰하고 해상 밀무역이 더욱 번성하게 된 배경이었다.

03
베트남 민 망 황제의
인삼 사랑

베트남 민 망 황제의
고려인삼 사랑

베트남의 마지막 왕조인 응우옌 왕조Nguyen(阮
王朝: 1802~1945)는 중부 지방 후에Hue에 도읍을 두고 중국의 유교 이념
을 적극적으로 받아들이는 한편, 스스로를 황제라 칭하고 독자적인 연호
를 사용했다. 응우옌 왕조의 제2대 민 망Minh Mang(明命: 1820~1841) 황제
는 오늘날 베트남이라는 국호의 어원이 되는 한자명 월남越南이 청나라가
승인해 준 이름이라면서, 국명을 다이남Dai Nam(大南)으로 바꾸고 옥새도
만들었다. 다이남은 북쪽에 중국이 있다면 남쪽에 베트남이 있다는 뜻으
로 중국과 베트남이 동등하다는 관념이 짙게 깔려 있는 국호였다.[9]

민 망은 개혁적인 군주였다. 창업 군주 쟈 롱Gia Long(嘉隆: 1802~1820)

의 넷째 아들로, 제위에 오르자 통치기구를 개편하여 황제 중심의 중앙 집권체제를 구축하고 황족과 종실을 감시했다. 과거제도를 완비하고 지방에 대한 통제를 강화했다. 유학에도 소양이 깊어서 유학의 보급에 많은 힘을 쏟았다. 대외적으로는 캄보디아와 라오스에 대한 침략적인 팽창정책을 썼다.

개혁적이고 정력적인 민 망 황제에게는 여인들이 많았다. 모두 142명의 자녀를 낳았는데, 아들이 78명 딸이 64명이었다. 그리고 그의 곁에는 항상 인삼이 있었다. 특히 고려인삼에 대한 그의 욕구는 남달랐다고 한다.[10]

다섯 잎 세 줄기 인삼은 구름에 아름답게 감싸 안겼고
옥 같은 뿌리와 붉은 열매는 감미로운 이슬에 덮여 있네.

《흠정성경통지》

청의 건륭제가 인삼에 대해 읊은 시이다. 민 망은 이 시에 대해 표현이 너무 사실적이고, 시적 상상력과 상징화가 부족하며, 시적 수사에만 집중했다고 비평했다.

민 망의 이 비평에 대해 한 학자는 옥경玉莖이 지니는 이중적 의미 때문이라고 해석했다. 여기서 옥경은 남성의 성기를 뜻하는 이중적 의미가 있고, 구름·다섯 잎사귀·세 줄기 등도 성적인 표현으로 해석될 여지가 있기 때문이라는 것이다. 여하튼 민 망의 비평은 인삼에 대한 그의 관심과 지식이 매우 깊었다는 사실을 보여 준다.

베트남에 인삼이 언제 알려졌는지는 분명하지 않다. 응우옌 왕조의 쟈롱 황제 시절엔 최측근에게 내리는 선물 목록에 인삼은 아직 끼지 못했

다. 민 망 대에 이르러 인삼의 존재가 베트남의 왕조실록 격인《대남식록
大南寔錄(Đại Nam Thực Lục)》과 《대남식록전편大南寔錄前編(Đại Nam Thực
Lục Tien Bien)》에 보이기 시작한다. 민 망의 뒤를 이은 티에우 찌Thieu
Tri(紹治: 1841~1847)와 뜨 득Tu Duc(嗣德: 1848~1883) 황제 때에도 인삼 기
록은 계속 등장한다. 결국 인삼은 19세기 해외무역을 통해 베트남에 널
리 알려졌고, 19세기 전반 응우옌 왕조의 활동성을 대변하는 상품이 되
었다.

그렇다면 민 망 때 베트남에 전해진 인삼은 어떤 인삼일까?《대남식록》
에는 인삼, 상방 인삼尙方人蔘, 관동 인삼, 서양 최대 인삼, 남삼南蔘, 삼蔘,
홍육서삼紅肉西蔘, 홍육삼紅肉蔘, 고려 공품 인삼, 고려인삼, 관동 공품 인
삼 등 다양한 명칭이 전해진다.

이 가운데 관동 인삼, 관동 공품 인삼, 고려인삼, 고려 공품 인삼, 홍육
삼, 서양 최대 인삼, 홍육서삼 등은 주목해 보아야 한다. 관동은 산해관의
동쪽, 즉 중원 밖의 동쪽을 뜻한다. 따라서 관동 인삼·관동 공품 인삼은
만주 일대 특히 조선과 만주의 경계인 백두산 지역의 야생 인삼을 말한
다. 반면 고려인삼Cao Ly nhan sam은 조선의 인삼을 범칭하고, 고려 공품
인삼은 중국과의 외교관계를 통해 중국으로 들어온 고려홍삼으로 판단
된다. 이 밖에 서삼西參은 미국산 인삼, 홍육삼은 홍삼, 홍육서삼은 미국
산 인삼이 광저우에서 가공된 홍삼, 남삼南參은 중국 남부·미얀마·베트
남 중부 일대에서 생산된 인삼으로 보인다.

그렇다면 민 망 황제는 어떻게 고려인삼을 얻을 수 있었을까? 첫 번째
는 베트남에서 청의 베이징으로 파견한 사신단의 교역 활동을 상정해 볼
수 있다. 응우옌 왕조는 4년에 한 번 베이징을 방문했는데, 코끼리 상아·
코뿔소 뿔·실크 의류·계피·카르다몸cardamom·침향·사인砂仁 등의 물품

을 가져와서 인삼·약·책 등과 같은 중국의 상품과 바꾸어 갔다.

당시 베트남 사행단이 베이징에서 고려인삼을 구하기는 어렵지 않았으리라 판단된다. 조선은 1797년(정조 21) 홍삼 무역을 공식 인정했다. 애초에 200근이었던 무역량이 1840년대에는 4만 근까지 늘어났기 때문이다.

조선 사신에게 인삼을 산 중국 상인은 인삼국人蔘局 상인이었다. 베이징으로 파견된 조선 사행단의 공식적인 숙소는 옥하관玉河館이었는데, 이곳은 외교사절의 특수한 임무 때문에 출입이 자유롭지 않았다. 그래서 조선 사신단 중 문인은 청나라 학자와의 교유를 위해, 인삼 상인은 홍삼의 거래를 위해 찾은 곳이 옥하관에서 멀지 않은 공터에 늘어선 인삼국이었다.[11]

인삼국은 중국 상인들이 조선에서 가져온 인삼과 그 밖의 물품을 거래하기 위해 만든 임시 점포였으나, 천태인삼국天泰人蔘局이니 광성인삼국廣盛人蔘局이니 하는 간판을 내걸고 제법 사치스럽게 꾸민 곳도 있었다.

관문 밖 좌우 몇 백 호 문미의 판대기에 천태인삼국이니 광성인삼국이니 하는 명칭을 붙여 놓았으니, 모두가 우리나라 물화를 서로 무역하는 곳이다. 물화 중에는 인삼을 그들이 제일 귀중하게 여기는 것이므로 중한 것만 표시해도 경한 것은 자연히 포함된다 하겠다(서경순, 《몽경당일사》 1855년 11월 27일).

베트남 사행단은 인삼국을 운영하는 중국 상인 혹은 베이징의 약재상점에서도 홍삼의 거래가 가능했다. 그런데 민 망 황제는 1830년 베이징으로 가는 베트남 사신에게 인삼을 얻기 위한 기발한 거래 방법을 제시했다.

베이징에 도착하는 날, 청나라 예부에 우리나라는 인삼이 극히 부족하다 하고, 그들에게 청나라 황실이 주는 회사품의 절반 가격을 쳐서 우리에게 관동 인삼을 달라고 요구하라(《대남식록》).

흥미를 끄는 부분은, 민 망이 중국 황제가 베트남 사신에게 주는 회사품을 되팔고 그 절반 가격으로 관동 인삼을 얻으려 했다는 점이다. 그만큼 베트남 황실은 사신에게 인삼 구매에 특별한 임무를 부과했고, 사신들은 이를 수행하려 했던 것으로 보인다.

두 번째 루트는 베트남 상인이 광둥으로 들어온 고려인삼을 구매해서 들여왔을 가능성이다. 민 망 황제 때부터 베트남 상인의 무역 활동이 매우 활발해졌기 때문이다. 당시 베트남은 정치적으로는 베이징과, 경제적으로는 광둥과 긴밀하게 연결되어 있었다. 베이징으로 가는 베트남 사절은 4년에 한 번, 인원도 20여 명 정도였다. 반면 광둥으로 떠나는 베트남 관선은 남서 무역풍이 시작되는 음력 5월경 출발해서 바람의 방향이 바뀌는 11월을 전후해서 돌아왔고, 인원도 100여 명이 훌쩍 넘었다. 베트남의 중국 접촉은 베이징보다는 광둥에 무게를 두고 있었다.

베트남 다낭을 떠난 광둥행 관선은 운이 좋은 경우에는 통킹만을 지나 하이난다오海南島의 바깥 바다인 칠주양을 거쳐 광둥 후먼虎門Bocca Tigris까지 약 1주일 정도가 걸렸다. 후먼부터는 포대의 군인과 세관 관리인의 인도하에 주장으로 안내되어 황푸항을 거쳐 최종 기항지 광둥 13행이 자리 잡고 있던 리에더獵德까지 들어갔다. 베트남 관리가 머물렀던 곳은 13행이 밀집해 있는 동문가에 있었다. 광둥에서 구입한 물건은 서적·약재·차 등이었다. 1840년 아편전쟁으로 광둥과의 교역이 어려워지자 민 망은 "바닷길이 통하지 않으면 약재와 북차北茶를 어디에서 구하겠는가"라고 염려했다고 한다. 약재에는 광둥·조선·미국 인삼도 포함되어 있었다. 이 밖에 고급 비단·청화백자·꽃나무 등도 있었다.[12]

그렇다면 광저우에서 팔린 고려인삼은 어떤 인삼이었을까? 육로를 통해 광저우로 모인 고려 공품 인삼과 황해 해상에서 밀무역으로 교역된 고려인삼이 중심이었다고 추정된다. 당시의 상황으로 미루어 해상의 인삼 밀무역이 빈도나 규모 면에서 육로를 통한 경우보다 우세했다고 판단되기 때문이다.

1854년 의주부에서는 "근래 홍삼 밀무역은 예전과 같이 서로에서뿐 아니라 북로의 개시, 해서의 중국 배와도 이루어집니다. 간사한 구멍이 여러 가지로 일어나 막는 법이 없는 것과 같습니다"라고 보고했다.[13] 《임하필기》에서 이유원은 "근래 아편이 성행하여 여러 경로로 인삼을 매매하는 이가 많다. 책문에서만 그런 것이 아니라 풍천·장연 해상과 관북시關北市에서도 매매가 되고 있다. 이는 모두 내가 직접 본 것이다"라고 했다.[14] 황해 상에서 이루어진 고려인삼 밀무역을 통해 조선산 인삼이 광둥을 비롯한 중국 개항장으로 빠져 나갔고 여기서 베트남 상인들에 의해 민망 황제의 손으로 들어간 루트를 상정할 수 있다.

민 망 황제는 고려인삼을 중앙 및 지방의 고위 관료 및 학자와 그들의 부모를 위한 선물로 활용했다. 또한 무관들의 충성심을 고취하여 황실에 대한 반란을 막고 군대의 사기와 힘을 돋우어 영토를 확장하기 위해 계피·금반지·칼 등과 함께 하사한 귀중한 물품이었다. 고려인삼을 유교적 이념인 충과 효를 이끌어 내고 동시에 황실에 대한 위엄을 진작시키는 재료로 활용한 것이다.

04
천주교 선교사와
고려인삼

프랑스혁명과
프랑스 선교사의
조선 입국

프랑스 대혁명이 일어난 1789년, 조선에서는 정조가 재위한 지 13년에 접어들고 있었다. 조선 천주교 신자 윤유일이 서양 선교사를 요청하는 편지를 옷 속에 꿰맨 채 마부로 위장하고, 동지사행에 끼어 베이징으로 출발하던 바로 그해였다.[15]

프랑스 대혁명 이후 프랑스 천주교회는 왕정주의적 입장을 계속 유지했고, 이 때문에 자유주의 정부나 공화주의 정부와 잦은 마찰을 빚기도 했다. 1802년에 나폴레옹 1세와 교황 비오 7세의 정교협약이 맺어졌지만, 프랑스 천주교회가 다시 활성화하기 시작한 것은 1815년 왕정복고 이후였다.

왕정복고 이후 프랑스에서는 여러 차례 혁명이 빈발하였고, 자유주의적인 분위기가 더 높아짐에 따라 사회적 의식도 자연히 반종교적인 경향으로 흘러갔다. 그럼에도 불구하고 프랑스 천주교회는 나폴레옹 1세 이후 부르봉 왕조의 루이 18세가 즉위하면서 시작된 왕정복고에 크게 기여했다. 조선 순조 15년 때의 일이다.

왕정복고시대가 열리는 1815년에 파리외방전교회Paris Foreign Missions Society가 재건된 것은 우연이 아니었다. 왕정복고시대가 되면서 국가의 보조를 받게 되고 또 그 보조금의 액수도 늘어나면서 신학교가 다시 번성했다. 프랑스 내부에서 천주교 선교 활동이 활발하게 전개됨과 동시에 해외 선교운동이 강력하게 일어났다.

19세기 프랑스 천주교회가 열정적으로 해외 선교에 나설 수 있었던 원동력은 평신도들이었다. 1818년부터 1900년 사이 프랑스 천주교회의 해외 선교운동을 물질적으로 후원한 평신도 단체는 46개 이상이었다. 그중 전교회傳敎會와 성영회聖嬰會가 대표적인 단체였다. 이들 평신도는 후원금을 모아서 선교회에 제공했고 이 후원금은 프랑스 선교사들의 선교 활동을 든든하게 뒷받침해 주었다. 1878년 세계 각 지역에 파송된 천주교 선교사들의 약 4분의 3은 프랑스 출신이었다.

조선 천주교회는 1801년 최초의 외국인 신부 주문모가 조선에 들어온 지 6년 만에 순교하자 역경을 맞았다. 1831년 로마 교황청은 조선 지역을 베이징 교구에서 분리하여 조선대목朝鮮大牧을 설정한 후 조선대목구를 관할하고 조선에서의 선교 활동을 담당할 선교단체를 물색하다가 파리외방전교회에 위임했다.

초대 교구장 브뤼기에르는 조선에 입국하고자 애를 쓰다가 끝내 뜻을 이루지 못하고 만주에서 사망했다. 그의 뒤를 이어 모방이 1836년 성공적으로 조선에 입국하여 본격적인 선교 활동을 개시했다. 이때부터 일제 강점기 말엽 1942년 노기남이 최초의 조선인 주교로서 경성대목구장에 임명될 때까지 조선 천주교회는 파리외방전교회 소속 선교사들의 절대적인 영향력 아래 있었다.

프랑스 신부의
선물 목록에 오른
고려홍삼

로마 교황청에서 조선대목구를 설정한 해는 1831년, 조선 순조 31년이었다. 이후 모방, 샤스탕이 1836년(헌종 2) 겨울 중국 책문과 의주를 거쳐, 앵베르가 이듬해인 1837년 겨울 의주를 통해 조선에 들어왔다. 조선의 연행사가 베이징을 오가는 시기에 맞추어 삼엄한 국경 경비를 뚫고 들어온 것이다. 이후 1866년(고종 3) 병인박해가 있기까지 조선에 들어온 프랑스 선교사 17명은 뱃길을 통해 충청남도 강경, 서울 한강, 충청도 내포 지역으로 입항했다.

1836년 입국한 모방은 곧바로 최양업, 최방제, 김대건을 신학생 후보로 선발하여 마카오로 파견했다. 하지만 모방(당시 36세), 샤스탕(당시 36세), 앵베르(당시 41세)는 1839년(헌종 5) 기해박해 때 교인이 고초를 받는 것을 막기 위해 스스로 자수하여 모두 참수되었다. 정하상, 유진길 등도 이때 죽음으로써 천주교 재건 움직임은 큰 타격을 받았다. 그런 가운데 1845년(헌종 11) 페레올과 다블뤼는 김대건의 인도를 받으면서 상하이를 출발하여 충청도 강경에 상륙했다.

김대건은 페레올의 지시에 따라 신부 메스트르와 최양업을 맞아들이기 위해 서해의 바닷길을 찾아 나섰다. 종래 의주를 통한 육로는 경비가 삼엄하여 입국이 사실상 불가능하였기 때문이다. 이에 김대건은 1846년(헌종 12) 5월 13일 서울을 떠나 황해도 연안의 백령도 해역으로 나가 청나라 배에 지도와 서신을 탁송하고 돌아오는 길에 황해도 순위도에 들렀다가 체포되었다. 김대건은 해주감영으로 끌려가 심문을 받다가 서울로 압송되어 9월 16일 새남터에서 처형되었다. 마침 그해 프랑스 동양함대 사령관 세실이 군함 3척을 몰고 홍주 해역에 나타나 1839년(헌종 5) 기해사옥 때 프랑스 선교사를 처형한 책임을 묻고 통교를 강력히 요구한 것이 사건을 급히 마무리짓게 되는 계기가 되었다.

이후 1866년(고종 3) 대원군에 의해 조선 정부 최대의 천주교 탄압 사건인 병인박해가 일어나기 전까지 약 20년 동안은 조선 천주교회의 입장에서는 상대적인 안정기였으며, 선교사들의 사정도 어느 정도 나아졌다. 이에 1856년(철종 7) 3월 황해도 장연을 거쳐 한강으로 들어와 서울에 거주하던 베르뇌는 선교를 위한 물품을 홍콩에 있던 파리외방전교회 극동 대표부를 통해 요청하고 서신과 몇 가지 물건을 정기적으로 반출했다.[16]

베르뇌 신부가 반입을 요청한 물건은 주로 미사용 제복과 촛대, 미사주, 십자가, 상본像本, 교리책 등 종교적 의식과 신앙생활에 필요한 것이었다. 일상생활에 필요한 용품들을 요청하는 경우도 적지 않았다. 요청 물품에는 주교용 보라색 구두와 보라색 리본, 질 좋은 칼 1다스, 자명종시계, 펜 등이 있었다. 코냑, 커피, 설탕, 식초 등 식료품의 반입을 요청하기도 했다. 물품은 해상과 육로 모두를 통해 반입되었는데 동시에 신부들의 서한도 오갔다.

그런데 베르뇌 신부가 만주 교구의 베롤 신부에게 보낸 1865년(고종 2)

12월 10일 서한에는 인삼 작은 것 한 상자를 보낸 사실이 적혀 있다. 광둥 주교에게 보내는 선물이었다. 고려홍삼이 아편전쟁 이후 홍콩, 상하이 등지에서 높은 명성을 지니고 있었기에 베르뇌가 광둥 주교에게 보내는 선물 목록에 포함되었던 것으로 보인다. 광둥 주교가 그것을 다시 교황청에 선물했는지는 확인되지 않는다. 이처럼 1840~60년대 조선의 서해안에서는 중국과의 해상 홍삼 밀무역은 물론 동양과 서양이 교차하는 역동적인 움직임도 전개되고 있었다. 이 와중에 1880년에는 화교상인 허필제가 잉커우까지 올라와 고려인삼을 구입하고, 중국 남방으로 가려다가 충남 비인현에 기착하는 일이 일어났다.

조선교구장 베르뇌(1814~1866) 주교는 1856년 조선에 입국해 뮈텔 주교, 리델 신부 등과 함께 천주교의 세력을 넓혔으나, 1866년 병인박해로 순교했다. (02)

05
화교상인 허필제의 표류와
고려홍삼

19세기 아시아는 충격과 격변의 시대를 겪고 있었다. 최한기는 《기측체의氣測體義》에서 "진실로 변한 것[其變]을 가지고 변한 것[其變]을 막아야 한다. 변하지 않은 것[不變]을 가지고 변한 것[其變]을 막아서는 안 된다"고 주장했다.[17] 세계 경제가 변하여 물산을 만국에 교역하여 통하고, 모든 가르침이 천하에 뒤섞이고, 육지의 시장이 변하여 바다의 시장이 되고, 육전이 해전이 되었다는 것이다. 페루의 금·은, 미국의 직포, 태국과 미얀마의 쌀, 중국의 차, 서양 아편 등이 이익을 노리고 바다 선박으로 물품들이 교역되었다. 해상을 통한 무역 네트워크가 격동을 만들어 내고 있었던 것이다.

제주도는 서북쪽으로는 서해가 있고, 서남쪽으로는 동중국해가 펼쳐지며 남동쪽으로는 태평양이 펼쳐져 있어 중국~조선~일본~류큐 등을 연결하는 항로의 요충지였다.

생각건대 제주도는 호남의 방벽이 되며, 말이 생산되고 귤을 바치는 곳
으로, 진실로 이롭게 쓰이는 땅이지만 이보다 더 중요한 것이 있습니다.
일본의 오사카, 에도, 중국의 푸젠福建과 강남江南 사이에 끼어 있는 섬이
므로 동쪽이나 서쪽에서 순풍을 타고 한번 돛을 올리면 5~6일의 노정에
불과합니다(《정조실록》정조 18년(1794) 3월 8일 을미).

그렇지만 제주도는 여름철 갑작스러운 태풍을 만나게 되거나 가을·겨
울 북서 계절풍의 영향으로 표류하게 되었을 때 닿게 되는 기항지이기도
했다.

아시아 무역 네트워크에서 한반도 서남해에 표류한 사람들은 중국인
이 대다수였고, 일본과 류큐 사람들이 그 뒤를 이었으며, 국적 불명의 사
람들도 있었다. 출신 지역은 중국의 강남성·푸젠성·저장성 순이었고, 이
들이 도착한 지점은 제주도와 흑산도를 비롯한 서남해의 섬이었다. 이들
은 대부분 상인으로 푸젠성에서 저장성, 산둥성까지 그리고 푸젠성에서
해협을 끼고 타이완까지 상선을 운항하여 무역의 이익을 노리고 바다에
나섰다가 조난을 당했다. 또한 이들 중에는 일본의 나가사키로 항해하려
다가 태풍을 만난 경우도 있었고, 산둥성·랴오닝성 및 랴오둥 출신의 관
리나 군인들이 양곡 운반, 군수물자 수송 등의 공무를 수행하다가 서해
에서 표류하여 한반도 남서해안 및 제주도 일대에 표류하기도 했다.

이런 점에서 현재의 충청남도 서천군 비인에 표류한 중국 화교상인 허
필제許必濟의 경우는 매우 흥미롭다.[18] 1880년 10월 충남 비인현 도둔포와
마량진에 표류한 사람들은 청나라 광둥 차오저우潮州 사람 9명, 하이난海

南 사람 1명 그리고 태국 사람 17명이었다. 중국 사람의 우두머리는 허필제, 태국인은 모홍毛紅이었다.

1880년 5월 4일 허필제를 포함한 차오저우인과 태국인은 장사하기 위해 홍두선紅頭船으로 추정되는 선박을 타고 태국에서 출항했다. 타이만泰國灣, 남중국해를 거쳐 대륙 북쪽을 따라 올라와 이번 항해의 목적지인 발해만으로 들어왔다. 옌타이煙台는 산둥 북단 발해만에 소재한 항구 도시이다. 오늘날에는 이 일대를 관장하는 지급시의 위치에 있으나 명·청 시대에는 등주부登州府에 속해 있었다. 옌타이 항구는 커다란 배가 정박할 만큼 수심이 깊어서 1858년 청나라와 영국 프랑스 사이에 체결한 톈진조약에 따라 통상 개항지가 된 곳이다.

허필제 일행은 옌타이에서 화물을 구입하고, 다시 잉커우營口로 가서 콩을 구입한 다음, 그들의 본거지인 차오저우로 돌아가려고 했다. 랴오둥의 잉커우 역시 톈진조약으로 개항장이 된 곳이었다. 톈진조약으로 랴오둥의 우장牛庄이 개항지로 지정되었으나, 우장은 내륙 안쪽에 있어서 커다란 배가 들어올 수 없었다. 이에 1861년 영국은 우장 남쪽에 수심이 깊은 잉커우 항을 우장이라고 강변하여 통상 개항지로 사용했다. 어떻든 이들은 잉커우를 출발해서 차오저우로 되돌아가던 중 9월 29일 산둥 해역에서 회오리바람을 만나 선박이 부서지는 사고를 당했다. 이들은 선박 안에 두었던 작은 배로 탈출하여 한동안 표류하다가 충청도 비인현에 표착했다.

이때 작은 배에는 마조신상媽祖神像, 약간의 먹을거리와 몇 가지 기물 그리고 인삼 9궤짝이 있었다. 마조신상은 중국인이 해양 신녀로 섬기는 상이었다. 따라서 해난 속에서도 그들의 수호신 마조신상을 가장 먼저 옮겨 실었을 것이다. 식품은 바다에서 장시간 표류할 때 생존에 필요한 비상용품이므로, 또한 이불 등의 용품도 추위를 피하기 위해 선택되었을 것이다. 그런데 이들은 왜 홍삼 9궤짝을 작은 배로 옮겨 실었을까? 그것도 모선이 파손되어 작은 배로 갈아타는 긴박한 상황 속에서 말이다. 홍삼은 잉커우에서 구입한 고려홍삼이었다.

허필제의 증손자 허능신許能迅(2013년 당시 72세)을 비롯하여 허씨 집안 사람들과 지역 간부들을 만나 집안 대대로 전해오는 조선 표류 고사, 유물 및 관련 자료들을 연구한 글에서 답을 찾아보자. 허능신이 전하는 인삼 고사는 이러하다.[19]

허필제는 조난을 당한 이후 장시간 바다에 표류한 뒤 육지에 닿았다.

마조신상. 중국의 저장성, 장쑤성, 푸젠성, 광둥성, 하이난성, 홍콩, 타이완 등 바다와 인접한 지역에서 안전 항해를 할 수 있도록 돕는다고 믿어진 해양 여신이다. (03)

육지에 상륙한 뒤에 주린 배를 채우기 위해 무심코 손을 내미니 무 같은 것이 잡혀서 허겁지겁 먹었다. 기운을 차리고 손에 든 것을 보니 홍삼이 었다. 본국으로 송환될 때 먹다 남은 인삼을 말려 고향으로 가져왔다는 것이다.

고려홍삼은 은화와 맞바꿀 수 있는 물품으로서 무역상에게 부피는 작고 무게는 가볍지만 높은 이윤을 볼 수 있는 물건이었다. 당시 고려홍삼은 중국과의 육로 교역이 합법적 교역이었으므로, 랴오둥에서 거래된 고려인삼이 잉커우를 통해 해상으로 유통된 것이었다. 허필제 일행은 이러한 네트워크 속의 상단商團이었던 것이다.

화교상인 허필제와 태국 상인들이 만약 조난을 당하지 않았다면 고려홍삼은 어떻게 되었을까? 아마도 고려홍삼은 잉커우를 떠나 상하이, 푸저우, 홍콩, 광저우 등을 거쳐 동남아시아 일대와 서양으로 퍼져 나갔을 것이다. 고려인삼은 19세기 미국 인삼이 중국 시장에 진출했음에도 불구하고, 중국의 남방 상인이 배를 이끌고 잉커우까지 올라와 구입하고, 또 해난의 급박한 때에 후일을 위해 챙겨야 하는 보물 1호였던 것이다.

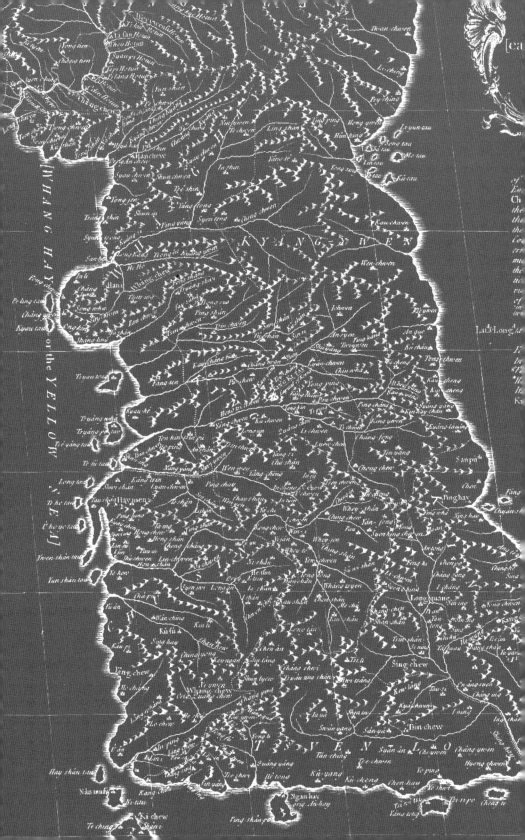

제4장

조선 무역의 아이콘, 홍삼

01
밀려오는 서양 물건과
고려홍삼

개항기 조선의
무역 아이콘,
홍삼!

홍삼이 아편의 해독제로 세계적인 명성을 드높일 무렵, 조선에서는 서양의 기계로 짠 서양목 수입이 늘어나면서 '서양목 열풍'이 일어나고 있었다. 조선시대 옷감은 대마를 이용한 포布, 저마를 이용한 모시, 면화에서 실을 뽑아 만든 무명이 가장 일반적이었다. 그 중에서도 무명은 다양한 용도로 사용되면서 우수한 품질을 자랑하고 있었다. 서울 종로 육의전 중 백목전白木廛에서는 전라도의 강진목과 해남목, 경기도의 고양목, 경상도의 진주목 등을 최상품으로 취급하였으며 세금으로 걷힌 군포목, 공물목, 무녀목 등도 거래했다.

무명은 섬유의 천성이 온화하고 기교가 없어서 남자들의 겹바지 또는 솜을 넣은 저고리·두루마기·홑바지·적삼과 여인들의 치마·저고리·속바지·단속곳·두루마기 등 일상 옷감뿐만 아니라 이불·요·베갯잇 등 춘하추동으로 사용되었다. 따라서 오늘날과 달리 일상품으로서 광범위한 사회적 수요를 가지고 있었다. 백의민족의 상징이 무명, 즉 백목白木이었던 것이다.

그런데 1830년대 서양목이 조선에 수입되기 시작했다. 서양목은 캘리코calico라고 일컬어졌는데, 인도 남부의 캘리컷Calicut에서 주로 영국으로 반출된 면화가 다시 캘리컷을 중심으로 동아시아에 팔리면서 붙여진 이름이었다. 서양목은 표백·가공되어 천이 옥과 같이 하얗다 하여 옥양목玉洋木, 백양목白洋木이란 별명이 생겼다. 또 기계로 짠 촘촘한 옷감으로 재래 무명보다 너비가 넓다고 하여 광목이라고 불렸다. 서양목으로 지은 옷은 베틀로 짠 거친 국산 무명옷을 몰아 낼 정도로 유행을 탔다.

급기야 1837년(헌종 3)에는 서울 최대 상점인 백목전과 청포전이 서양목의 독점판매권을 요구하며 서로 다툼을 벌이기도 했다. 정부는 서양목이 시전 상품으로 등록되지 않았고 토산 물종도 아니므로 특정 시전에만 독점권을 인정할 수 없다며, 두 시전이 함께 서양목을 팔 수 있다고 판결했다.

서양목은 청에서 밀수입하는 물품 중에서도 압도적인 지위를 차지하고 있었다. 이는 1860년대 조선 상인과 청나라 상인 사이에 있었던 밀무역의 예를 보면 분명해진다. 1861년 7월 김응서는 청나라 상인에과 거래하여 서양목 78필을 비롯한 각종 옷감을 외상으로 가져왔다. 외상의 대가는 다음에 홍삼 60근을 주겠다는 것이었다. 홍삼을 무역 결제대금으로 제시하여 외상거래가 가능했던 것이다. 같은 해 같은 방식으로 김초선은 서양목 700필을 홍삼 933근과 바꾸었고, 1864년(고종 1) 김정연은 홍삼 118근으로 서양목 170필을 비롯한 중국 비단 및 옷감 등을 몰래 무역하려다 적발되었다.

병인양요가 일어난 1866년(고종 3) 8월 김정엽은 홍삼 140근으로 서양목 150필을 몰래 교역하려고 했다. 그런가 하면 같은 해 미국 상선 제너럴 셔면호는 대동강을 거슬러 올라와 "우리가 가진 서양목, 그릇 등과 그대 나라의 인삼·금·수달피 가죽·종이·쌀 등의 물건을 바꾸려 한다"며 통상을 요구했다.

이처럼 개항을 전후한 시기 밀무역의 대부분은 조선의 홍삼과 서양목의 거래가 절대적인 비중을 차지하고 있었다. 19세기 대외무역을 홍삼-서양목 무역체제로 보는 이유이다. 이로써 홍삼은 조선 무역의 대표적 아이콘으로 제대로 각인되었다.

이윽고 병인양요가 일어나자 서양 물품의 수입 및 사용을 금지하라는 여론이 들끓었다. 기정진은 서양 물품이나 면제품을 서양이 침략하려는 조짐으로 파악하여 기존 서양 물품들을 모두 수거해 없애고 이후로도 수입하지 못하게 해야 한다고 주장했다. 이항로도 서양의 물건들은 모두 기묘하고 음란한 것에 불과하다며 서양 물건을 사용하지 못하게 하자고 했다. 그는 특히 조선의 농산물과 서양의 공산품이 교역될 경우 조선이 경제적으로 더욱 곤궁해질 것이라고 주장했다. 여기에는 서양 물품의 수입이 자칫 서양의 군사적 침략으로 이어질 수 있다는 우려도 섞여 있었다.

이에 일시적으로 서양 상품에 대한 수입이 전면 금지되었으나, 이는 '홍삼-서양목 교환체제'라는 경제 생태계를 붕괴시키는 것이었다. 서양목을 홍삼 무역의 결제 수단으로 삼았던 중국 상인에게는 해법이 필요했다. 포삼세를 새로운 재정 원천으로 활용해 온 조선 정부 역시 활로를 찾아야만

했다. 특히 1864년(고종 1)부터 포삼세는 거의 예외 없이 대원군의 군비 증강정책에 활용되어 왔는데, 진무영鎭撫營이 가장 대표적인 경우였다.

진무영은 서울 방비를 위해 강화도에 설치한 군영이었다. 대원군은 의주부 관세청에서 거두는 포삼세 중 10만 냥 정도를 매년 진무영 경비로 활용하도록 했다. 진무영 전체 예산이 12만 냥 정도였으므로, 진무영 경비의 83퍼센트 정도를 포삼세에서 충당한 셈이다. 포삼세는 강화뿐만 아니라 개성과 옹진의 군비 확충을 위해서도 활용되었는데, 이를 위해 조선 정부는 홍삼 무역량을 늘리기까지 했다. 의주부 관세청에서 거두는 포삼세는 동래부, 충청도 수영, 군기시軍器寺 등에도 투입되었고, 각 지방의 군비 확충에 폭넓게 활용되었다. 따라서 서양 물품의 수입을 금지하여 외세에 대항한다는 정책은 서양의 침략을 막기 위한 군사력 증강의 중요한 재정 기반을 무너뜨리는 자기 모순을 초래할 수 있었다.

그러나 대원군 집권기에 그러한 일은 일어나지 않았다. 이는 서양목을 대신하는 공식 무역 결제수단이 따로 있었음을 의미한다. 그것이 바로 청나라 동전 곧 청전淸錢이었다. 조선 정부는 홍삼 무역을 담당하는 상인에게 포삼세로 청나라 돈을 받아들이면서 이를 유철세鍮鐵稅로 인식했다. 유철은 구리에 아연을 10~45퍼센트 넣어 만든 합금인데 청나라에서는 이를 양철편洋鐵片이라는 명목으로 판매했다. 청전을 두고 조선은 유철, 청나라는 양철편이라는 명목으로 받아들이면서 두 나라 상인 간의 무역을 묵인, 성사시킨 것이다.

이에 '홍삼-서양목 교환체제'는 1867년(고종 4)부터 1874년(고종 11)까지 '홍삼-유철 교환체제'로 바뀌었다. 조선 정부는 청나라 돈을 금속으로 들여와 무게에 따라 수세한 이후 국내에서는 명목가치 대로 유통시키는 정책을 사용했다. 결국 청전의 유통으로 조선은 화폐 유통구조의 문란·물가 상승·민심 혼란 등을 겪을 수밖에 없었다. 고종이 친정을 선포하면서 민생 안정을 위해 청나라 돈의 통용을 금지한 이유는 이러한 사정에 연유한다. 하지만 분명한 것은 홍삼은 조선의 대표적 무역품이자 확실한 재정 조달책으로 부동의 지위를 차지했다는 사실이다.

흥선대원군의
부국강병과 홍삼

　　　　　　　　　1860년대 홍삼 무역으로 거둘 수 있는 정부 세입은 얼마나 되었을까? 19세기 세도정권기 안동 김씨의 중심인물 김좌근과 풍양 조씨의 중심인물 조두순의 말을 들어보자.

김좌근이 말하기를 역관들의 말을 들어보면 홍삼에서 거두는 세금이 21만 냥은 된다고 합니다. 사역원 경비 6만 냥을 빼더라도 나머지 15만 냥은 각종 재정에 보태어 쓸 수 있으니 재정을 여유롭게 할 방법으로 이것보다 좋은 방법은 없을 것입니다《고종실록》고종 1년(1864) 1월 20일).

조두순이 또 말하기를 홍삼이 경비에 보탬이 되는 것은 소소한 세금이 들어오는 것에 비할 바가 아닙니다. 나라의 경비가 궁색한 때에 매년 20여만 냥의 돈꿰미가 어찌 쉽게 얻어 낼 수 있는 재물이겠습니까《고종실록》고종 2년(1865) 7월 30일).

포삼세액은 홍삼 무역 총량에 따라 변동했다. 하지만 흥선대원군의 집권 전후 시기 홍삼 무역 규모는 2만 근 수준, 1근당 세액은 6~14냥, 전체 세입 규모는 20여만 냥을 오르내렸다.

조선시대에는 시기별·품목별 물가자료가 체계적으로 남아 있지 않다. 하지만 이 시기의 물종별 가격을 대비해 보면 홍삼 1근당 세액은 쌀 1섬을 호가했다. 호조의 부세 수입을 기록한 《탁지전부고》에 따르면 호조의 1년 쌀 수입은 9만~10만 석이었고, 비축하고 있는 동전량은 19만 냥 내외였다. 따라서 홍삼 단일 품목에서 20여만 냥을 얻는다는 것은 홍삼 무역이 당대 막대한 재원을 창출하는 원천이었음을 단적으로 증명한다.

흥선대원군에 대한 평가는 극단적으로 갈린다. 그가 호협, 쾌활한 성품의 소유자로 목적 달성을 위해 온갖 수단을 동원하는 투지, 집권을 향한 불같은 야심을 겸한 정치가라고 평가하는 반면, 이런 그를 잔학한 성격의 소유자라고도 평가하기 때문이다.

흥선대원군에 대한 상반된 평가는 그가 추진했던 정책에서 기인한다.[1]

금관을 쓰고 조복을 입은 흥선대원군의 초상.
그는 김정희 문하에서 수묵만을 사용하여 난초를 그리는 묵란화로 유명하다. (01)

서원 철폐와 호포법 실시 등 국내 정책에 대해서는 과감한 실천력을 가진 개혁자로, 병인년 천주교도의 처형과 통상수교 거부정책에 대해서는 폭군으로 평가하기 때문이다. 그러나 대원군은 집권 초기 러시아의 남하와 위협에 대처하기 위해 프랑스 선교사들과 비밀리에 접촉했었다. 국제정세를 판단할 수 있는 식견이 있었다고 평가받는 대목이다. 상대는 베르뇌 주교이다. 베르뇌는 광둥 주교에게 보내는 선물 목록에 고려인삼을 올렸던 인물로, 제4대 조선교구장이었다.

> 대원군은 그가 좋은 것으로 아는 천주교도 적대시하지 않고, 매우 좋은 이야기를 들어서 아는 선교사도 적대시하지 않습니다. 그는 우리 서양인 8명이 여기 있다는 것을 모르지 않고 나와 안면이 있는 이교도 관장에게 개별적으로 주교 이야기까지 했습니다. …… 그는 내가 만일 러시아 사람들을 쫓아 낼 수만 있다면 종교 자유를 주겠노라고 그 관장에게 말했습니다(《1864년 8월 18일 베르뇌가 알브랑에게 보낸 편지》).

이 서한에 따르면 러시아가 통상을 요구하는 편지를 보내자 천주교에 호의를 가지고 있던 대원군이 베르뇌와 안면이 있는 이교도 관장을 통해 베르뇌에게 종교의 자유를 대가로 러시아에 대한 방비책을 문의했다는 것이다. 이를 두고 대원군의 현실적이고 적극적인 통치 스타일을 강조하는 입장에서 이 편지의 내용을 해석하는 견해가 있다. 그 주장은 이러하다.

1860년(철종 11) 베이징 함락 소식을 듣고 조선 정부는 황제의 피서 산장이 있던 열하로 문안사를 파견한다. 이때 대원군은 베이징을 공격한 국가가 영국, 프랑스 그리고 러시아였다는 사실을 인식했다. 조선 사회에서는 이들 서양세력이 그 여세를 몰아 동쪽에 있는 조선을 곧바로 공격해 올지도 모른다는 불안감이 높아졌다. 따라서 러시아가 육로를 통해 조선에 통상을 요구한 것은 침략의 전조로 간주되기에 충분했다. 대원군 역시 러시아가 영국·프랑스와 결탁하지 못하도록 막아야 한다는 판단이 섰고 이에 프랑스 신부들과 접촉했을 개연성이 충분하다는 것이다.

베르뇌는 1865년(고종 2) 10월 2일 또다시 대원군과의 접촉을 보여 주는 서한을 보냈다. 그 내용은 다음과 같다.

나는 아주 최근에 어떤 관장을 통해 조선에 정착하기 위해 러시아인들이 하는 새 탄원에 대해 대원군과 더불어 몇 차례 접촉이 있었습니다. 대원군은 내 연락을 친절하게 받았습니다. 왕의 어머니인 그의 부인은 나더러 베이징에 있는 우리 공사에게 종교 자유를 청하러 오라는 편지를 보내라고 비밀 전갈을 보냈습니다. 서울의 고관들은 프랑스 선박들이 오기를 바라고 있습니다. 나는 대원군과 상의하기 전에는 아무것도 하지 않기를 고집하고 있습니다(〈1865년 11월 19일 베르뇌가 알브랑에게 보낸 편지〉).

대원군과 그의 부인까지도 베르뇌와 간접적이지만 지속적인 접촉이 있었던 것은 분명하다. 하지만 이러한 분위기는 1866년(고종 3) 1월 9일 베르뇌 등 프랑스 선교사들이 체포되면서 급반전했다. 결국 리델 신부는 조선을 탈출하여 당시 중국 톈진에 주둔하고 있던 프랑스 극동함대 사령관 로즈 제독에게 "프랑스인 주교와 선교사 9명이 살해당했다"는 사실을 알렸다.

이에 로즈 제독은 전함을 이끌고 그해 8월·9월·10월 조선을 침략했다.

8월의 제1차 침략은 조선의 지형을 탐색하기 위한 군사적 정찰이 목적이었지만, 9월의 2차 침입 때에는 바로 강화도를 점령했다. 로즈 제독은 전함 3척을 이끌고 인천 앞바다를 거쳐 양화진, 서강에까지 이르렀다. 프랑스 함대는 3척의 소형 함대로 도성 공격은 무리라고 판단하여 물러났지만, 조선 정부는 극도의 긴장 상태에 빠질 수밖에 없었다.

10월 로즈 제독은 순양전함 게리에르를 비롯한 7척의 군함에 600명의 해병을 이끌고 인천 앞바다 작약도에 나타났다. 그리고 10월 14일에는 강화도의 갑곶에 상륙하고 16일에는 강화부를 점령하여 무기·서적·식량 등을 약탈했다. 그러나 10월 26일 문수산성에서 한성근에게, 정족산성에서 양헌수 부대에 패배하자, 11월 강화도에서 철수하면서 모든 관아에 불을 지르고 막대한 양의 보화·서적·무기 등을 약탈하여 중국으로 돌아갔다. 외규장각 도서가 프랑스로 넘어갔다가 145년 만에 조선으로 되돌아온 사연이 여기에 있다.

병인양요로 대원군은 천주교 박해에 박차를 가하는 한편 군사력 증강에 온 힘을 쏟았다. 특히 수도권 방비는 간과할 수 없는 중요한 사안이었다. 프랑스 군함이 서울 근교에까지 나타났기 때문이다. 이에 강화도를 비롯한 연해 지역에 집중적인 군비 증강이 이루어졌다. 그중에서 눈에 띄는 것이 전함 개발 프로젝트이다.

전함 개발 프로젝트는 1867년(고종 4) 9월 3척의 전함이 진수되면서 세상에 모습을 드러냈다. 주교사 당상 이경순李景純의 약 6개월에 걸친 노력의 결실이었다. 고종은 이 전함을 두고 아주 튼튼하면서도 가벼워 적을 방어하는 데 이보다 나을 것이 없겠다고 극찬했고, 흥선대원군도 수고한 장인들에게 상금을 나누어주었다. 이때 전선은《해국도지海國圖志》를 통해 서양의 기선을 모방해서 만들었을 가능성이 크다고 한다. 하지만 투여

④

된 비용에 대해서는 정확히 알 수 없다. 다만 이경순이 의정부에서 마련해 준 비용으로도 부족해서 원납전을 지방 부호들에게서 걷다가 파직되기도 하는 등, 이전의 어떠한 전함보다도 많은 비용이 투자된 것은 분명하다.

대원군 1차 집권기(1864~1873) 때 각종 군비 증강에는 홍삼에서 거두어들이는 세금 일명 '포삼세'가 투입되고 있었다. 단일 군영으로 이 시기 가장 많은 투자가 집중된 강화도 진무영의 재정에도 포삼세가 큰 비중을 차지했다. 의정부에서는 조선 정부의 공식 홍삼 무역량 이외에 홍삼 무역량을 늘리고 거기서 더 거두는 세금을 진무영에 배정하는 방식을 택했다.[2] 그러므로 대원군의 무기 개발과 서구 과학기술 도입에도 포삼세가 투입되었음은 묻지 않아도 알 수 있다. 물론 이때 만든 서양식 군함은 실패했던 것으로 보인다. 하지만 방향은 옳았고, 서양 군함을 보유하기 위한 노력은 1900년대까지 지속되었다.

흥선대원군. 그에 대한 평가는 견해에 따라 다르지만, 그가 19세기 세도정권의 고식책에 안주하지 않고 국가적·사회적 문제점에 대한 해결 방안을 모색했던 정치가였다는 평가는 인정받고 있다. 하지만 대원군의 개혁에는 막대한 재정적 뒷받침이 필요했다. 대원군은 그 돌파구를 홍삼 무역에서 거두는 포삼세에서 찾았다. 홍삼과 홍삼 무역이 부국강병을 위한 추진력이 되고 있었던 것이다.

개항기 서구 국가와의 조약과 홍삼 무역

1876년 강화도조약으로 조선은 세계 자본주의

시장에 편입되었다. 그러나 개항 이후에도 홍삼은 조선 정부가 은화를 확보할 수 있는 특별한 무역상품이었으며, 포삼세는 국가 재정에서 매우 중요한 비중을 차지했다. 그 대표적인 예를 조선이 서구 열강과 맺은 근대 국제협약 중 홍삼 무역 규정에서 찾을 수 있다. 홍삼 무역에 있어서만큼은 국제협약에 의한 수출입 상품과 그에 대한 관세 적용이 차별적이고 불평등했기 때문이다.[3]

1882년 조선은 서구 국가로는 처음으로 미국과 조미수호통상조약을 체결했다. 〈조미조약〉은 조선의 독립을 인정하고 거중 조정과 관세자주권을 명시한 조약으로, 수출관세는 일반품은 10퍼센트 이하, 사치품과 기호품은 30퍼센트 이하, 토산품은 5퍼센트를 초과할 수 없다고 규정했다. 그러나 홍삼 무역에 관한 규정은 달랐다.

대大 조선국과 대 아메리카합중국[大亞美理駕合衆國]은 상호 인민 간의 영원한 친선 우호관계를 수립하기를 충심으로 원하며 …… 조문을 협정한다. …… 제8관 조선국은 오래전부터 홍삼 수출을 금하여 왔으므로 만약 미국인 중에 수출하기 위하여 밀매하여 수출할 경우에는 이를 몰수하고 위반자는 처벌한다《고종실록》 권19 고종 19년(1882) 4월 6일).

홍삼의 미국 수출을 금지하며, 미국인이 몰래 사서 해외로 나가면 몰수하고 처벌한다는 내용이다. 반면에 조미조약에는 미국산 인삼의 수입과 관세 규정은 없었다. 19세기 미국은 중국 시장의 미국산 인삼 무역에 큰 비중을 두었지만, 조선에 대한 수입은 명문화하지 않았다.

1883년 영국과의 통상조약에서도 홍삼은 여전히 수출 허가 품목이 아니었다. 다만 홍삼, 백삼, 정제삼蔘下揀淨蔘(clarified), 미삼鬚蔘(crude)이 20퍼센트 수입 관세 화물로 포함되어 조선에 반입될 수 있었다. 홍삼 수출금지는 조선의 요구가, 인삼 수입 허용은 영국의 요구가 반영된 것이다. 이는 독일·이탈리아·프랑스·오스트리아·러시아 등 유럽 국가와의 협약에도 동일하게 적용되었다. 이처럼 국제협약상 조선의 홍삼 수출입 규정은 평등하고 호혜적이지 않았다. 홍삼 이외의 조선 토산품의 수출관세가 5퍼센트에 불과했다는 점까지 고려하면 더욱 그렇다.

조선이 서구 국가에 대해 홍삼 수출은 금지하고, 인삼 수입은 허용하는 불평등한 조약을 맺은 이유는 무엇일까. 조선 정부가 홍삼을 관리 통제 가능한 범주에 두고, 국가 재정·왕실 재정·국왕의 비자금 마련 등으로 활용하려 했기 때문으로 보인다.

개항기 중국과의
홍삼 무역 변화

새로운 국제질서와 통상정책 속에서 조선 정부는 홍삼 교역에 있어서만큼은 전통적인 조공체제와 근대적인 조약체제의 중층성을 띤 정책을 취했다. 이로써 홍삼 무역은 여전히 중국과의 사행 무역이 큰 비중을 이루었다.[4]

이런 가운데 1881년(고종 18) 반포된 포삼이정절목包蔘釐正節目은 인삼 세액의 조정과 배정에서 이전과는 확연히 다른 정책의 전환점이었다. 〈이정절목〉의 골자는 첫째, 공식적인 홍삼 무역량을 2만 200근에서 2만 5,200근으로 늘리고 이에 대한 기존의 세금을 소폭 줄이는 대신 이른바 '포삼은세包蔘銀稅'를 신설하여 정부의 은화 수입을 대폭 늘리는 것이다. 둘째, 종래 사역권과 호조에 배정했던 포삼세 중 호조의 몫을 국왕의 진위군인 무위소에 집중 배정하는 것이었다. 무위소는 포삼세 전체의 80퍼센트 정도를 배정받았는데, 이전에는 강화도 진무영으로 들어가던 것이었다.

무위소는 흥선대원군이 물러나고 고종이 친정을 펼치기 시작한 1874년에 궁궐 숙위를 강화하기 위해 설치한 기구로, 훈련도감·금위영·어영청의 병사 중 용맹하고 강건한 자 984명을 차출하여 충당하고 급여와 처우를 높여 주었다. 무위소는 북한산성을 관리하던 경리청經理廳도 관할했으며, 1881년 창설된 신식 군대 별기군도 무위소 소속이었다.

무위소는 군사업무 외에 도성의 하천 준설과 주전 사업도 관장했다. 특히 눈여겨볼 대목은 1881년 포삼이정절목도 무위소에서 작성 반포했다는 사실이다. 그해 11월 무위소는 무위영으로 승격 개편되었다. 결국 고종이 무위소에 포삼세를 집중 배정한 이유는 친위군 증강과 별기군 창설 및 외국인 고용 등에 따른 재원을 확보하기 위해서였다. 반면 국방의 요새였던 진무영의 전투력과 군사들의 사기는 상대적으로 저하될 수밖에 없었다.

이러한 흐름 속에서 1882년(고종 19) 조선은 중국과 조청상민수륙무역장정朝淸商民水陸貿易章程을 체결했다. 〈조청무역장정〉은 근대적 협약의 형식을 띠고 있었지만, 조선의 속방 지위를 명문화하고, 불평등을 공식화했으며, 한성개잔漢城開棧과 내지 무역 등 배타적 특권을 규정하여 청이 경제적으로 침탈할 수 있는 기반을 마련했다.

홍삼은 관례대로 조선 상민이 중국 땅에 가지고 들어가는 것을 허락하고 관세는 15퍼센트를 부과하기로 했다. 하지만 이것이 조선의 수출과 청의 수입에 모두 적용되었는지는 분명하지 않다.

홍삼 무역에 중국 측의 수입 관세가 분명히 정리된 것은 1883년(고종

20) 봉천여조선변민교역장정이었다. 〈봉천장정〉은 1883년 조선 서북경략사 어윤중과 봉천전영익장 진본식 간에 맺어진 것으로 국가 간 협약의 성격을 띠고 있었다.

〈봉천장정〉에 따라 청으로 수출하는 조선 홍삼에는 15퍼센트, 기타 물품에는 5퍼센트의 관세가 1884년 중강세관에서 처음 부과되었다. 관세 총액은 과거에 비해 10여 배가 넘는 4만 4,000여 냥으로 이 가운데 포삼세가 차지하는 비중은 50퍼센트를 넘었다.

1884년(고종 21)에는 두만강을 경계로 마주한 조청 간의 변경 무역을 규정한 길림조선상민수시무역장정도 체결되었다. 홍삼 무역과 관련된 조항은 〈봉천장정〉과 대동소이했다. 다만 길림산 인삼의 조선 수출을 허용하고 그에 따른 관세 15퍼센트를 적용한다는 내용이 특이하다.

〈봉천장정〉·〈길림장정〉의 체결과 임오군란 이후 무위영의 해체가 맞물리면서 조선의 홍삼 무역과 포삼세 배분구조는 변화를 겪을 수밖에 없었다. 조선 정부는 1884년 원포삼 2만 200근 중에서 1만 5,000근을 내고 內庫에 주는 것을 정식으로 한다고 결정했다. 당해 홍삼 총 무역량의 무려 74퍼센트 수준이었다. 이 중 홍삼 1만 근은 사역원에 주고 5,000근은 왕실의 재원으로 삼았다. 이는 홍삼세 관리의 주체로 왕실이 개입하는 선례가 되었다. 왕실이 관리하는 홍삼은 '따로 준다'는 의미에서 별부삼別付蔘이라고 불렸다. 중앙 정부에서 인삼 캐는 일을 감독하는 감채관監採官과 홍삼의 불법 거래를 막는 금잠관禁潛官을 송도에 파견하여 인삼 산업 전반을 감독하도록 했다.

고종의 이러한 움직임은 청의 수입 관세 15퍼센트가 적용되면서 면세의 이점이 사라지는 상황을 해결하고 왕실 재정을 확보하여 왕권을 강화하고 비자금을 조성하기 위해 내린 결정이었다. 물론 조선 정부는 중국의 번방임을 자처하여 감세 혹은 면세를 지속적으로 제기했다. 그 결과 1885년(고종 22)에는 관세를 10퍼센트로 인하하고, 1888년에는 완전 면제를 이끌어 냈다. 추가로 조선 정부는 항구 수출을 철저히 금지하는 정책을 강화하여 홍삼 무역을 중앙 정부의 통제하에 두려고 했다.

1880년대 조선 정부는 홍삼의 항구 수출을 금지하고 육로를 통한 대청 수출이라는 원칙을 내세웠다. 고종이 홍삼 무역의 이익을 극대화하고, 무역대금을 보다 자유롭게 활용하고, 왕실 재정에 편입하는 데 편리했기 때문이다. 반대로 육로 관세와 해관세 수입의 증가, 산업의 장려, 국가와 민생의 도모를 통해 부국강병을 이루려는 정책과는 관련성이 떨어졌다.

1885년 중국으로 건너가 상하이와 홍콩을 오가던 민영익이 홍콩의 프랑스 은행에 홍삼을 판매한 고종의 돈 80만 원을 예금했다는 기록은 고종의 비자금 조성과 홍삼과의 관련성을 보여 준다. 1887년(고종 24)에는 군기軍器를 구입하기 위해 톈진과 상하이로 홍삼 1만 5,000근을 수출하기도 했으며, 1888(고종 25)년에는 홍삼을 구입한 청상 유증상호裕增祥號의 손조길이 고종이 상하이로 밀수출한 홍삼 2,600근으로 손실을 입었다고 소송을 제기하는 사건도 일어났다. 홍삼이 군비와 왕실 재정 그리고 국왕의 비자금 형성에까지 연결되고 있었던 것이다.

1894년 갑오개혁 때 군국기무처는 내고용內庫用 홍삼을 없애고 홍삼 관리권을 탁지아문으로 옮겨 관리하도록 했다. 조선시대 사역원 재정과 별도의 재원 확보로 이원화되어 있던 홍삼세 관리를 재정기관으로 완전히 귀속시킨 것이다.

02

대한제국 광무개혁
성패의 변수, 홍삼

갑오개혁과
홍삼세 쟁탈전

1894년 동학농민운동의 소용돌이 속에서 갑오개혁이 추진되었다. 이 과정에서 포삼세를 차지하려는 각 권력기구 사이의 신경전이 가시화되었다. 갑오개혁을 이끈 군국기무처는 정치제도를 개편하면서 의정부와 궁내부 관제안을 제정했다. 국왕의 전통적인 인사권·재정권·군사권의 권한을 축소하고, 의정부에 내무·외무·탁지·군무·법무·학무·공무·농상 등 8아문을 분속시켜 각 아문으로 권력을 집중하려 했다. 이를 위해 기존 왕실의 내고용 홍삼을 없애고 재정기구인 탁지부에 홍삼 관리권을 이속했다.

탁지아문은 포삼공사包蔘公司를 설치하고 포삼규칙을 마련하여 수삼을 캐고 홍삼을 제조하는 사무를 관리하게 했다. 그런데 1895년 3월 농상공부 관제가 정비되자 탁지부의 반발에도 불구하고 농상공부가 인삼 재배와 홍삼 제조에 관한 업무를 담당하고, 탁지부는 이와 관련된 세금 징수와 세무 관리 감독에 관한 업무만 맡게 되었다. 농상공부가 삼업을, 탁지부가 삼정을 각각 분리하여 맡게 한 것이다.

이때 반포된 포삼규칙과 그 개정 법안의 주요 내용을 살펴보면, 홍삼 100근을 포삼 1포라고 했다. 포삼세는 1근에 10원이었다. 1895년 당시 지은地銀 1냥의 단가가 1원 50전이었으므로, 은화 약 6.6냥 정도였다. 아

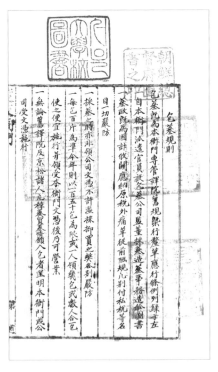

포삼규칙 중 일부. 1894년 갑오개혁 때 사역원이 폐지되어
삼포 경영이 탁지부로 이관되자 포삼공사를 설치하면서 만든 장정이다. (02)

울러 홍삼 100근에 미삼 20근씩을 따로 쪄서 무역할 수 있었다. 밭에서 수삼을 캘 때 삼포주인 이름 밑에 차수次數를 적어 매 차에 동전 1냥을 징수했다. 이것이 이른바 수삼차세水蔘次稅인데 같은 물종에 중복과세하는 것이라 하여 저항이 심했다. 이 밖에 증빙 표지標紙, 삼백작蔘白斫 등의 세금도 있었다.

1895년 청일전쟁이 압록강 너머로 확산되자 홍삼 수출 길도 변화했다. 의주를 통하는 육로가 사실상 막히면서 해로를 거쳐 중국 산둥성 북동부의 옌타이로 운송되었다. 옌타이는 1858년 톈진조약으로 개항하여 이미 중계무역항으로 번영하고 있었다. 여기서 고려홍삼은 다시 상하이 등지로 퍼져 나갔다.

내장원, 홍삼 관리의
주체가 되다

1895년 청일전쟁에서 일본이 승리했다. 일본은 조선에서의 우월적 지위를 인정받았고 청으로부터 랴오둥반도를 할양받아 대륙 침략의 발판을 거머쥐는 듯했다. 그러나 일본의 독주를 우려한 러시아·프랑스·독일의 '삼국간섭'으로 일본은 랴오둥반도를 청에 반환하게 되었다. 이 과정에서 조선에서는 친러배일 움직임이 확산되었다. 러시아를 비롯한 서구 열강의 공사관이 밀집해 있던 서울 정동이 정치의 중심지로 떠오르기 시작했다.

러시아 공사 베베르의 활약으로 조선에 친러·친미적인 정치세력이 성장하자 일본은 심각한 위협을 느꼈다. 이에 1895년 음력 8월 20일 일본 공사 미우라 고로는 작전명 '여우사냥'을 감행하여 명성왕후를 시해하는 을미사변을 저질렀다. 그 결과 일본은 다시 친일내각을 세우고 단발령을 포함한 급진적 개혁을 재개했다. 하지만 명성왕후 시해에 분노한 백성의 반일감정은 하늘을 찔렀고 의병이 전국적으로 일어났다. 의병 진압을 위해 수도 경비에 공백이 생기자, 이 틈을 이용해 친러파는 일본에 대한 불안감을 떨치지 못하던 고종을 정동에 있는 러시아 공사관으로 들어가도록 했다. 아관파천이라 불리는 역사적 사건이 일어난 것이다.

1896년 고종은 친일파를 정리하고 점차 정국의 주도권을 장악하기 시작했다. 아울러 홍삼 제조와 무역에 깊은 관심을 보였다. 고종은 그해 9월 왕실의 궁내부에 개성부의 삼포 사무를 부속시키고 이용익李容翊을 개성 삼정감리蔘政監理에 임명하여 홍삼을 제조하게 했다. 개성부 삼포에 대한 감시가 더욱더 철저하게 시행되었고 개인적인 인삼 채취, 홍삼 제조 및 판매가 금지되었다. 왕실이 제조하여 판매하는 홍삼은 사실상 면세였다. 때문에 그해 탁지부가 거둔 포삼세는 2만 1,000원 정도에 불과했다. 1만 5,000근에 포삼세 10원씩을 거두면 산술적으로 15만 원의 수입이 기대되었으므로, 탁지부에게는 심각한 타격이 아닐 수 없었다.

이런 상황에서 정부의 대외의존적 자세와 경제적 이권의 할양에 대한 비판적 여론이 높아지고 정부 대신과 각계 요로의 환궁 요청이 커지자, 1897년 2월 고종은 경복궁이 아닌 현재의 덕수궁으로 환궁했다. 이후 고종은 독립협회의 건의를 받아들여 그해 10월 12일 환구단에서 황제 즉위식을 가졌다. 고종은 국호를 대한大韓, 연호를 광무光武라 고치고 대한제국을 대내외에 선포했다. 더불어 광무개혁이라 불리는 고종 방식의 근대 개혁정치가 시작된다.

광무개혁은 '옛것을 근본으로 삼고 새로운 것을 참고한다'는 구본신참舊本新參을 지향했다. 복고주의적 인상을 풍기지만 근대적 개혁성이 결여

된 것은 아니었다. 다만 황제권 강화의 측면은 두드러지게 나타났는데, 홍삼정책도 이러한 기조 위에 있었다. 고종은 삼업은 농상공부, 삼정은 탁지부가 주관하되 궁내부가 이를 전관토록 지시했다. 이 명령은 1897년 7월 15일 관보를 통해 공표되었다. 이로써 삼정에 관한 모든 관리권이 궁내부로 이관되어 내장사內藏司가 관리하게 되었고 내장사가 이전에 거두었던 액수만큼의 포삼세를 탁지부로 넘겨주었다.

1898년 6월에는 궁내부 내장사 업무에 삼정이 추가되었다. 이용익이 내장사장으로 삼정감독을 겸임했고 삼정감리 사무와 삼정경찰위원 사무에는 각각 이최영과 박교원이 임명되어 삼정 업무를 위한 제도적 기반이 마련되었다. 그해 가을 내장사장 이용익은 국왕의 특지를 가지고 개성에 내려가 홍삼 생산을 장악하려 했다. 하지만 이용익이 피신해야 할 정도로 개성 사람들의 저항은 격심했다. 개성의 삼포 주인들은 삼업을 포기하고 자신들이 가지고 있던 인삼 종자를 불태워 버리기도 했다. 그럼에도 이용익은 1899년 8월 내장사 명칭을 내장원으로 바꾼 후 10월 내장원 내에 삼정과蔘政課를 만들고 내장원경이 포삼을 관리하도록 했다. 이용익은 서울의 진위대를 개성에 파견하여 군대의 보호 아래 개성에서 홍삼 제조를 마쳤다.[5]

고종의 내장원 삼정 장악 조치는 정부 재정보다 황실 재정을 더욱 확대하는 결과를 가져옴으로써 부정적인 평가를 받기도 한다.[6] 하지만 내장원의 삼정 관리는 개항 이후 엄청난 자본력을 바탕으로 한국 인삼업에 침투해 오던 일본의 기세를 꺾고 인삼 산업을 보호했다는 점에서 긍정적으로 평가되기도 한다.[7]

내장원의 홍삼정책과
홍삼세

1897년 10월 12일 새벽 2시, 수만 개의 등불이 수도 한양의 밤을 밝힌 가운데 천신에 대한 제사가 환구단에서 치러졌다. 대한제국 황제 고종의 즉위식이었다. 대한제국 선포는 자주독립을 지향하는 민관의 움직임이 활발해지면서 이루어졌다. 2년 전인 1895년 왕은 청과의 전통적인 관계를 끝낸다고 선언했다. 1896년에는 최초의 대중신문인 《독립신문》이 발행되고 모금운동을 통해 독립문이 세워졌다. 1897년 러시아 공사관에 머물던 고종이 덕수궁으로 돌아오면서 독립의 열기는 최고조에 달했다. 독립의 내실을 갖추기 위해 군비를 증강하고 근대산업을 보호하고 육성하려는 개혁이 추진되었다. 고종 황제 중심의 광무개혁이 본격화하자 이를 뒷받침할 재원 확보와 재정제도가 성패를 가늠할 필수조건으로 떠올랐다.

대한제국의 재정은 정부와 황실로 구분되어 있었다. 수입과 지출의 규모는 정부 재정이 더 컸다. 그러나 정부 재정은 항상 궁핍하여 경상비 지출조차 어려운 실정이었던 반면 황실 재정은 상당한 여유자금을 축적하고 있었다. 고종은 이용익을 내세워 황실 재정은 물론 정부 재정까지 사실상 장악하고 있었다. 이런 점에서 대한제국 재정 운영의 특징과 성격은 황실 재정을 살펴야 정확히 파악할 수 있다.

대한제국 황실 수입은 크게 두 가지로 나뉜다. 하나는 정부 재정으로부터 들어오는 황실비이고, 다른 하나는 황실 재산과 소속 재원에서 들어오는 수입이다. 황실비는 궁내부 경비와 관리들의 인건비, 제향비 등으로 책정된 예산인데 넉넉지 않았고, 회계원會計院에서 담당했다. 대부분의 황실 재정은 황실 재산과 소속 재원에서 거두는 수입이었는데, 이는 내장원이 담당했다. 내장원은 궁내부 소속 기구이지만 운영은 완전히 분리되어 있었다.

내장원은 1895년 11월 내장사로 시작하여 1899년 8월 내장원이 되었고, 1905년에 경리원經理院으로 이름을 바꾸었다. 이후 1907년 경리원이 해체되면서 부동산은 국유화되었고 동산 중 인삼세, 광산세 등 20여 종의 세원은 탁지부와 농상공부로 이관되었다. 염세, 수산세 등 7종의 세금과 식리전은 폐지되었다. 일본의 조선 강점 과정에서 황실은 재산의 대부분을 일제에 빼앗겼다.

내장원의 재정구조를 연구한 결과에 따르면, 1900년과 1904년 내장원 전체 수입은 각각 그 이전에 비해 크게 증가하고 수입 항목도 변화했다. 1900년부터 황실 재정이 확대되는 양상이 분명히 나타난 것이다. 1899년까지 내장원 수입은 10만 냥 정도에 불과했고, 수입 항목도 내장원 직할 토지에서 징수한 지대 수입 정도였다. 그러나 1900년에는 총 수입액이 30만 냥으로 증가하고 역둔토 지대 수입·인삼세·어세·염세·선세·해세·포사세庖肆稅·식리전 등 각종 명목의 잡세가 내장원 수입으로 들어왔다.

이 가운데 관심을 끄는 것은 홍삼 전매·광산 경영·사기 제조·직조 사업 등 내장원이 직영한 사업이다. 그중에서도 가장 규모가 컸던 것이 홍삼 전매 사업이었다. 1899년 12월 고종은 내장원 산하에 삼정과를 설치하고 홍삼 전매 사업을 본격적으로 추진하면서 이용익을 삼정감독에 임명했다. 이용익은 수시로 서울과 개성을 오가며 홍삼 전매 사업을 주관했다.

또한 이용익은 1899년 11월 삼정공세사蔘政貢稅社를 관영회사인 삼정사蔘政社로 개편하여 인삼세의 수납과 종삼種蔘·양삼養蔘·증삼蒸蔘 등 홍삼 전매에 관한 모든 영업을 담당했다. 삼정사는 내장원경의 지휘 감독에 따라 각 처의 삼포를 조사하여 지명, 삼포주인의 성명, 햇수에 따른 삼포 칸 수를 파악했으며, 수삼을 매입하고 홍삼 증조를 관할하면서 수삼차세를 징수했다. 내장원은 인삼의 잠채와 강도를 금하기 위해 개성부 순교 20명을 뽑아서 지키게 했는데, 그 비용은 삼정사에서 부담하되 5년근 이상 삼포를 대상으로 분배, 징수했다.

이렇게 제조된 홍삼은 대개 중국으로 수출되었다. 내장원이 중국에 직접 판매까지 하기는 어려웠다. 이에 1899년 생산된 홍삼 2만 8,000근을 1900년 4월 일화 103만 엔에 독일계 세창양행에 매도한 것을 시작으로, 한국에 진출해 있는 외국 회사들과 위탁계약을 체결하여 상하이 등지로 반출했다. 일본 미쓰이물산과 프랑스계 용동회사Rondon(大昌洋行)와도 계약을 맺고 홍삼을 매도하여 상하이로 수출했다.

그럼 홍삼 무역은 내장원의 수입에서 어느 정도의 비중을 차지했을까? 내장원의 가장 크고 안정적인 수입원은 역시 황실 소유의 토지와 역둔토에서 거두는 지대 수입이었다. 이를 제외하면 홍삼 전매, 인삼세, 상회사, 여각·포구 주인세, 포사세, 식리전 등이 주목된다.[8]

우선 삼정蔘政 세입은 홍삼 전매 수입과 인삼세로 구분해서 살펴볼 필요가 있다. 홍삼 전매 수입은 공식 수출 인삼 단위, 즉 홍삼 100근을 포장

⟨표⟩ 내장원의 주요 세입(단위: 냥)

연도	지대	홍삼전매	인삼세	광산	상회사	여객포구 주인	포사세	식리전
1901	1,033,087	65,735	13,363		32,600	7,465	305,338	110,191
1902	1,896,826	3,335,000	16,316	1,500	40,029	214,870	115,164	84,719
1903	5,173,163		34,573	2,999	57,436	5,610	130,678	75,301
1904	3,180,505		1,189	12,666	38,888	135,862	94,614	36,088

*출처: 이윤상, 〈대한제국기 내장원의 황실재정 운영〉, 《한국문화》 17, 1995, 230~231쪽 참조.

4

한 포삼 1포에서 거두는 포삼세이고, 인삼세는 삼포세와 수삼차세 및 기타 부가세를 말한다. 삼포세는 인삼을 재배하는 삼포에 부과하는 세목이며 수삼차세는 수삼을 채취할 때 매차每次에 부과하는 세목이었다.

〈표〉를 보면 홍삼 전매 수입은 1902년 무려 330만 냥을 넘어 지대 수입에 비해 약 1.7배나 더 많았다. 인삼세 역시 매년 증가하는 추세였다. 이상한 점은 1903년과 1904년에는 홍삼 전매 수입에 대한 기록이 없다는 것이다. 이는 홍삼 판매에 따른 수입을 다른 재원과 상계했기 때문으로 보인다. 즉 1904년 이용익이 실각한 이후 내장원은 1902년 홍삼 위탁판매를 맡은 프랑스 용동회사에 판매대금을 지급할 것을 요구했다. 그러나 용동회사는 "기계 구입비로 지폐 100만 원을 이미 상계했다"면서 지불하지 않았다. 이 무렵 내장원경 이용익은 안남미 도입(1903. 6), 총기류 구입(1903. 4), 평양 탄광 경영(1903. 1. 22), 서울—개성 철로 구입(1903. 5), 자기창 기계 구입(1903. 12) 등 여러 계약을 용동회사와 맺고 있었다. 이러한 사업에 포삼세가 결제대금으로 쓰였던 것으로 추정된다. 이용익의 감독 아래 홍삼이 개성 삼정과에서 관리되면서 내장원 회계 장부에는 기록되지 않았던 듯하다. 포삼세는 내장원 회계 장부에 보이는 것보다 보이지 않는 수입이 더 많았던 것이다. 그러한 수입은 고종 황제의 군비 증강, 상공업 진흥, 전차·전기·철도 등 근대시설 도입과 같은 광무개혁을 이끈 재원으로 활용되었다.

03
내장원의 홍삼정책,
어떻게 평가해야 하나

홍삼 수출을 확대하라,
《황성신문》

1902년 봄 《황성신문》은 논설에서 홍삼 생산을 민영화해야 한다고 주장했다. 민간이 자유롭게 홍삼을 만들어 판매하고 정부는 세금만 거두는 방식으로 전환해야 한다는 것이었다.

무릇 홍삼의 이익을 넓혀야 한다는 주장은 이미 우리 신문에서 여러 번 주장한 바 있다. 대개 홍삼이 생산된 것은 불과 100여 년이오, 민간 여인네의 지혜로부터 처음 시작된 것이다. 하지만 지금은 홍삼이 천하에 알려지고 그 물건이 수출의 제일 물건이 되어 국가의 거대한 이익의 원천이 되었다. 만약 그 이익의 원천을 넓히고 늘리면 온나라에 끝이 없는 부유한 창고를 얻을 것이다. 그러나 지금 그 폐단이 하나둘이 아니니 적은 이익을 얻으려고 욕심을 부리다가 큰 이익을 잃을 것이다. 어찌 슬프지 않겠는가!(《황성신문》 광무 6년 4월 3일)

이어 논설은 인삼이 조선 전국 각지에서 생산된다고 지적했다. "하나는 영삼嶺蔘이다. 영남의 종자는 풍기·순흥·영주·경주·성주 등 여러 고을의 인삼 재배에 맞지 않은 땅이 없다. 다음은 금삼錦蔘이다. 호남의 금산·진안·무주·고산 등의 여러 군이 모두 인삼 생산에 적당한데 총칭하여 금삼이라 한다. 그다음 경기 용인에서 심은 것을 용삼龍蔘이라 하고 관동의 여러 협곡에서 나는 것을 강직江直이라 한다." 그러니 국내 약재의 수요만 생각해서 수삼水蔘·곡삼曲蔘·직삼直蔘 등의 명칭에 구애될 필요가

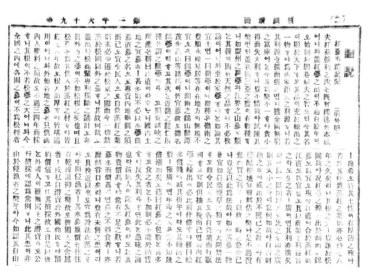

《황성신문》의 홍삼사적기문紅蔘事蹟記聞 논설은
1902년 4월 2일과 3일에 걸쳐 연재되었다. (03)

없다고 주장했다.

이어 지금은 "개성 삼포 이외의 인삼으로 홍삼을 만드는 일을 일절 금지하니 그 이유가 무엇인가?"라고 되묻고, 이는 개성상인들이 이익을 독점하려는 계략이라고 진단한다. "호남의 금삼이든 관동의 강직이든 땅의 성질이 인삼에 들어맞기 때문에 모두 7~8년이 지나면 개성 삼포에서 생산되는 홍삼의 재료가 될 수 있다. 상업상의 이익으로 따지더라도 생산되는 것이 많으면 그 이익 또한 커질 것이니 개성 한 지역과 전국의 넓이를 비교하면 그 이익의 크고 작음은 당연한 것이다."

따라서 만약 지금 홍삼 제조를 개성으로 제한하는 법을 풀고 백성들이 각자 영업하여 팔게 하되 정부는 단지 그 세금만 받으면 국내 홍삼 수출이 반드시 그 이전에 비해 열 배는 늘어날 것이라고 했다. 그리고 이 논설에 제기될 반론에 대한 해답도 내놓았다.

비록 수출이 늘어나 홍삼 가격이 떨어져 값이 절반으로 준다고 해도 그 수출을 최대로 늘리면 해마다의 세입은 마땅히 몇 배가 늘어날지 모를 것이다. 홍삼의 포수는 아주 많은데 먹는 사람은 늘지 않을 것이니 반드시 모두 팔지 못하게 되어 도리어 그 이익을 잃을 것이라고 말한다면 이는 우매한 논리인 것이다. 청나라 사람이 홍삼을 아주 좋아하는데 그 물건이 귀하고 값이 비싸서 항상 넉넉하지 못하다고 탄식하니 만약 홍삼 수출량이 많아 값이 떨어진다면 이전에 사 먹지 못하던 자가 도리어 맛을 보지 않는 자가 없을 것이니 어찌 팔리지 않을 걱정이 있으리오(《황성신문》 광무 6년 4월 3일).

《황성신문》은 단순히 홍삼의 관영화를 반대하고 민영화를 주장한 것처럼 보인다. 그러나 이 주장에는 민영화가 당시 외국인의 삼포 매입을 통한 이권 침탈을 극복하는 방법이라는 인식이 깔려 있었다.

> 근래 정부에서 법을 만들어 홍삼을 쪄서 만드니, 중간에서 백성을 괴롭히는 자들이 그 수삼의 원가를 돈으로 주지 않고 **빼앗거나** 억누르는 폐단이 자주 일어나고 있다. 까닭에 저 삼포주인이 캐 낸 인삼을 사사로이 외국 상인에게 몰래 팔아넘기기로 하고 멋대로 모여 인삼을 채굴한다. 지금 이후부터는 외국인이 비록 삼포주인과 몰래 매매했더라도 공식적인 인삼 채굴에는 반드시 정해진 규정을 따르도록 해야 한다. …… 지금 만약 자유롭게 홍삼 제조와 매매를 인정한다면 이익의 원천은 날로 넓어지고 백성들은 즐거워 쫓지 않을 사람이 없고 또한 몰래 만들고 캐 내는 걱정이 없을 것이니 그 이해의 득실이 분명하고 명백하게 드러나지 않겠는가!(《황성신문》 광무 6년 4월 3일)

《황성신문》은 내장원이 수삼 수매와 홍삼 제조에 대한 전매권을 갖고 운영한다는 점, 개성 지역 삼포가 인삼 수매와 홍삼 증포의 우선 대상지라서 다른 지역이 피해를 보고 있다는 점, 이 때문에 외국인에게 삼포를 통째로 넘기거나 인삼을 밀매하는 현상이 빚어지고 있다는 점을 꼬집어 비판한 것이다. 《황성신문》은 내장원경 이용익과 사이가 좋지 않았다. 심지어 남궁억은 독립협회 시절에 이용익을 물리칠 것을 강력히 주장했고, 황성신문사 사장이 되었을 때는 주필인 장지연과 함께 이용익과 관련된 이들은 신문에 단 한 줄도 싣지 말자고 논의했을 정도였다.

하지만 내장원의 홍삼 전매는 당시 시대적 맥락 속에서 평가해야 한다는 주장이 제기되기도 한다. 이용익에 대한 세간의 평가와 내장원의 인삼

정책을 좀 더 자세히 살펴봐야 하는 이유이다.

내장원경 이용익에 대한
엇갈리는 평가 1

　　　　　　함경북도 명천에서 서민의 아들로 태어난 이용익은 보부상으로 돈을 모았고, 함경남도 단천 금광에 투자하여 거부가 되었다. 이후 큰 뜻을 품고 한양에 올라와 민영익의 집에 기거하면서 금광에 대한 정보를 제공했다. 1882년 임오군란 때에는 충주로 피신한 민비와 민영익 사이를 발 빠르게 오가며 비밀연락을 담당했다. 이 일로 민영익의 천거를 받아 고종의 신임을 얻었고 출셋길에 올랐다.

　이에 대해 정교는 《대한계년사》에서 다음과 같이 적고 있다.[9]

**이용익 초상. 이용익은 탁지부대신과 내장원경 등을 거치면서
고종의 근대 개혁정책에 깊이 연관되어 있었던 인물이다. (04)**

이용익은 본래 북쪽 두메의 천인으로 낫 놓고 기역 자도 몰랐으며 성질이 탐욕스럽고 비루했다. 그런데 발걸음이 빨라 하루에 수삼백 리를 갈 수 있었다. 민씨 왕후가 충주로 숨었을 때 이용익은 날마다 서울과 충주를 왕래하며 임금과 민씨 왕후의 소식을 몰래 전해 주었다. 왕후의 행차가 돌아왔을 때 드디어 신임을 얻어서 등용되었고 여러 번 승진하여 남병사南兵使에 이르렀다가 이때(1888년 10월) 쫓겨난 것이다(《대한계년사》 1888년 겨울 10월).

남병사는 함경도 북청에 있는 병마절도사로서 무관 종2품이었다. 초고속 승진하던 이용익은 이때 잠시 전라도 영광군으로 유배되었다. 백성들의 소요 때문이었다. 그러나 이용익은 고종 황제의 각별한 총애를 받았다. 이 때문에 입헌군주제를 지향하던 독립협회와 갈등의 골이 깊었고, 1898년 8월에는 독립협회에 의해 고등재판소에 고발당하기도 했다.[10]

위의 피고 이용익은 전일에 함경도 병사로 있을 때 백성들의 소요가 두 번 일어났습니다. 전의 잘못된 습관을 뉘우치지 않고 금광을 마구 개발하여 백성에게 해독을 끼쳤습니다. 인삼밭을 강제로 빼앗고 세금을 더 받아 원망하는 소리가 길에 가득했습니다. 화폐를 주조함에 본위화폐를 주조하지 않아 국법을 어겼습니다. 귀양 갈 죄를 범하고도 버젓이 서울에 머물면서 풀려나기를 꾀했습니다. …… 이에 고발합니다(《대한계년사》 1898년 8월 5일).

고등재판소 재판장 신기선은 이용익의 고발과 관련하여 어디서, 어떻게, 무엇을 했기 때문에 고발했는지 소상히 기록하여 다시 고발하라고 했다. 이에 독립협회 회원들이 다시 고등재판소에 고발장을 제출했는데, 여기에 그의 인삼정책에 대한 비판이 자세히 적혀 있다.[11]

강원도 인제군 백성의 인삼밭 7백 칸과 회양군 백성의 인삼밭 80칸을 빼앗아 그가 거주하는 홍천에 옮겨 심고 이름하기를 국포國圃라 했습니다. 또 강원도 백성들로부터 인삼을 몰래 판 돈을 억지로 뺏은 것이 엽전으로 4천 5백 냥이 되었습니다. 또 강원도에서 인삼세를 처음으로 만들었습니다. 병신년(1896) 8월 이용익은 개성 삼정감리로서, 개성부 백성의 인삼밭의 값을 후려쳐 어거지로 샀습니다. 까닭에 인삼 농사를 짓는 백성이 떼 지어 일어나 원망하며 떠들어 댔으며 이용익은 이에 도망하여 피했습니다. 정유년(1897) 11월 이용익은 개성 삼정감독이 되어 개성부 백성들이 사고파는 것을 엄히 금했으며 올해 4월에도 그랬습니다. '만약 파는 자가 있으면 국가에 귀속시키겠다'고 했습니다. 까닭에 인삼 농사를 짓는 백성 1백여 명이 궁내부에 고소장을 바쳤는데 지금까지 결정이 아직도 내려오지 않았습니다(《대한계년사》 1898년 8월 6일).

이 일로 이용익은 사법 당국의 눈을 피해 숨어다녔지만, 1899년 1월 체포령이 해제되었고, 같은 해 3월에는 궁내부 삼정과 광산감독의 자리에, 4월에는 전환국장에 임명되었다. 그리고 1900년 11월 21일에는 내장원경, 11월 28일에는 탁지부협판이 되었다. 당시 이용익이 "내장원을 자기 사저에 두고 황실의 재정과 부세를 전적으로 책임지고 맡아서 관리하며 가혹한 세금 징수를 일삼으니 백성들은 매우 원망하며 괴로워했다"고 한다.

그런데 1901년에 큰 흉년이 들었다. 경기도, 황해도, 충청남도, 충청북도, 경상남도, 경상북도가 더욱 심했다. 날씨가 가물어 쌀값이 날로 치솟자 서울에서는 돈을 가지고도 굶는 사람들이 줄을 이었다. 이에 정부에서는 각 공관에 조회하여 항구에 쌓인 미곡을 수출하지 못하게 하는 한편 탁지부협판 이용익에게 베트남에서 생산되는 안남미를 구입해 오도록 했다. 이용익은 고종의 명을 받고 상하이로 가서 안남미 10만 석을 수입해 왔다. 이를 두고 정교는《대한계년사》에서 "값은 비록 쌌지만 맛이 나쁘고 쉬 배가 고팠다"고 했다. 반면 황현은《매천야록》에서 "그 안남미가 인천항에 들어온 후 기호 지방 백성들은 그의 덕을 입었다"고 평가했다.

전국 규모의 기근을 위해 도입한 안남미의 수입 자금은 어디서 나왔을까? 고종의 명을 받들어 이용익이 직접 관여했으므로 내장원 자금에서 나왔을 것이다. 불시에 많은 자금을 사용해도 내장원 운영에 큰 타격을 주지 않는 자금, 내장원경 이용익의 재량이 충분히 영향력을 발휘할 수 있는 자금, 즉 내장원 수입 중 홍삼세, 광산세 등 새롭게 축적된 재원이 활용되었을 가능성이 크다.

내장원경 이용익에 대한 엇갈리는 평가 2

이용익은 암살의 위협을 받으면서도 1903년에는 육군 참장과 헌병사령관, 1904년에는 내장원경 겸 군부대신으로 활약했다. 러시아 국적을 소유하고 있는 무뢰배라는 평을 받기도 했을 정도로 러시아와 밀접한 관계여서 러일전쟁 중에는 일본인들에게 체포되어 일본으로 압송되었다가 되돌아오기도 했다.

이용익은 1904년 한일의정서가 체결되고 일본의 조선 식민지화가 본격화되자 고종에게 은밀히 프랑스의 도움을 받자고 설득해 황제에게 활동자금 30만 원을 얻었다. 그리고 9월 프랑스 공사관에서 발급한 여권을 가지고 인천항에서 청나라 돛단배를 타고 몰래 상하이로 출발했으나, 도중에 폭풍을 만나 산둥성 옌타이 항에 이르렀다.

옌타이 항 지역에 주재하는 일본 영사가 이 사실을 알아 내고 즉각 서울의 하야시 곤노스케에게 전보로 알렸다. 의구심이 든 곤노스케는 이용익의 집을 수색해 은화 93만 원을 찾아서 탁지부 고문관 메가타 슈타로에게 넘겨주었다. 문제가 커질 것을 우려한 황제는 이용익을 육군부장에서 면직시켰다. 그때 이용익은 옌타이 항에서 다시 상하이로 갔다가 방향을 바꾸어 싱가포르에 이르렀다. 그리고 프랑스 증기선을 타고 파리로 갔다. 이용익의 파리행은 일본의 조선에 대한 외교권 박탈정책을 서두르게 만드는 하나의 계기가 되었다. 프랑스의 도움을 얻어 일본의 침략을 막으려는 의도는 결국 실패했다.

이용익의 죽음에 대해서는 분명하지 않다. 정교는 《대한계년사》에서 러시아로 가서 후일을 도모하다가 1906년 1월 15일 밤, 블라디보스토크에서 암살을 당했다고 한다. 이용익이 두서너 해 전에 러시아로 유학을 갔던 강화 출신의 김현토에게 단도로 11곳을 찔리는 중상을 입고 병원으로 옮긴 지 겨우 30분 만에 사망했다고 한다. 김현토는 러시아 경무청에 붙잡혔으나 얼마 후 석방되었다. 러시아 법정에서는 이용익을 난신적자, 즉 '나라를 어지럽게 하는 신하와 어버이를 해치는 자식'이라 규정하고 비난하는 분위기 일색이었다고 한다.

반면 황현은 이용익이 학교를 많이 설립하고 인재를 양성하여 국권을 회복하기를 바라는 유언을 남기고 병사했다고 적고 있다.[12] 이용익이 황제의 내탕금으로 현 고려대학교 전신인 보성학교를 설립하고 교육을 강조한 점을 고려한 평가로 보인다.

그렇다면 이용익에 대한 이러한 부정적 평가는 진실일까? 역사에 진실은 존재하지 않을지도 모른다. 다만 당시에도 이용익을 전혀 달리 평가하는 기록이 존재했다는 사실에 눈감지는 말아야 할 것이다. 황현은 결코 이용익에 대해 고운 시선을 보내지는 않았다. 그러나 그에 대해서 다음과 같은 평을 남겼다.

이용익은 청렴하고 무슨 일에든 능력이 있었다. 그는 식사를 할 때도 고기를 먹지 않았으며 파손된 도포와 모자를 쓰고 다녔고 노래와 여색을 좋아하지 않았으므로 고종은 그의 청백함과 검소함을 믿었다. 그리고 고종이 언제나 자금을 요청하면 그는 1만 원도 갖다 바치어 좌우의 수족 노릇만 하는 것이 아니었다. 세상 사람들은 그의 살을 도려 먹으려고 했으나 고종은 시종 그를 비호했다(《매천야록》 광무 6년 임인년 11월).

궁내부 고문을 지낸 미국인 샌즈Sands는 이용익의 치부와 뇌물 증여 및 권문세가들과의 대립 형세에 대해 다음과 같이 말한다.[13]

이용익은 실수 없이 모든 문을 열 수 있는 만능열쇠를 가지고 있었다. 그는 작은 금덩어리를 잔뜩 모아 두고 누구의 집엔가 들어갈 일이 있을 때면 먼저 금덩어리가 든 조그만 자루를 들여보냈다. 그러나 금덩어리의 효과가 애매모호할 만한 곳에는 처음부터 아예 보낼 생각을 하지 않았다. 궁과 관계된 많은 인사들에게 그것은 썩 잘 먹혀 들어갔다. 그러나 명문대가들에게는 그것이 안 통했다. 그들은 그를 아주 경멸했다. 그는 모욕을 감수하며 때가 오기만을 기다렸다(샌즈, 김훈 역, 《조선의 마지막 날》).

외국인들은 그를 청렴결백한 인물로 묘사하기도 했다. 샌즈 역시 이용익은 청렴결백한 인물, 즉 돈으로 매수되지 않는 인물이라는 평을 얻고 있다고 했다. 당시 이탈리아 사람으로 대한제국에 와 있던 로세티Rossetti의 이용익에 대한 평도 그러했다.[14]

당파의 구별 없이 내각의 각료를 포함한 정부 관료들의 이용익에 대한 미움은 극에 달했다. 그는 아주 강직하여 자신의 동료나 정부 관료들을 사무적으로 대했으며, 그들의 요청에 의해 국가 예산을 지출할 때도 아주 꼼꼼하고 정확했다. 그는 정말 정직하게 자신의 임무를 수행했다. 왕실의 모든 재정권이 그 자신에게 집중되어 있었음에도 불구하고 그 자신은 개인적으로는 아주 적은 재산조차 심지어는 거주할 집조차 가지지 못했다. 그는 아주 가난했고 이러한 사실이야말로 다른 이들이 미움을 받을 충분한 이유였다(로세티, 윤종태·김운용 역, 《꼬레아 꼬레아니》).

이용익은 당파 구별 없이 극도의 미움과 멸시를 받다가 파리행으로 일본의 보복까지 받아야 했던 것은 아닐까? 황제 고종의 비호가 있었다 하더라도 국내로 되돌아오기는 어려운 상태에서 암살의 대상이 되었거나 삶을 마감한 것은 아닐까? 분명한 것은 이용익이 대한제국 탁지부와 궁내부 내장원의 수장으로서 오랜 기간 홍삼정책의 핵심에 있었기 때문이었다.

04

근대 동아시아 무역 네트워크 속
상인과 홍삼 무역 1

홍삼 러시!
인천 개항장으로 몰려든
홍삼

근대 조약으로 탄생한 개항장 인천·부산·원산 등은 제한된 공간이지만 조선을 세계와 연결하고 새로운 근대 문화를 만들어 간 장소였다. 이곳에서는 조선 상인과 외국 상인의 경쟁과 대립, 협력과 상생의 역동적 활동이 펼쳐졌고, 이 과정에서 우리 근대 문화의 특성이 형성되어 갔다. 인천은 그 중심이었다.

인천 개항장은 한강 물길로 곧바로 수도 한양과 연결되었기에, 정치적·경제적 비중이 남달랐다. 그런데 인천에 개항장이 열리자 홍삼의 무역 루트도 바뀌기 시작했다. 이전에는 서울~개성~평양~의주~압록강을 거쳐, 청의 책문~봉황성을 잇는 사행로가 홍삼 무역 루트였다. 하지만 중국의 관영기업인 윤선輪船 초상국招商局이 글자 그대로 '상인을 불러 모으기' 위해 상하이~옌타이~인천에 정기항로를 열자, 인천은 상하이와 오사카를 잇는 동아시아 상품유통망 속에 편입되었다. 이에 따라 홍삼도 개성에서 인천으로 운반된 뒤 중국의 상하이·옌타이·톈진, 홍콩, 그리고 일본의 오사카·고베 등지로 넘어갔다.

1883년 일본 조계가 설정된 후 인천 개항장에는 청국·영국·독일을 비롯한 서구 열강의 영사관과 각국 공동 조계가 자리 잡았다. 하지만 개항장에 진출한 외국 상인은 역시 일본과 중국의 상인이 많았다. 이들이 수입한 대표적인 상품은 영국제 면포였다. 일본 상인들은 동아시아 물류센터 역할을 한 상하이에서 영국제 면포를 수입한 뒤 조선에 재수출함으로써 조선의 무역을 선점했다.

1880년대 중반부터는 중국 상인이 상하이에서 영국산 면포를 직접 수입해 조선에 팔기 시작했다. 게다가 중국 상인은 1884년 갑신정변 이후 청일전쟁 이전까지 청국 정부의 후원을 받으면서 빠르게 일본 상인의 조선 무역 수입을 따라잡았다. 중국 상인의 급성장에는 조선의 금과 홍삼 수출을 장악했던 이유도 컸다. 조선 최대의 화교자본 회사인 동순태호同順泰號의 설립자 담걸생譚傑生은 이 시기 활동했던 중국 상인 중 대표적인 인물이었다.

인천 개항장과
중국 상인 담걸생의
홍삼 밀수출

　　　　　　　　화상華商은 중국 상인, 화교는 재외중국인을 의
미한다. 우리나라에 화교가 본격 등장한 것은 1882년 임오군란을 겪은
이후, 그해 8월 조청상민수륙무역장정이 체결되면서부터였다. 화상 활동
에 유리한 환경이 조성되자 개항장을 중심으로 화교 이주가 급격하게 늘
어났다.

　　조선 사람들은 화교를 비단장수 왕서방이라고 불렀다. 화교 경쟁력의
바탕이 장사였기 때문이다. 동순태호를 설립한 담걸생(1853~1929)은 그
러한 조선 화교 상인의 대표자였다. 그는 1853년 광둥성에서 태어났다.
20세 즈음 상하이로 진출하여 누이 남편이 세운 동태호同泰號에서 수습

인천 개항장.
1897년경 이사벨라 버드 비숍이 촬영한 인천항 일대의 사진이다. (05)

직원으로 일하면서 해관에서 수출입 관련 업무를 맡았다. 1880년대 초에 인천을 거쳐 서울로 들어와 동순태호를 개설했다. 인천에서 그는 개성상인 손경문상점을 통해 사업을 전개했다. 한성에 동순태호 지점을 낼 때에도 손경문의 동생인 손윤필 등이 운영하는 가게를 이용했다.

담걸생은 임오군란 후 조선에 영향력을 행사하던 위안스카이 등 청측 관료들과 돈독한 관계를 유지하면서 크게 성장했다. 화교 무역상들은 상하이·홍콩·톈진에서 영국산 면포와 서양 잡화, 중국산 비단 및 한약재를 수입, 판매하고 조선에서는 인삼·금·곡물·소가죽·해산물을 구입하여 청에 수출했다. 당시 청은 조선 정부에 압력을 가해 홍삼의 수출세율을 30퍼센트에서 15퍼센트로 인하하여 중국 상인의 사업을 도왔다. 이 과정에서 담걸생도 홍삼 수출과 밀수로 큰 이익을 올렸다. 동순태호는 서울·

《동아일보》 1924년 7월 4일 기사. 조선 사람과 일본 사람을 제치고
수입이 가장 많은 사람은 동순태의 주인 담걸생이라고 소개하고 있다. (06)

인천·개성·전주·군산·해주·강경 등지에 분점을 두는 한편 나가사키·
상하이·광저우·홍콩에 거래처를 가지고 활발히 국제무역을 펼쳤다.

중국 상인들의 팽창은 한성에서 조선 상인들의 시장을 빼앗는 결과를
가져왔다. 조선 상인들은 시장에서 철수하는 파시를 감행함으로써 불만
을 표출했다. 1887년 육의전 중심의 파시, 1889년 말 두 차례의 파시에
이어 1890년에는 개인 가게를 제외한 모든 상점·술집·음식점·골동품점
등이 동참하는 대규모 파시가 결행되었다. 하지만 청의 강력한 영향력으
로 인해 별다른 성과를 거두지 못했다.

담걸생은 조선 상인들의 파시 덕분에 오히려 조선 최대 화교상인의 자
리에 오른다. 동순태호는 1892년 조선이 인천해관 수입을 담보로 청의
차관을 얻고자 할 때 이 차관 제공의 명의자가 된다. 이른바 '동순태호
차관'이다. 조선 정부가 차관 명의를 빌린 것은 국내의 반청 여론을 피하
기 위한 방편이었다. 하지만 곧이어 청일전쟁이 발발하자 동순태호 차관

**인천 전환국. 1892~1900년까지 인천 전환국에서는
은화, 청동화, 황동화 등 신식화폐를 찍어 냈다. (07)**

의 상환이 난관에 부딪쳤다. 이에 탁지부는 1895년 청의 옌타이에 나가 있던 파견관에게 삼세은蔘稅銀, 즉 포삼세로 거둔 은화를 이용하여 차관 원리금 및 이자 상환에 사용하라고 훈령을 내렸다. 포삼세가 조선의 긴급한 재정에 큰 힘이 되었음을 다시 확인할 수 있는 대목이다.

담걸생은 홍삼 밀수출과 연관되어 있었다. 1893년 위안스카이의 막료이자 중국 영사로 대우받던 탕사오이唐紹儀가 홍삼 밀수를 감행했다는 소문이 널리 퍼졌다. 일본 거류민이 발행한 한 신문에서는 "탕사오이가 무려 2만 원에 이르는 홍삼 사재기를 하는 데 중국 상인들이 나섰다. 탕사오이는 한양호를 타고 용산에서 제물포로 갔는데, 150여 개의 짐을 가지고 바로 중국 윤선초상국의 선박 진동호로 옮겨 탔다. 그러나 외교관의 특혜로 어떠한 해관 검사도 받지 않았다"고 보도했다.

이 보도 중 용산에서 제물포로 옮겨 간 '한양호'는 담걸생이 투자하여 운영하던 선박이었다. 당시 최대의 무역상으로 홍삼을 취급하고, 위안스카이, 탕사오이와 각별했던 그가 홍삼 밀무역의 기회를 놓쳤을 리가 없다. 동순태호는 1889년 무렵 조폐국인 전환국이 필요한 구리를 납품하는 대가로 홍삼 3,500근의 수출 권리를 요구했다. 하지만 홍삼 무역은 보장받지 못한 채 조선 정부가 일본의 구리 시세가 떨어졌다며 값을 깎으려 해서 낭패를 보았다고 전해진다.

1924년 《동아일보》는 그를 조선의 최고 납세자라고 소개한다. 그가 낸 토지세·가옥세가 2위인 일본인 납세자 세금의 각각 213퍼센트, 350퍼센트에 달했다는 것이다. 조선 화교상인의 대표자로서 조선 최고의 납세자였던 그의 사업에 홍삼이 빠질 수 없는 물품이었던 것만큼은 분명하다.

4

미국 타운센드사와
신상회사 서상집의
홍삼 수출

　　　　　　　　인천 개항장의 서양 상인도 조선과의 무역에
속속 참여했다. 인천이 개항된 1883년 여름 영국의 이화양행怡和洋行
(Jardine, Matheson and Company) 대표 클락B. A. Clarke이 인천에 도착했다.
이화양행은 조선에서 금광 개발과 개항지 사이를 오가는 증기선 운송업
에 관심을 보였지만 수익성이 없어 일찍 사업을 접었다.

　미국의 월터 타운센드Walter D. Townsend(陀雲仙)는 무기, 기선 및 전기용
품을 수입해 조선 정부에 팔았고 존 미들턴John Middleton은 상선회사를
설립하여 조선 내의 운항권을, 뉴엘W. A. Newell은 조선 연안의 진주 사
업을 위한 전복 채취 권한을 부여받았다. 이후 타운센드사는 미국 회사로
는 가장 활발하게 활동하여 서양목을 팔고 곡식을 사들였다. 이 과정에서
타운센드는 조선 상인들에게 집문서나 전답 문서를 저당잡고 거래를 했
다. 이에 서울·수원·개성·인천·성천·의주 등 조선 각 처 상인들과의 채
무 분쟁이 조·미 간 외교 쟁점으로 비화하기도 했다.

　그런데 조선 상인 중에 타운센드와 미국 공사의 강력한 비호를 받으면
서 조선 각 지역의 무역에 종사했던 사람이 있다. 훗날 인천항의 최고위
직인 인천감리까지 오른 인물, 서상집徐相澋이다.[15] 서상집은 1880년대 초
타운센드사와 밀접하게 연관 있는 제물포의 순신창상회사順信昌商會社의
사원으로 연안무역을 통해 미곡 매집 활동을 벌였다.

　인천항 개항 이후 외국인이 양화진, 용산에서 시장을 열 수 있게 허용
되고, 1899년에는 인천해관에서 입항 절차를 마친 외국 상선이 마포에서
화물을 내릴 수 있도록 되었다. 서상집은 이러한 기회를 놓치지 않고 마

포에 창고와 건물을 짓고 경강무역을 주도했다. 이 과정에서 그는 타운센드사의 대리자로서뿐만 아니라 개인 사업 경영을 통해 많은 돈을 벌 수 있었다.

한편 갑오개혁 이전의 인천항에는 25객주 전관제, 4인 두목제, 10인 감동제 등 기존 특권 객주들이 정부에 구문口文 또는 영업세를 납부하고 상품 거래의 중개권을 장악하고 있었다. 객주에 맞선 상회사는 상품중개권이 제한적일 수밖에 없었다.

그러나 갑오개혁으로 자유로운 상업 활동이 보장되자 서상집은 1895년 3월 드디어 공동회사를 설립하고 조세를 운반하는 공적 사업에 뛰어들었다. 공동회사는 세납과 국내 무역뿐만 아니라 중국을 향한 홍삼 무역에 적극 나섰다. 여기에는 갑오개혁의 주도세력인 유길준과 유성준 형제의 도움도 작용했을 것이라 추정하고 있다.

청일전쟁 이후 다시 홍삼 수출이 공식 재개된 1895년 가을, 홍삼 수출량은 모두 1만 5,000근이었다. 그 가운데 서상집이 홍삼 1,000근의 무역 권리를 얻어 냈다. 역대 홍삼 무역은 조선 정부가 포삼별장을 선발하고 이들에게 각각 홍삼 무역량을 배정하는 방식이었다. 포삼별장은 애초 10명 정도에 불과했지만, 홍삼 무역이 확대되면서 1851년에는 19명으로, 1870년대에는 30명에서 40명까지 늘어났다. 포삼별장에 뽑히려면 치열한 경쟁은 물론 뒷배경도 든든해야 했다.

그런데 1895년에는 이근영에게 2,000근, 서상집에게 1,000근이 배정되었다. 500근 이상이 14명, 300~400근 사이 6명, 200~300근 사이 6명, 100~200근 사이 6명 등을 합해서 총 32명이었다. 당시에는 홍삼 근수에 더해 100근에 미삼 2근씩 더 가져갈 수 있었으므로 서상집은 총 1,020근의 홍삼을 취급한 셈이다. 동순태호가 전환국의 원료를 조달하는 대가로 홍삼 무역 3,500근을 조선 정부에 요청한 것에 비추어 보면 서상집이 얼마나 큰 이권을 거머쥐었는지를 알 수 있다.

탁지부에서는 개성에서 제조된 홍삼이 인천을 거쳐 중국 옌타이로 원활하게 운반되도록 편의를 제공하면서 세금을 내지 않고 몰래 홍삼을 판매하는 행위를 단속했다. 그런데 서상집의 공동회사가 인천, 부산, 원산 개항장에서의 홍삼 밀무역을 적발하는 업무도 함께 맡았다. 개항장 해관에서 밀수출할 홍삼을 적발하여 공동회사 각 지점으로 보내면 지점에서는 밀수출 사건의 경위와 수량을 조사하여 탁지부에 보내고 적발한 분량의 40퍼센트를 포상금으로 산정하여 해관으로 보내는 일을 담당했다. 탁지부에서는 옌타이에 윤규섭을 파견하여 홍삼 판매와 판매대금의 처리를 맡겼다.

서상집은 1896년 11월 민간상인의 대표로서 관료 대표 궁내부 대신 이재순, 찬정 이하영, 참판 민영선을 추대하여 신상회사紳商會社를 설립했

서상집. 개항 이후 타운센드의 대리자뿐만 아니라
개인 사업을 통해 큰 부를 축적할 수 있었다. (08)

조선 무역의 아이콘, 홍삼

다. 농상공부 대신 이윤용은 당시 신상회사의 설립을 축하하며 "나라의 강약은 상업의 흥성함에 달려 있는데, 개항 이래 상업이 발달하지 못한 것은 단지 경영능력이 부족했던 때문이 아니라 상업을 천시 여기는 편견 때문"이라고 지적했다. 정부의 관리도 상업 활동에 적극 참여해야 함을 역설한 것이다.

이처럼 갑오개혁과 대한제국 시기는 외국 상인의 침투 앞에서 상업의 이익을 확보하는 것이 곧 애국적 활동으로 인식되는 상황이었다. 특히 갑오개혁 이후 청국 상인이 경쟁에서 탈락하자 조선 상인과 일본 상인의 상권 경쟁은 더욱 치열하게 전개되면서, 상업 활동 그 자체가 민족적인 성격을 띠어 갔다. 서상집의 활동이 새삼 주목받는 이유이다. 그리고 그의 무역 활동에서 뺄 수 없는 상품은 다름 아닌 홍삼이었다.

05
근대 동아시아 무역 네트워크 속
상인과 홍삼 무역 2

프랑스가 원하는
수출품과 수입품

1886년 조선과 프랑스는 조·불 우호 통상 및 항해조약을 체결했다. 조선이 서구 열강과 맺은 여섯 번째 근대 조약이었다. 프랑스와의 비공식적인 관계는 1830년대까지 거슬러 올라간다. 1839년에는 조선에 입국했던 앵베르, 모방, 샤스탕 신부 등이 목숨을 잃는 기해박해가 있었고, 1866년에는 제4대 조선교구장 베르뇌 주교와 다블뤼 신부를 포함하여 9명의 프랑스 선교사가 순교한 병인박해가 일어났다. 병인박해는 결국 병인양요라는 군사적 충돌을 가져왔고 이후 프랑스와의 교류는 끊겼다. 천주교도 조선 사회에서 영향력을 행사할 수 없었다. 이것이 조선과 프랑스의 수교가 미국(1882)·영국(1883)·독일(1883)·이탈리아(1884)·러시아(1884)에 비해 늦어진 이유이다.

〈조불조약〉으로 천주교 전교의 자유가 공식적으로 허용된 것은 아니었다. 그러나 조약 체결 이후 프랑스 언어와 문자를 배우고 가르칠 수 있게 되면서 자연스럽게 전교가 가능해졌다. 아울러 프랑스인은 조선의 어느 곳이나 자유롭게 여행할 수 있었고, 치외법권과 영사재판제도의 보호도 받을 수 있었다. 〈조불조약〉 체결로 고려홍삼 역시 비공식적인 선물로 밀반출되던 단계에서 공식적인 외교관계 속에서 당당한 교역품으로 자리매김하게 되었다.

프랑스는 19세기 초반 영국에 이은 세계 제2위의 무역 강국이었다. 보불전쟁(1870~1871) 이후 독일에 밀리고 1875년경에는 신생 미합중국에 추월당했지만, 그래도 1880년대 영국·독일·미국에 이어 세계 제4위를 유지했다. 19세기 말 프랑스의 주요 수출품은 포도주 중심의 농산품과 기계류, 의류와 직물, 화학제품 등의 공산품이었다.

1880년대 유럽은 대불황기였다. 유럽 대륙에 전파된 산업혁명으로 생산력이 포화 상태에 이른 상황이었다. 다른 대륙에서 새로운 소비계층을 창출하고 원료 수입지를 획득하여 경기 침체를 벗어날 돌파구를 찾아야 했다. 프랑스가 1883년 베트남을 보호국으로 만들고 인도차이나에서의 우월성을 청으로부터 인정받은 것도 이러한 상황을 극복하려는 정책이었다.

프랑스는 조선과의 통상에도 관심이 많았다. 그러나 프랑스는 1895년 이전까지 조선과의 교역에 적극성을 띠지 않았다. 프랑스가 극동시장보다는 인도차이나 이권에 주력했고 프랑스의 주력 수출품과 수입 기대 품목이 조선과 맞지 않았기 때문이다.

예를 들어 프랑스는 조선인들이 동양에서 소문난 애주가이므로 세네갈

4

흑인들에게 팔아서 많은 이윤을 남긴 정제되지 않은 알코올과 저급한 양주가 아주 잘 팔릴 것으로 전망했다. 하지만 조선 사람들의 전통은 행사나 연회 때 포도주나 증류주를 사용하는 문화가 아니었다. 포도주는 기껏해야 서울에 있는 외국인 정도만 구입했다. 프랑스의 시장 예측과 완전히 어긋난 것이다.

수입 기대 품목도 프랑스의 예측을 벗어났다. 프랑스는 아시아에서 설탕·곡물·쌀·기름을 짤 수 있는 종자와 광산물 및 금속의 수입을 희망했지만, 조선의 상황은 그렇지 않았다. 결국 프랑스는 조선과의 교역에서 명주·생사·종이·홍삼·광산물 정도에 관심이 있을 뿐이었다. 프랑스는 명주 제품을 중국보다 조선에서 저렴하게 구입할 수 있다고 예측했다. 조선의 종이도 중국 상인을 거치지 않고 직접 구입하여 더 낮은 관세율로 이익을 보려 했다. 이 때문에 수교 초반 양국의 교역은 제한된 물품 교역에 지나지 않았고 당연히 활기를 띨 수 없었다.

그렇지만 홍삼의 경우는 좀 달랐다. 고려홍삼은 중국에서 변치 않는 수요와 함께 최상의 브랜드 파워를 지니고 있었다. 특히 1840년을 전후하여 고려홍삼은 엄청난 아편전쟁 특수를 누렸다. 조선 정부로부터 직접 고려홍삼에 대한 판매권을 확보한다면 중국 시장만 고려해도 '황금알을 낳는 거위'를 낚아채는 것이었다. 프랑스는 조선의 철도 부설, 탄광 개발과 함께 홍삼 무역에 관심을 가질 수밖에 없었다.

프랑스 용동회사의
평양 탄광 개발과
홍삼 전매권

1895년 청일전쟁에서 승리한 일본은 랴오둥반도를 획득했다. 그러나 일본의 세력 확대를 우려한 러시아가 독일, 프랑스와 함께 삼국간섭을 일으키자 일본은 랴오둥반도를 반환해야 했다. 이렇게 러시아와 일본이 세력 다툼을 하는 사이, 프랑스는 중립을 표방하면서 조선으로부터 많은 이권을 얻어 내는 데 성공했다.

1896년에는 서울~의주 간 철도 부설권을, 1901년에는 평안북도 창성 금광 채굴권을, 1903년에는 평양 탄광 채굴권을 획득했다. 철도·금광·석탄광은 프랑스가 가장 큰 관심을 보인 분야였다. 특히 1900년 이후 고종은 프랑스와의 동맹으로 근대적 개혁과 일본 세력 견제라는 과제를 해결하려 했다. 이때 프랑스의 영향력을 배경으로 활동한 무역상이 프랑스 용동회사[대창양행大昌洋行]였다.

용동회사는 1896년 용동 형제(Louis Rondon과 Joseph Rondon)와 플레장 형제(Paul Antoine Plaisant과 Louis Antoine Plaisant)에 의해 설립되어 1909년까지 대한제국과 프랑스 사이의 무역뿐만 아니라 금융업, 광산업 등 다방면의 사업에 참여했다.

용동회사는 대한제국의 재정을 장악한 내장원경 이용익이 진행하려 했던 홍삼 위탁판매 사업·안남미 수입·무기 구매·평양 석탄광 경영·서울~개성 간 철로 구입·자기창 기계 구입 등에 참여했다. 이 가운데 철도 부설에 사용될 철로 등 기자재의 실제 도입 여부는 확실치 않다. 하지만 안남미, 총 5만 정, 탄환 100만 발, 평양 탄광에 쓸 자재, 자기창에서 쓸 화공약품과 기자재는 실제 들여왔던 것으로 추정되고 있다.

특히 평양 탄광 개발 사업은 조선의 근대화와 관련하여 주목할 필요가 있다.[16] 철도와 철도 운행을 위한 석탄 개발은 근대화 성공의 열쇠였기 때문이다. 서구 열강이 금광·은광·석탄 등의 광물자원 개발권 확보와 철도 부설권에 열을 올렸던 것도, 대한제국 정부가 철도 부설권의 남발을 막고 광산 개발의 이익을 지키려고 노력한 것도 같은 이유였다.

대한제국 시기 근대적 기계 도입을 통한 평양 탄광 개발에 직접 나선 주인공은 홍삼 전매권을 쥐고 있던 내장원이었다. 탄광은 다른 광물과 달리 투자 비용이 많이 요구되었으므로 민영보다는 국영 방식이 적합했다. 대한제국은 경의철도 부설과 철도가 통과하는 평양의 탄광 개발을 프랑스와 연계하여 시행하고자 했다. 석탄은 철도 운영의 원료이자 산업자원이었기 때문에 일괄하여 개발하려 한 것이었다. 이에 철도 부설권, 평양 탄광 개발 그리고 홍삼 판매권 수입을 담보로 하는 차관 교섭이 프랑스와 진행되었다.

당시 논의되던 경의선 철도는 "이 철도가 완성되면 베를린, 파리, 로마에서 기차를 갈아탈 필요도 없이 부산까지 오게 될 것"이라 언급될 정도로 투자의 중요성이 폭넓게 형성되어 있었다. 러시아도 "조선 남부의 모든 항구는 부동항으로 러시아 철도망이 조선의 철도와 연결된다면, 조선 남부 항구는 시베리아 철도의 종착역이 될 수 있을 것"이라고 예견하면서, 철도와 이 철도에 연료를 공급하고 선로를 제작하는 과정에서 석탄 산지의 근접성을 강조하고 있었다. 하지만 경의선 철도와 연결된 프랑스 차관 도입은 여의치 않았다.

이에 1903년 대한제국은 프랑스 용동회사에 평양 탄광에 필요한 기자재 구매를 일임하고, 도입 비용 및 운영은 정부가 담당하는 방식을 통해 본격적인 석탄 채굴에 착수했다. 이후 채광 기계와 폭약이 도착하여 채굴을 확대하는가 하면, 공장 기계창 장소도 물색하기 시작했다. 증기 모터·동력기·펌프 등과 방어용 총 3자루, 석탄광에 쓸 폭약·탄환 등도 속속 도입되었다. 이듬해인 1904년부터 석탄광에서는 벌써 수익이 나오기 시작했다.

이때 용동회사에 홍삼 독점판매권이 부여되었다. 용동회사가 물품대금을 회수할 수 있도록 하려는 것이었다. 홍삼 독점판매권은 이용익이 관리하고 있던 내장원으로부터 나왔다. 그러나 용동회사는 내장원경 이용익이 권력에서 제거되면서 홍삼 전매권을 인도받지 못했고, 평양 탄광 개발도 차질을 빚었다. 일본은 평양 탄광을 "평양의 검은 다이아몬드"라고 일컬으며 "일본이 평양을 중요시하는 시절이 도래할 것이며, 전 일본 연료 문제 해결의 열쇠"라고 평가하고 있었다. 결국 러일전쟁 이후 일본은 용동회사를 탄광 개발 업무로부터 분리시키고 1905년에는 평양 탄광의 운영을 중지시켰다.

평양 탄광 개발에 투입된 프랑스 회사의 자금 회수를 위해 홍삼 전매권이 담보로 제공되면서, 홍삼이 대한제국의 각종 근대산업에 필요한 재원으로 활용되었음이 분명히 증명된다. 하지만 홍삼 전매권은 이후 대한제국 내장원에서 일본 미쓰이 재벌에 넘어갔고, 석탄은 일제강점기인 1924년 일본 함대에 공급되어 침략 전쟁을 위한 군수물자가 되어 버렸다.

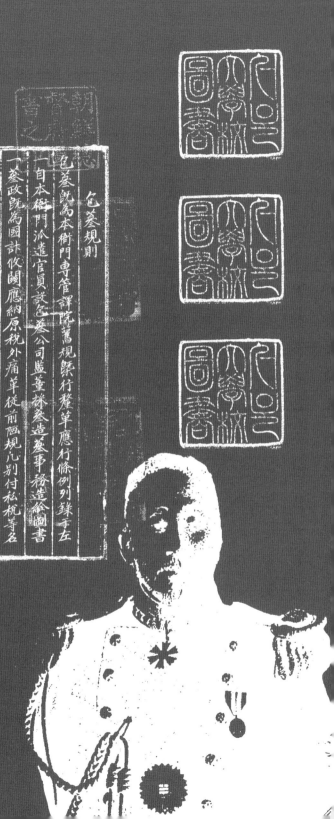

包蔘規則

包蔘既為本衛門專管譯院舊規係行釐革應行條例列錄于左

一自本衛門沁進官員設包蔘公司監董採造蔘事務繪圖書

一蔘政既為國計收關應納原稅外痛革從前陋規凡別付私稅等名
目一切嚴防

一探蔘之時亦非領公司文憑不許濫操抑買之弊各別嚴防

一每包百斤為準今年則以一百五十包為限或一人領幾包或數人合包
使之便宜施行并領受本衛門文憑後乃可管業

一無論舊譯院及京松諸人凡種蔘貿易情願入包者呈明本衛門或公
司受文憑施行

제5장

근대
유럽에 심은
조선 이미지,
인삼

01
독일 함부르크 민족학박물관과
한국 유물의 목록

'이미지Image'란 심상心象, 즉 '마음속에 생각되는 직관적인 형상'이다. 육체적 지각 작용에 의해 이룩된 감각적 형상이 마음속에서 언어나 그림으로 재생되는 것을 말한다. 지금으로부터 120여 년 전, 세기적 전환이 이루어지던 시기에 동아시아를 방문했던 유럽인들에게 조선은 어떤 심상을 떠올리게 했고 그것은 어떻게 기록되었을까?

유럽에서의 조선 이미지는 생각보다 오래전부터 형성되었다. 짧게 요약하면 '중국·일본과는 다른 옷, 음식, 집, 관습을 지닌 은둔의 나라'였다. 근세 초기 조선을 방문한 외국인의 기록은 은둔의 나라가 베일을 벗는 과정이었다. 방문자의 관심에 따라 분야도 매우 넓어지고 다양해졌다. 예리하고 애정 어린 분석도 있었지만 오해와 편견이 담긴 부분도 많았다.

근세 유럽인을 통해 형성된 조선의 이미지는 이런 '이해와 오해'에서 비롯된 몇 개의 형용사와 명사로 압축할 수 있다. '조용한'·'착한'·'인심 좋은'·'친절한'·'불결한'·'미지의'·'가난한'·'미신의'·'불쌍한' 등이 형용사 그룹을 형성한다면, 다양한 신분을 드러내는 '모자'·'청자'·'백자'·'금'·'은' 등이 명사 그룹을 이룰 것이다. 그중에는 신비의 약초 '인삼'이 빠지지 않았다.

민족학박물관장
틸레니우스와 조선

독일 함부르크 민족학박물관(현 로텐바움 박물관 Museum am Rothenbaum)은 1849년에 만들어진 세계적인 민족학박물관이다. 민족학박물관은 예술적 수준을 대변하는 작품, 즉 '순수 예술품'을 모은 것이 아니라, 한 시대의 생활문화와 삶의 양태를 수집 유물로 보여

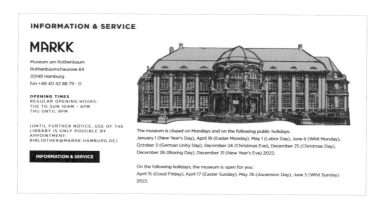

독일 함부르크 민족학박물관 홈페이지. 함부르크의 세계적인 무역 범위와 유럽 식민주의의 상호 연관성 속에서 19세기 함부르크 민족학박물관의 컬렉션은 방대하게 확장되었다. (01)

주는 곳이다. 베를린 동아시아박물관이나 쾰른 동아시아박물관에 한국의 문인화·서예·불화·도자 등 수준 높은 작품이 수집 소장되어 있다면, 라이프치히·드레스덴·함부르크 등의 민족학박물관에는 의복·관복·신발 등의 복식 및 장신구와 주방 용구·난방 용구·제사 용구 등의 생활 용구, 문방구·끽연구·부채·인장 등 조선의 문화와 생활 그 자체를 엿볼 수 있는 유물들이 수집 소장되어 있다.

함부르크 민족학박물관은 전문가들이 품목별로 구입하고자 하는 물품의 목록을 직접 작성하여 조선을 이해할 수 있는 특징적인 물품들을 수집하고자 노력했다. 이러한 덕분에 지금은 국내에서도 찾기 어려운 다양한 모자와 수공업 견본품들이 남아 있다. 이는 국립문화재연구소의 해외 소재 문화재 조사보고서로 정리되었다.[1]

이들 조선의 유물은 어떤 원칙으로 수집되었으며, 누가 수집하고 어떤 경로를 통해 머나먼 독일의 민족학박물관으로 넘어갔을까? 이를 밝히려면 역시 독일과 조선이 외교관계를 수립한 140여 년 전으로 거슬러 올라가야 한다.

존경하는 영사님!

우리가 요청하고자 하는 목록을 여기에 동봉하여 보내드리게 되어 영광으로 생각합니다. …… 우리는 특히 조선이 예컨대 신령 그림이나 제사 등의 경우에서 중국의 관습을 어느 정도로 변형시켜 왔는지 알지 못합니다. 이 부분은 현지에서 쉽게 파악할 수 있다고 여겨집니다. 실제로 그렇다면 조선의 신령 그림은 당연히 특별한 가치가 있습니다. 조선은 아마도 관모의 특징적인 구분에 의하여 사회적 등급을 표시하는 지구상의 유일한 나라일 것입니다. 그러므로 관모를 가능한 한 종류별로 모두 구입하는 것도 우리에게 매우 큰 의미가 있습니다. …… 한편 종이에 불로 지져서 그린 인두화의 예처럼 조선의 회화적 표현의 특성을 보여 주는 것이 있다면, 우리는 회화 몇 점도 당연히 구하고 싶습니다. 또한 어린이나 학생용 책 가운데 일본의 채색목판화처럼 도구·집의 설비·종교를 다룬 것들 또는 깃발·흉배 등을 채색목판화로 묘사한 것이 분명히 있을 것입니다. …… 임박한 귀하의 여행의 안녕을 기원하고 존경하는 마음을 전하며,

틸레니우스 올림.

이 편지를 쓴 사람은 독일 인류학회 회장 및 사무총장을 지낸 저명한 인류학자이자, 1904년부터 1935년까지 함부르크 민족학박물관장을 지낸 게오르크 틸레니우스Georg Thilenius이다. 받는 사람은 하인리히 콘스탄틴 에두아르트 마이어Heinrich Constantin Eduard Meyer인데, 한자로는

게오르크 틸레니우스(1868~1937), 의사이자 인류학자로서
1904년부터 1935년까지 함부르크 민족학박물관장으로 활동했다. (02)

맥이麥爾 혹은 미타咪咃 등으로 썼다.[2]

마이어는 조선의 외교관이 독일에 부임하기 이전 조선 정부로부터 독일 주재 조선국 총영사에 임명되었던 함부르크 출신의 상인이었다. 그는 1873년 톈진에서 마이어상사E. Meyer & Co.를 설립했고, 1881년에는 홍콩에서 동생과 함께 미타양행咪咃洋行(Meyer & Co.)을 설립했다. 이어 1882년 독일이 조선과 수호통상조약을 체결하자 당시 외교 고문으로 조선 정부에 막강한 영향력을 행사하던 독일인 묄렌도르프의 권유로 1884년 제물포에 미타양행의 지사인 세창양행을 설립했다. 마이어는 회사 설립 및 지부 운영의 책임을 카를 볼터Carl Wolter에게 위임했다. 마이어가 주독일 조선 총영사에 임명된 것은 세창양행을 설립한 지 2년 뒤인 1886년이었다.

인류학자이자 민족학자인 틸레니우스가 마이어에게 요구한 〈함부르크 민족학 박물관이 원하는 한국의 유물 목록〉에는 무엇이 적혀 있었을까. 일곱 쪽, 26항목에 걸치는 이 목록에는 문자와 언어, 관모, 군복, 무녀 복식, 무기, 종이 제품, 금속 제품, 도자 제품, 장신구, 신발류에 이르기까지 구입 요청 물품이 꼼꼼하게 나열되어 있다. 그 가운데에는 유리병이나 종이 상자에 넣은 곡물·식품 건조 표본과 사람의 모양을 닮은 인삼은 물론 천궁, 황기, 인동, 쑥의 표본도 있었다.

1901년 10월부터 1902년 11월까지 《쾰른 신문》에 조선 여행기를 연재한 기자이자 지리학자 지크프리트 겐테Siegfried Genthe는 제물포의 중국인들에 대해 기록하면서 다음과 같이 적고 있다.[3]

(제물포에 사는 중국 상인들은) 중국을 비롯한 여러 아시아 지역에서 불로초로 유명한 인삼 수출에 관심이 많았다. 인삼은 묘약으로 중국 약재에

서 아주 중요한 역할을 하고 있다. 이 뿌리의 놀라운 치료 효과는 이미 수천 년 전부터 중국에서 널리 알려져 왔다. 9세기 중엽 아라비아의 지리학자 쿠르다드비의 지리서를 보면 아라비아 선원 한 명이 중국 동쪽에 위치한 신라에서 이 뿌리를 찾아내어 중국인에게 팔았다고 한다. 세관의 보고에 따르면 유럽인들에게는 아직 충분히 검증되지 않은 것 같았지만 오늘날에도 이 신비한 뿌리는 여전히 중요한 역할을 하고 있었다. 중국의 대도시에는 인삼이 터무니없이 비싼 가격으로 팔리고 있었다. 인삼을 달인 물은 중세 유럽의 돌팔이 의사들이 찾아 헤맸던 불로장수의 영약처럼 생명을 연장시키고 신경과 근육뿐만 아니라 모든 신체기관을 활성화시킨다고 했다. 조선에서 특히 자주 발견되는 이 뿌리가 명성을 얻게 된 것은 마치 비바람에 오그라든 듯한 자그마한 인체 모양 덕분이었다. 평소 문화 수준이 서양보다 월등하지는 않더라도 그 효력을 맹신하지 않았던 조선인들은 별다른 고민 없이 다른 거래보다 훨씬 싼 가격으로 중국인에게 인삼을 팔곤 했다. 최근에 들어서 조선 정부가 인삼 거래를 전매하면서 개인 거래를 모두 금지시켰다. 전년도 인삼 수확

함부르크 민족학박물관 소장 한국 유물 중 인삼. 틸레니우스가 작성한 조선의 물품 목록에는 식품과 한약재가 다수 포함되어 있었는데, 백삼 표본이 현존한다. (03)

근대 유럽에 심은 조선 이미지, 인삼

물을 독점하기 위해 중국인들은 120만 달러, 우리 돈으로 환산해 약 250만 마르크를 조선의 국고에 지불해야만 한다.

겐테의 조선 여행기는 조선 인삼의 명성이 수천 년 전부터 형성되어 온 것이라는 점, 조선 인삼은 중세 유럽의 돌팔이 의사들이 찾아 헤매던 불로장생의 영약처럼 놀라운 치료 효과의 명성을 지니고 있다는 점, 이는 인삼의 모양이 인체를 닮은 덕분이며 조선 정부가 요즘에는 인삼을 전매하여 수출을 통제하고 있다는 점을 생생하게 그려 냈다.

겐테는 중국에서 거래되는 모든 금은 조선에서 생산된 것이라는 풍문은 잘못이라고 파악하고 있었다. 그는 아시아 대륙의 맨 끝자락 조선은 '금의 나라'가 아니라 '신비한 인삼의 나라'로 인식하고 있었다. 1906년 틸레니우스가 요청한 한국 유물 목록에 인삼이 빠지지 않았던 이유는 바로 여기에 있었던 것으로 보인다.

마이어에게 보낸
세창양행 볼터의
한국 민속품 목록

세창양행은 바늘과 물감 등의 잡화와 해열제, 강장제, 위장약으로 알려진 금계랍 등의 판매로 큰 호평을 얻었다고 알려져 있다. 하지만 세창양행은 점차 단순한 무역 수입상회의 범주를 넘어 광산권 획득, 해운 사업, 화폐 사업 등에도 뛰어들었다. 1885년에는 조선 정부미 수송을 위한 윤선 계약을 맺었고, 조폐 기계를 도입했으며, 1886년에는 조선 정부에 은 10만 냥을 빌려주기도 했다. 1887년에는 전선 가설을 위한 차관도 제공했으며, 1888년 이후에는 대포·육혈포·총탄 등 무기를 수입하여 군부에 판매하기도 했다.

세창양행이 확보한 가장 큰 이권은 강원도 금성 당고개의 금광 채굴권이었다. 조선의 광산 채굴권을 얻은 것은 미국에 이어 두 번째였다. 세창양행의 활동은 러일전쟁 이후 독일의 영향력이 약화되고 지사장 카를 볼터의 건강이 나빠져 독일로 귀국하는 1907년까지 이어졌다.

독일 주재 조선 총영사에 임명된 마이어는 1889년 함부르크 산업박람회에 조선 물품을 출품했으며, 1894년에는 함부르크 미술공예박물관에서 자신의 조선 소장품을 가지고 조선 전시회를 개최하기도 했다. 일찍부터 개인적으로 한국 민속품을 수집했던 마이어는 1889년 함부르크 산업박람회에 출품할 목적으로 세창양행의 동업자 볼터에게 한국 유물 수집을 요청했다. 볼터는 이 요청에 따라 조선 민속품을 구입하고 그 물품 목록과 물건을 전달했다고 추정된다.

이때 작성한 것으로 추정되는 두 개의 목록이 현존한다. 하나는 〈함부

인천에 있었던 세창양행의 숙소.
독일의 세창양행은 명실상부한 최대의 외국무역상사였다. (04)

르크로 보낸 물품 목록〉과 〈의약품〉이라는 목록이다. 첫 번째 목록은 227종 245개 품목이 적혀 있는데, 8분야로 나누어진다. 여기에는 식품, 종이 및 종이 제품, 수공업 제품, 금속 및 도자기 제품, 기타 잡화, 담배류, 신발류, 부엌 및 빨래 용구 등 당시 조선의 생활양식과 산업 및 상업의 면모를 종합적으로 보여 주는 물품들이 수록되어 있다. 두 번째 목록은 환약을 포함하여 196가지의 한약재를 적고 있는데, 중국에서 수입된 한약재까지 수록되어 있다. 이 목록에서도 인삼은 역시 첫 번째로 적혀 있다.

02
영국인의 조선 여행과
인삼 인식

조선 주재 영국 영사
칼스의 인삼 인식과
개성 여행

             1884년부터 1885년까지 영국 외교관 신분으로
한반도를 여행했던 칼스W. R. Carles의 저서 《조선풍물지Life in Corea》에는
동서양을 이분법적으로 인식하는 오리엔탈리즘적 사고와 군사·경제적
목적에 기초한 제국주의적 시각이 투영되어 있다.[4] 그의 여행 동기와 여
행지는 영국 밖의 지하자원과 교역 대상자를 찾으려던 영국의 국가정책
이 반영되어 있었다. 하지만 이 책은 조선과 영국이 정식 외교관계를 맺
기 이전인 1883년 칼스의 조선 방문 경험과 조영수호통상조약 이후 영국
영사로서 조선에 살면서 겪은 실생활과 여행 경험이 상세하게 묘사되어

있다는 점에서 주목받았다.

칼스는 열아홉 살의 젊은 나이인 1867년 중국으로 건너와 베이징 주차 영국 공사관의 번역 유학생으로 활동하기 시작했다. 조선 주차 영사를 역임하기 이전인 1882년부터는 베이징 주차 영국 공사관 서기관 대리를 지냈다. 이런 점에서 보면 그의 조선 정보는 직접적이고 정확했던 것으로 추정된다.

칼스는 중국 북부 지방에서 조선의 종이, 인삼, 목재가 유명하다고 인식하고 있었다. 종이는 붓으로 글씨 쓰기에 좋았으며, 매우 질겨서 창호지로 쓰이기도 하고, 빗물이 들지 않고 빛을 흡수하기 때문에 집안 유리 대신 쓴다고 했다. 또한 베이징 주변에는 숲이 없어서 목재는 거의 대부분 랴오둥과 조선 것에 의지한다고 했다. 그러나 조선은 역시 '인삼의 나라'라는 점을 놓치지 않았다. 그는 책에 인삼 삽화를 넣어 이해를 돕기까지 했는데, 중국인들은 조선 인삼의 효능에 대해 완전히 신뢰하고 있다고 했다.

나이가 들어 활력을 잃고 오랜 질병으로 기운이 없고 허약한 사람에게는 인삼이 매우 효력이 있었고, 질이 가장 좋은 것이라면 그 약은 거의 금의 무게만큼 값어치가 있었다. 그 효력은 얼마나 오랫동안 정성을 들이고 얼마나 오랫동안 환자가 이전의 식이요법을 따르는가가 문제였다. 비록 중국인들이 외국인에게 인삼을 권유했지만 나는 결코 어느 유럽인도 자신을 실험 삼아 인삼을 복용하는 것을 보지 못했다. 대부분의 사람들의 약에 대한 지식은 그것이 파낙스 인삼panax ginseng의 뿌리이며 흰 독말풀과 같은 모양으로 사람의 형상과도 닮았다는 것이다.

5

칼스는 인삼을 대하는 유럽인들이 태도를 언급함으로써, 동양을 타자로 설정하고 문명과 비문명이라는 이분법적 구조에서 동양을 보려는 인식을 보였다. 그러나 그 속에서도 조선 인삼의 중국 내 명성은 분명히 확인할 수 있다. 영국인 칼스에게 인삼은 조선을 인식하는 문화적 기호였던 것이다.

칼스는 1884년 5월 1일 조선과 영국이 비준서를 교환하고 조영수호통상조약을 체결하는 역사적 현장에 참석했다. 당시 제물포의 일본인 거류지는 목조 상점들이 들어선 거리가 서너 곳 형성되어 있었지만, 유럽인과 미국인은 10여 명, 서울에도 10명 정도에 불과하던 시절이었다.

영국 영사였던 칼스는 낯선 주변 환경에 적응해 가면서 여러 가지 일들을 수행했는데, 두 가지 일은 허사가 되었다고 했다.

첫째는 많은 상담을 하고 상당한 돈을 들여 인삼 몇 뿌리를 구입했지만, 그것들은 심자마자 이내 시들어 버렸다. 나중에 알고 보니 뿌리가 없었다. 둘째는 꿩을 얻기 위해 상금을 걸고 서울에도 알리고 공적인 도움도 요청했다. 그러나 꿩이나 그 알을 얻을 수 없어 유감스러웠다. 꿩은 영국으로 수출될 만큼 가치가 있었기 때문이다. 나는 수출을 목적으로 꿩을 구입하고자 했다.

칼스가 조선에서 해 보고 싶었던 일 중에 실패한 두 가지는 다름 아니라 인삼 재배와 꿩 사육이었다. 목적은 물론 경제적 이익이었다. 이러한 그에게 1884년 9월 조선의 북부 지방을 여행하라는 특별 지시가 떨어졌다. 평양을 비롯한 북부 지방에 대한 무역 전망을 위해서였다. 조선의 중남부 지방은 일본 교토대학의 독일인 교수 곳체K. Gottsche 박사의 지질

조사와 미국 공사관 소속의 해군 장교 푸크G. C. Foulk와 버나도B. Bernadou 등에 의한 광산 탐사가 어느 정도 이루어졌다. 이에 비해 조선의 북부 지방은 덜 알려진 상태였다. 또한 조선의 북부 지방은 소·콩·금·은·구리 광산 등이 풍부하다고 알려져 있었다. 이 때문에 칼스는 여행에 대한 관심과 기대가 남달랐다. 이러한 그의 여행에서 인삼 재배의 중심지인 개성이 빠질 수는 없었다.

경기도 장단 너머에 있는 어느 낮은 메마른 언덕을 지나 우리는 동서를 가로지르는 긴 계곡으로 들어섰다. 그 계곡으로 깊이 들어가면 송도에 이르는 산길에 이르게 된다. 농작지 경작은 밭보다는 논이 더 많다는 점에서 특이했다. 그 밖에도 율무라고 하는 작물이 한두 개 밭에서 재배되고 있었으며 골짜기의 저지대의 다소 건조한 땅에는 엉성한 원추 기장으로 광범위하게 덮여 있었다. 이보다 훨씬 더 흥미 있는 광경은 인삼밭이다.

칼스는 인삼밭을 묘사하고 그림도 삽입했다.

인삼밭은 모두 높은 담으로 둘러쳐 있다. 그 위로는 파수꾼이 이 귀중한 약초를 감시하는 원두막이 보인다. 8월에 이 인삼밭을 둘러보았던 애스톤 씨의 글에 따르면 인삼은 3월에 뿌린 씨앗에서 자란다. 묘종은 날씨에 따라 북쪽을 빼놓고 잘 차단된 3~4피트[92cm~1m 22cm]의 갈대 이엉으로 울타리를 엮어 태양 광선과 비를 피할 수 있도록 덮어 놓았고 똑바른 석판으로 구획을 나누었으며 주변 땅의 수준보다 봉긋이 솟은 묘판 위에 씨를 심는다. 이 울타리 사이에는 사람이 걸어 다닐 수 있는 만큼의 공간을 남겨두고 줄 지어 있다.

애스톤W. G. Aston은 잠시 조선 주차 총영사에 임명되었던 인물로, 칼스에 앞서 인삼에 대한 관심을 가지고 글을 남겼다.

재배한 지 첫해나 이듬해의 인삼은 겨우 2~3인치[5cm~8cm]의 크기이며 잎도 2개밖에 없다. 이 기간 동안에는 자주 옮겨 심는다. 4년이 되면 줄기는 약 6인치[15cm] 정도로 크며 6년근이 되기까지는 손을 대지 않는 것이 보통이지만 5년째가 되면 강하고 왕성한 묘종은 이미 완숙기에 이른다. 썩은 잎이 풍부한 옥토는 유일하게 사용되는 인삼의 거름이다. 이 작물은 전적으로 왕의 인가를 받은 소수 농부의 손으로 재배되며 왕실의 재정은 주로 이 약재의 존재에 의존하고 있다. 해당 부서의 관리가 산정

인삼밭. 칼스의 책에 삽입된 기산 김준근의 풍속화이다. 칼스는 1884년 9월 28일 장단을 거쳐 송도로 들어가면서 인삼밭과 인삼밭을 지키는 사람이 가장 인상적이라고 하였다. (05)

한 1884년의 인삼 수입은 4억 4,500만 냥인데 대략 50만 달러가 된다.

그는 인삼의 성장과 발육을 설명했다. 인삼이 국가적 재원이었던 사실도 알고 있었다. 인삼에 대한 이 같은 관심이 인삼을 직접 재배해 보려던 열망 때문은 아니었을지 추측해 본다.

어떻든 칼스의 고려인삼 이미지는 이미 중국에서부터 인지된 것이었으나, 개성을 방문하면서 보다 확고해졌다. 이러한 고려인삼 이미지는 빅토리아시대 여성탐험가로, 타자에 대한 지배와 소유 욕망에서 상대적으로 자유로웠던 이사벨라 버드 비숍의《조선과 그 이웃 나라들Korea and her Neighbours》(1897)로 이어진다.

영국 최고의 엘리트 여성
비숍의 눈에 비친
조선의 홍삼

영국 왕립지리학회의 첫 여성회원 비숍은, 빅토리아시대 영국을 대표할 만한 세계적 여행가로서, 그녀의 여행은 단순한 여행 이상의 학문적 의미를 띠었다. 비숍은 세계 각지를 여행하면서 모두 10권의 책을 남겼는데,《조선과 그 이웃 나라들》은 이 가운데 아홉 번째 책이다.[5]

비숍은 1894년 2월부터 1897년 1월까지 총 4차례, 11개월간 조선에 머물면서 주로 한강 이북 지역을 탐방했다. 비숍은 조선에 관한 정확한 사실을 수집하기 위해 서울의 외국 단체, 관공서, 재외 공관, 통상 관련 기관 등에 보관된 자료들을 이용했고, 많은 조선 주재 외국인들로부터 도움을 받았다. 따라서 조선에 대한 비숍의 이해는 한국의 고유문화 양식을 그 자체로 인정하는 그녀만의 문화상대주의적 시각을 띠고 있음과 동시에 격동기 조선에 거주했던 많은 서구인의 제국주의적 인식도 반영하고 있었다.

비숍과 인삼의 만남은 1895년 11월 고양·개성을 거쳐 평양·덕천·안주 등을 탐방하는 길에서였다. 더할 나위 없이 청명한 아침 그녀는 개성 땅에 들어섰다. 그녀는 개성을 한국 제2의 도시라고 인식하고 있었다. "옛 고려의 수도였으며, 지금도 서울을 방어하는 중요한 요새이다. 높다란 성벽으로 둘러싸인 도시 경관은 서울과 아주 비슷했다." 개성에 대한 그녀의 인상은 이와 같았다.

개성의 관문은 개성 시내를 가로지르는 가로수 길과 닿아 있었다. 초가 지붕으로 된 노점들이 길 양쪽으로 늘어서 있었고, 개성 시내는 마치 잔

영국 왕립지리학회의 첫 여성회원이자 탐험가·작가였던
이사벨라 버드 비숍이 만주 복장을 하고 찍은 사진. (06)

치를 겸한 장날처럼 왁자지껄했다. 활력에 찬 소규모 매매 행위가 도처에서 이루어지고 있었다. …… 그것들 속에는 많은 양의 영국 상품들도 섞여 있었다. 개성은 번성하는 상업 도시이며 곡물 매매의 중심지였다.

비숍은 복잡한 도심을 벗어나 넓게 펼쳐진 인삼밭과 마주쳤다. "인삼이 바로 개성을 유명하게 만든 장본인이며 개성의 주요한 재원이 되는 상품"임을 알고 있던 비숍은 개성의 인삼산업에 대해 자세히 기술했다. 먼저 동아시아에 퍼진 조선 인삼의 명성이다.

나는 이제 개성을 유명하게 만든 장본인이며 개성의 주요한 재원인 상품, 즉 인삼을 말해야겠다. '파낙스 진셍panax Ginseng' 또는 '퀸퀴폴리아quinquefolia'라는 이름이 암시하듯이 인삼은 그야말로 '만병통치약'이다. 극동 지역에 며칠간 머물러 본 사람이라면 누구나 이 뿌리와 그것의 효험에 대한 극찬을 듣지 않을 수 없다. 영국 약전에 있는 어떤 약도 극동에서의 인삼의 평판을 따라잡을 수 없다. 여유가 있는 많은 중국인들은 인삼을 강장제, 해열제, 진통제 또는 불로장생제로 또는 술에 넣어 먹는다. 인삼은 한국의 수출품 중 가장 가치 있는 것이며 또한 세입의 중요한 원천이다. 내가 제물포를 떠날 때 탔던 증기선에서는 14만 달러어치의 인삼을 위탁판매하고 있었다.

다음으로는 인삼 재배 이전 산삼에 대한 이야기를 전개한다.

산삼은 한 뿌리에 무려 40파운드에 팔리곤 한다. 산삼은 주로 강계에서 생산된다. 그렇지만 워낙 희귀해서 그것을 신비한 재물로 생각하는 보통 사람들은 쉽게 찾아낼 수 없으며, 깨끗한 삶을 영위한 사람만이 산삼을 찾을 수 있다고 믿고 있다.

비숍의 산삼 이야기는 인삼 재배를 이야기하기 위한 전제였다.

내가 (개성에) 갔을 때 인삼의 계절은 절정에 달해 있었다. 사람들은 6~7년간에 이르는 성장 기간의 위험들이 모두 끝났으나, 그 뿌리가 농장에 있다는 것 때문에 많은 걱정을 나누는 것을 보았다. 나는 인삼농장을 여러 군데 가 보았고 또한 재배 과정의 여러 단계를 보았다. 거기서 나는 만약 사업만 적합하고 돈벌이에 자신이 있었다면 한국인들은 부지런해지고 심지어 부자가 될 수도 있었으리라는, 시베리아에서 받았던 느낌과 똑같은 느낌을 받았다.

이어 개성 인삼밭의 모습과 재배의 특징을 설명한다.

개성에는 도처에 주의 깊게 울타리가 쳐진 농장이 있었다. 그곳에서는 인삼이 넓이가 116㎠에 높이가 60㎝인 한 모판 속에 자라고 있었다. 4월에 씨를 뿌려 그해 봄에 이식되는 인삼은 다시 최근에 작물을 재배한 적이 없고 또 7년 동안 인삼을 키우지 않은 특별하게 준비된 땅에서 3년간 키워진다. 두 해가 되기까지 인삼에는 잎이 단지 두 개가 달린다. 네 번째 해에 인삼은 15.2㎝가 되고 줄기로부터 네 잎이 오른쪽에 돋아나게 된다. 인삼은 6~7년이 지나야 성숙하게 된다. 성장 기간 동안 잘 만들어진 갈대 지붕과 필요할 때마다 올리고 내릴 수 있는 차양으로 바람과 햇빛으로부터 보호된다.

인삼 채취와 이에 따른 세금 문제도 기술했다.

인삼 뿌리가 채취되면 생뿌리의 인삼 3.25캐티catties를 말려 1캐티의 홍삼으로 만들어 내는 상인들에게 팔린다. 재배자는 1캐티당 20센트를 세금으로 내고 상인은 가공자로부터 받은 뿌리 1캐티당 16달러의 세금을 낸다. 경작 시기는 정부에서 내리는 지시에 따른다. 재배자와 상인은 날짜가 빠를 때 가장 큰 이윤을 낼 수 있다. 오직 두 명의 가공자와 150명의 재배자만이 허가를 받는다. 가공되는 양은 제한된다. …… 농무성에 의해 서울에서 두 명의 관리가 이 계절을 위해 네 명의 경찰, 두 명의 보조인과 함께 파견되어 있으며, 그들의 지출 비용은 공장주에 의해 지불되고 그들은 가공의 각 단계와 직공의 외출을 꼼꼼하게 지켜 본다. 바로 나와 동행한 이씨가 세금 징수와 관련한 특별한 조사를 위해 세관에서 파견 나온 사람이었다.

비숍이 말한 인삼 중량 단위 캐티catties가 조선의 포삼 단위 근斤과 일치하는지는 분명치 않다. 그렇지만 수삼을 말리거나 찔 때 중량이 줄어드는 비율은, 조선 후기 《임원경제지》에서 4~5년생 수삼 4전을 말리면 1전을 얻는다는 기록과 대략 일치한다. 또한 인삼 생산과 채취가 전매제도에 의해 운영되고 재배자와 상인에게서 세금을 걷는다는 사실도 정확히 알고 있었다.

이어 비숍은 홍삼의 제조 과정에 대해 적었다. "공장의 모든 것은 빈틈없이 깔끔해서 유럽 거래자들에게 신임을 얻고 있다. 우리가 '물품세 징수관'이라 부르는 것으로 사용되는 집들은 잘 지어져 있고 안락하다." 조선의 비위생적인 환경과 여인숙의 불결함을 여과 없이 적었던 대목과는 사뭇 대조된다.

인삼은 철로 만든 화덕 위에 놓인 커다란 흙그릇 속에서 24시간 동안 찐
후 숯으로 고온으로 유지된 방에서 부분적으로 말린다. 최종적으로는
판판한 바구니에 담아 높은 곳에 올려 놓고 밝은 겨울 태양 빛에 뿌리를
말리는 방법이 효과가 있다. 사람 형상은 이 과정을 거치고서도 유지된
다. 그러나 이후에 한국에서 주로 이용되는 수염과 꼬리가 잘린 7.6~10
㎝ 정도 되는 뿌리는 구름 모양의 호박 보석처럼 보인다.

이 뿌리들은 엄격한 선별 작업을 거쳐 크기별로 분류된 후 각각 5캐티
정도가 담긴 작은 직사각형 상자에 포장된다. 그리고 다시 12~14개씩
모아져 방수 처리되고 바닥에 매트가 깔린 상자에 다시 묶여서 수출을
위해 농무성 도장이 찍히고 봉합된다. 이것 한 바구니는 1만 4천~2만
달러의 가치를 가진다. 호기好期에 재배자는 약 열다섯 차례 상품을 내놓
을 수 있다. 인삼은 정부가 독점판매권을 가지지만 횟수는 변화한다.

비숍은 "극동 지역에서 이토록 호평을 받고 가치를 인정받는 인삼은,
그러나 유럽인들에게는 적당하지 않아서 유럽 의사들은 거의 평가하지
않는다"고 했다. 하지만 그녀는 "중국과 일본으로 수출되는 조선의 주요
수출품은 쌀, 콩, 종이와 더불어 인삼이 대표적 물품이다. 조선시대 명성
을 휘날리던 개성 지방 상권이 1895년 격동 속에서 불과 40여 명의 일본
거주자와 14개의 일본 상점에 곤욕을 치르고 있다"고 했다.

비숍이 남긴 인삼 기록의 행간을 읽다 보면 고려인삼은 조선의 대표 무
역상품이라는 단순한 의미를 넘어 개항기 민족의 상품으로 인식되었다
는 사실에 도달하게 된다.

03

러시아《한국지》와
세로셰프스키가 본 고려인삼

러시아《한국지》속의
고려인삼

압록강과 두만강을 두고 중국·러시아가 조선과 국경을 마주하게 된 건 언제부터일까. 이는 1860년 제2차 아편전쟁을 마치면서 영국·프랑스·러시아 등이 청과 개별적으로 체결한 베이징조약으로 거슬러 올라간다. 러시아가 청·영국·프랑스 간의 강화를 중재한 덕분에 우수리강 동쪽의 연해주를 얻었기 때문이다.

연해주를 얻은 러시아는 조선에 여러 차례 육로통상의 길을 열자고 요구했다. 하지만 육로통상은 러시아의 남하정책으로 인식되어 청의 적극적인 방해 공작에 직면해야 했다. 조선 역시 소극적이었다. 조선이 1882년 미국과 조약을 맺은 데 이어 영국·독일과도 조약 체결을 준비하자, 러시아도 1884년 조러수호통상조약을 체결했다. 그런데 이 조약은 해상무역에만 적용되는 조약이어서 러시아가 경제적인 이익을 크게 얻을 수는 없었다. 당시 극동에는 러시아의 상선과 상업세력이 거의 없었고, 블라디보스토크와 모스크바 사이의 교통도 활발하지 못했을 뿐만 아니라 태평양 연안의 러시아 항구들 사이의 해상 수송편도 취약했다. 이런 이유로 러시아는 조러수호통상조약 이후에도 육로를 통한 통상조약, 즉 육로장정에 깊은 관심을 보였으며, 그 결과 체결한 것이 1888년 조러육로통상장정이었다. 〈육로장정〉 체결은 러시아를 끌어들여 청나라에 대한 자주권을 세우려 했던 고종의 외교 다변화 정책 구상이 반영된 결과물이었다.

러시아 측 인물로 이 조약에 깊이 관여한 사람은 베베르Karl Ivanovich Weber 공사였다. 그는 1884년 갑신정변 이후 영국과 일본의 세력을 견제하고 러시아의 세력 확대를 꾀했으며, 1894년 청일전쟁 이후 삼국간섭에서도 중요한 역할을 했다. 1896년에는 고종이 러시아 공사관으로 옮기고 친러내각을 짜는 데 주도적인 역할을 했다.

아관파천을 계기로 러시아는 일본을 제치고 조선에서 우위를 점했다. 러시아에게 조선은 부동항 획득을 넘어 군사·외교·정치·경제적으로 중요한 이해관계가 걸린 국가로 부상했다. 이에 러시아는 1897년부터 상트페테르부르크대학의 동방학연구소 교수, 재무성 관리, 극동 언어학자, 동식물학자, 사학자 등을 대거 조선에 파견하여 조사토록 했다. 이를 토대로 조선에 대한 제반 분야의 연구 결과를 모은 책이 《한국지》이다.[6]

《한국지》는 체계적이고 조직적인 탐험과 학술적 연구의 결과물로서 당대 세계 최대 분량의 한국학 총서였다는 평가를 받는데, 1900년 러시아 재무성이 상트페테르부르크에서 초판을 발행했다.

《한국지》속 한국의 산업을 소개하는 부분에는 벼·보리·수수·옥수수·

콩·채소·삼베·면화 등의 내용에 이어 인삼이 황금黃즉과 같이 기술되어 있다. 인삼이 "동양인들에게 있어서뿐만 아니라 심지어 유럽에 있어서까지 커다란 명성을 떨치고 있다"며 "한국의 의학은 이 인삼의 기적적인 효능에 관한 이야기로 가득 차 있으며 만병을 치료하는 데 심지어 꺼져 가는 생명까지를 연장시키는 데 있어서 매우 강력한 효능을 갖는 약으로 간주되고 있다"고 기술했다.

《한국지》는 '산삼'과 재배 '인삼'을 명확히 구분하고 있으며, 여러 지방에서 인삼을 재배하는데 경기도 개성과 경상남도 영산 일대가 중심지라고 했다. 인삼 재배지의 건물과 삼포의 모습, 토양조건, 파종 및 재배기술도 자세히 소개되어 있다. 이후 홍삼 증포 과정 역시 자세히 기술되어 있다.

인삼 뿌리에 붙은 줄기는 그 자리에서 즉시 잘라 내고 물에 씻은 후 증기

《한국지》. 한반도에서 세력 확장을 도모하기 위한 목적으로 만든 정책자료집으로 원서명은 《꼬리아KOPEИ》이다. (07)

실로 보내질 광주리에 담는다. 증기실에는 평탄하고 넓은 무쇠 가마가 부뚜막 위에 설치되어 있고 가마솥 위에는 뚜껑 대신에 점토질의 용기들이 뚜껑이 꽉 닫힌 채 놓여 있다. 이러한 질그릇의 높이는 2피트[61cm]에 이르며 밑바닥에는 5개의 구멍이 나 있는데 이들 구멍의 직경은 2인치[5cm] 정도가 된다. 가마솥에서 끓고 있는 물에서 올라온 증기가 이들 구멍을 통해서 질그릇 안으로 들어가 가득 채우면서 그 안에 들어 있는 인삼 뿌리에 높고 습한 온도로 작용을 일으킨다. 그리하여 인삼 뿌리를 부드럽게 만들고 불필요한 액즙을 뽑아 낸다. 재배지에서 삼 뿌리를 담아 이리로 보내진 조그마한 바구니는 이러한 열기에 집어 넣어진다.

이렇게 인삼을 증기로 쪄 내는 과정은 모두 1시간 30분에서부터 4시간까지 걸리는데, 소요 시간은 인삼 뿌리의 굵기에 따라 좌우된다고 서술되어 있다.

이어 《한국지》는 "증기로 쪄진 인삼 뿌리는 건조실로 옮겨지는데 그 건조실 안에는 밑이 평탄한 건조용 바구니를 놓기 위해 만들어진 많은 선반이 마련되어 있다. 건조실은 모든 한국의 주택들이 그러한 것처럼 온돌로 되어 있다. 인삼 뿌리는 이곳에 10일간 놓여 있게 되며 이때 숯으로 아궁이에 불을 세게 때서 말리고 완전히 건조되도록 끝마무리가 중요하다"고 했다.

《한국지》는 홍삼의 포장 단위와 판매 이익에 대해서도 소개하고 있다.

인삼 뿌리가 잘 건조되면 그것들을 분류하며 뿌리에 붙은 자질구레한 털과 가느다란 가지, 즉 '털과 꽁지'를 떼어 내고, 나머지 모든 것을 곰팡이가 끼고 상처가 나지 않도록 종이에 싸서 특수하게 만든 바구니에 담는다. 이때 이 안에 든 인삼의 무게는 5푼트[약 2.05kg; 1푼트=0.41kg]를 초과하지 않게 한다. 이렇게 만든 작은 바구니 12개 내지는 14개를 물에 스며들지 않도록 돗자리를 짜서 만든 바구니에 담게 되는데 이때 정부에서 파견된 관리들이 바구니를 확인하고 도장을 찍고 이러한 형태로서 시장에 내놓는 것이다. 이러한 인삼 바구니는 그 안에 들어 있는 인삼 뿌리의 질에 따라서 1만 2,000달러에서부터 1만 4,000달러까지의 가격이 매겨진다.

홍삼을 약 2킬로그램 단위로 작은 바구니에 포장하고 이를 다시 12~14개 들어가는 바구니에 쌓고 인장을 찍어 정품임을 증명했던 것이다.

《한국지》에 따르면 한국의 인삼 수확은 1896년 약 1만 8,630킬로그램(4만 5,440푼트)에 달했으며 그것을 가격으로 환산하면 60만 달러였다고 한다. 다음 해의 홍삼 수확량 가격은 120만 달러로 산정되었다는 통계 수치도 밝히고 있다.

1910년대 압록강 건너편 안동(현재 단둥)에 홍삼 수출 바구니가 쌓여 있다. (08)

《한국지》가 인삼 재배와 홍삼 제조 과정까지 상세하게 파악할 수 있었던 것은, 당시 개항장을 통해 백삼의 수출이 허용된 덕분이었다. 《한국지》에 따르면 개항장을 통해 수출된 백삼의 양은 1892년 현재 기준으로 3년 전에 비해 약 4.6배, 금액으로는 약 11.4배 늘었다. 1895년 무렵부터는 가공된 인삼 수출이 제물포로 집중되었다. 물론 러시아와 조선의 무역은 주로 한국산 소가 중심이었으며 귀리·조·콩·쌀·담배와 같은 곡물이 뒤를 이었다. 하지만 러시아는 삼림 채벌·철도 부설 등과 함께 인삼을 조선에서 수출 교역이 가능한 품목으로 주시하고 있었다.

바츨라프 세로셰프스키의
기록 속의 인삼

바츨라프 세로셰프스키는 1858년 제정러시아 치하에 있던 폴란드 바르샤바 근교의 작은 마을에서 태어난 폴란드계 러시아 학자이다. 튀르크계 종족으로 몽골계와 아리아계의 혼교가 현저한 야쿠트Yakut족에 대한 저술로 러시아 지리학회의 메달을 수상한 민속학자이며, 여러 편의 단편과 중편 소설을 쓴 작가이기도 했다.

그는 러시아 반정부운동에 가담하여 시베리아로 유형을 떠나기도 했다. 1903년 한국에 온 것도 정치적 고난을 면하기 위해 러시아 지리학회의 일원으로 아이누족 연구에 참여하게 되었기 때문이다. 이처럼 전문 민속학자이자 문학가의 눈에 비친 조선은 어떠했을까?

세로셰프스키는 한반도의 지리적 위치와 모양, 그리고 크기가 이탈리아와 비슷하다는 정도의 인식만 가지고 한국을 방문했다. 그래서인지 그는 당시 모호하고 판에 박힌 조선에 대한 인식, 예컨대 "땅이 아주 비옥

해서 이집트처럼 작황이 좋은 나라", "숲에는 참나무·물푸레나무·삼나
무 등 값비싼 나무가 많은 나라", "금·철·구리·석탄과 대리석이 있는 나
라", "상점에 호랑이 가죽이 빽빽하게 걸린 나라" 등 한국에 대한 선입견
을 벗어던질 수 있었다고 썼다.[7]

그러나 그도 서구의 오리엔탈리즘에 기반을 둔 오해와 편견에서 벗어
나지 못했다. 그런 가운데서도 종이·금·은 그리고 인삼 등 한국 상품에
대한 그의 이해는 의미 있게 받아들여진다. 이 가운데 그가 한국적인 것
으로 강조한 것은 단연 인삼이었다.

한국 농부들에게 있어 큰 수입원이 되는 것은 인삼이라는 약효성 뿌리
식물이다. 인삼은 온갖 종류의 영험한 효험이 있으며 원기를 강화시키
고 노인에게는 회춘을 가져다준다고 인정받고 있다. 인삼의 영험한 효
과가 인간의 모습을 닮은 그 형태와 긴밀한 관계가 있다는 한국인들의
말은 흥미롭다. 가린Garin-Mikhailovskii이 기록한 한국 민담 중에는 한
아낙네가 시아버지를 위해 자신의 아들을 죽이고 그것으로 국을 끓여

바츨라프 세로셰프스키Watslav Sieroszewski.
러일전쟁 직전 한국을 돌아다니며 한국의 풍경과 혼란스러운 사회상을 기록했다. (09)

5

대접해 시아버지의 생명을 구하려 했는데 선량한 승려가 아들 대신 인삼을 바꿔 넣어서 아들을 살렸다는 이야기가 있다.

세로셰프스키는 인삼이 한국 농업에서 큰 이익을 줄 수 있는 물품이며, 이는 영험한 약초라는 한국인의 강력한 믿음을 전제로 한다는 점을 정확히 파악했다. 그러나 그는 인삼과 관련된 한국의 전설이 과거 식인 풍습과 연관되어 있다고 봤다. 한국의 효 문화와 인삼의 관련성을 잘못 이해하고 있었던 것이다. 인삼이 유럽인들에게 염증을 유발한다는 잘못된 인식도 여과 없이 드러냈다.

그는 한국에서 인삼 생산량이 약 2만 킬로그램에 이르며 1897년 인삼 수확량이 120만 달러어치였다고 기록했다. 《한국지》와 일치하는 부분이다. 이를 토대로 1903년 현재 인삼이 단일 약재로서 당당히 조선 국가 경제의 주축이라고 평가한다.

세로셰프스키의 여행기를, 당시 조선의 정치·경제·인구·산업·신앙과 풍습을 총망라하여 정리한 민족지의 성격을 띤 저술이라고 보는 시각도 있다. 하지만 책의 전체적인 내용으로 볼 때, 20세기 초 오리엔탈리즘에 기반을 둔 오해와 편견을 벗어났다고 평가하기는 어렵다.

04
오스트리아·헝가리의
고려인삼 이미지

오스트리아인 헤세바르텍의
조선 인식과 인삼

조선과 오스트리아 간 통상조약은 1892년 6월 양국의 전권대신인 주일 대리공사 권재형과 주일 오스트리아 공사 로저 데 비겔레벤Roger de Biegeleben이 일본의 도쿄에서 체결했다.

오스트리아는 1814년 나폴레옹전쟁의 수습을 위해 열린 빈회의의 개최 당사국으로 이후 이른바 '메테르니히 체제'로 불리는 새로운 국제정치 질서의 주역으로서 오랫동안 유럽 최대 강국들 중 하나로 행세했다. 1866년 독일 연방 프로이센과의 전쟁에 패한 후 세력이 줄어들었다가 1867년 정치제도 개혁으로 오스트리아·헝가리의 이중 군주국Dual Monarchy이 되었다. 프랑스와의 전쟁에서 승리한 프로이센의 비스마르크는 유럽 정치질서의 유지와 프랑스의 고립을 목적으로 오스트리아와 양국동맹체제를 구축했는데, 이 체제는 제1차 세계대전까지 이어졌다.

이런 오스트리아의 입장에서 볼 때, 유럽에서 오랫동안 경계의 대상이 었던 러시아의 적극적인 남하정책과 조러육로통상장정 체결은 조선과의 조약 체결의 필요성을 높였다. 한편 조선 정부는 오스트리아와의 조약 체결 과정을 처음에는 청나라에 알리지 않고, 비준 과정에서 고종에 대한 황제 칭호 문제를 논의하는 등 반청정책과 외교의 다변화 정책 기조를 유지하고 있었다. 이러한 분위기 속에서 1894년 청일전쟁이 일어나던 당시 오스트리아의 여행가 에른스트 폰 헤세바르텍Ernst von Hesse-Wartegg이 조선을 찾았다.[8]

그는 갑신정변에서 상처를 입은 민영익을 치료하여 왕실의 후원으로 광혜원을 세웠던 미국인 알렌Horace Newton Allen을 만나 조선 의약계에 대한 현실을 직접 듣기도 했다. 그는 조선에는 천연두에 걸린 사람들이 많고 콜레라가 유행하는데 치료는 주술사들에게 크게 의지한다고 했다. 그런 가운데 인삼에 대한 기술은 주목할 만하다.

조선의 의사들은 유럽의 의학이 손을 쓸 수 없는 병을 치료할 수 있는 방법을 몇 가지 가지고 있기도 하다. …… 중국인뿐만 아니라 조선인들이 가장 애용하고 일반적으로 잘 알려져 있는 약재는 인삼인데 이는 아주 오래전부터 알려진 것이다. 우리의 의학에서도 사용되고 있는 이 의료용 식물은 조선만큼 잘 자라는 곳이 없는데 특히 송도와 황주 지방에서 자란다. 이 식물은 한양, 광주, 이천, 여주, 충주 방면의 밭에서 많이 경작되고 있다. 인삼만큼 활력을 주는 약재는 없다고 한다.

그는 인삼의 효능과 자연삼, 재배삼의 산출지에 대한 정보 등을 기록한 후 이를 조선의 임금도 즐겨 복용하고 《승정원일기》·《일성록》 등 조선 정부의 공식 문서에서 이 사실을 확인할 수 있다고 했다. 인삼 이외에 원기를 강화하는 수단으로 애호되고 많이 복용하는 것이 사슴뿔이라고 소개하고 있다. 곰의 쓸개와 간, 호랑이의 피와 쓸개·간·내장·발톱도 조선의 약리학에서는 중요한 역할을 한다고 했다. 또한 이 같은 내용은 《동의보감》에 개괄되어 있는데 이 책은 중국어로도 번역되는 영예가 주어진 유일한 조선의 책이라고 했다. 헤세바르텍은 조선의 토산품을 설명하는 부분에서 인삼의 최상품은 중국에서 1킬로그램에 수천 마르크에 팔린다고도 밝히고 있다.

헤세바르텍의 저서
《코리아*Korea: eine Sommerreise nach dem Lande der Morgenruhe*》(1894)의 표지. (10)

헝가리 민속학자
버라토시의
한국 인식과 인삼

20세기 초 헝가리에서 한국은 거의 알려지지 않은 미지의 세계였다. 1890년 조선과의 외교 수립을 위해 동아시아로 출항한 군의관 가슈파르 페렌츠Gáspár Ferenc는 헝가리어로 한국을 소개한 첫 번째 인물이었다. 하지만 그는 일본은 미화해 자세히 묘사한 반면 한국은 더럽고 지저분한 나라로 기록했다.

페렌츠와 달리 헝가리의 대표 민속학자 버라토시 벌로그 베네데크 Baráthosi Balogh Benedek와 그의 책 《코리아, 조용한 아침의 나라Korea, hajnalpir orszaga》(1929)는 편향된 서술이 보이지 않는다는 점에서 주목할 만하다.[9] 그는 19세기 후반 시작하여 20세기 전반까지 유행한 '투란주의 Turanism'를 받아들이고 있었다. 투란주의는 우랄어족과 알타이어족에 속하는 언어를 사용하는 사람들을 투란 민족으로 명명하고, 범게르만주의나 범슬라브주의에 맞서 모든 투란 민족의 협력 및 통일을 주장하는 범민족주의로, 범투란주의pan-Turanism라고도 한다. 당시 유럽에서는 우랄어족의 하위 분파인 핀우그르어 사용자들이 많은 핀란드와 헝가리에서 호응을 얻었고, 아시아에서는 터키와 일본 등지에서 정당과 협회가 설립되는 등 일정한 반향을 일으켰다.

그는 헝가리인, 즉 마자르족의 뿌리를 찾기 위해 아무르강 유역에 거주하는 퉁구스 계통 민족들의 언어와 문화를 연구했고, 1907년과 1921년 두 차례의 한국 방문을 바탕으로 이 책을 집필했다. 이 책은 헝가리에 한국만을 소개한 첫 단행본이라는 점에서 의의가 있다. 그의 이러한 활동으로 지금도 부다페스트에 위치한 민속박물관에는 러시아 연해주, 만주,

홋카이도 등에서 그가 가져온 특이하고 귀한 수집품들이 소장되어 있다.

버라토시는 책 서문에서 그동안 유럽에서 떠돈 한국에 대한 부정적인 소문은 이 책에서 모두 실체가 밝혀질 것이라고 적었다. 그러면서 "한국인은 주변 여러 나라의 다른 어느 민족들보다도 신체적으로 훨씬 뛰어나다. 그리고 한민족은 중국의 고대문화와 문명을 일본에 전해 주었다. 무엇보다 가장 중요한 것은 한민족의 정신적 능력은 유럽에서 이미 인정되어 온 일본인, 중국인의 정신적 능력과 충분히 경쟁할 만한 수준일 뿐만 아니라 오히려 더 월등하다고 할 수 있다"고 했다.

그는 '한국인들은 더러운 옷을 계속 입는다', '목욕을 하지 않는다', '마을은 지저분하고 냄새가 난다', '글을 모른다' 등의 편견을 민속학자의 예리한 관찰력으로 반박한다. 전국 작은 냇가에 몰려들어 빨래를 하는 아낙네의 모습, 발버둥을 치는 아이들을 붙잡아 얼굴을 씻기는 일상, 민족의 청결 수준을 대변하는 부엌의 깨끗함, 유럽과 마찬가지로 인분을 비료로 사용하는 마을 환경, 한글의 독창성 등을 실례로 들어 유럽인의 편견을 애정 어린 해석을 통해 변화시키려 했다.

그는 한국 여행 중 산속에서 바구니에 인삼을 가득 담아 앞뒤로 짊어진 중국 사람을 만난 후 인삼에 대해 다음과 같이 적고 있다.

인삼의 뿌리에는 셀 수 없이 많은 잔뿌리가 달려 있었는데 약간의 상상력을 동원한다면 사람의 형상을 하고 있다는 것을 알 수 있다. 동아시아에서는 인삼이 온갖 병을 치료하는 만병통치약이라고 믿고 있었다. 또한 이것을 먹으면 아름다워지고 젊어지는 효과가 있다고 믿었다. 인삼은 이러한 대중적인 인기 때문에 한국에서는 물가 수준보다 훨씬 비싸게 팔리고 있었다. 당시 한국에서 생산되는 인삼은 국가가 독점 판매했다. 중국 장사꾼은 한국에서 인삼을 가지고 다니면서 비교적 싸게 팔고 있었는데 이는 단순히 먹고살 수 있는 정도만이 아니라 꽤 돈벌이가 되는 아주 좋은 사업이었다. 그들은 말 그대로 밀거래꾼이었다. 한국인들은 인삼을 싸게 파는 중국 밀거래꾼을 신고하지 않았다. 그들은 인삼을 싸게 살 수 있어서 좋았고 당국에서는 이런 산골까지 와서 그들을 감시하거나 통제할 리 없었기 때문이다.

버라토시는 인삼의 생김새와 효능 및 사회적 인지도를 정확하게 파악하고 있었다. 그는 명주, 담배, 소가죽과 더불어 인삼이 한국의 주요한 수출품이었다고 적었다. 이처럼 한국을 찾은 오스트리아와 헝가리 사람에게도 조선의 인삼은 강렬한 이미지를 남겼다.

05
스웨덴 슈텐 베리만과
인삼

1935년 3월 17일 《조선일보》와 《조선중앙일보》는 조선과학지식보급회의 발의로 스웨덴의 박물관학 권위자 슈텐 베리만Sten Bergman의 방한 환영회를 경성 명월관에서 연다는 기사를 게재했다. 스톡홀름대학 교수 베리만은 조선의 동식물 표본을 수집해서 스웨덴 왕립자연사박물관에 보내려는 목적에서 방한한 것이었다. 이때 한국 곤충학계의 태두인 김병하 박사는 베리만 교수를 통해 자신이 채집한 곤충 표본 수백 점을 스웨덴 황태자에게 기증했다. 베리만은 조선의 산간 지방을 돌며 다양한 동식물 관련 기록을 남겼다. 바로 《한국의 야생 동물지 In Korean Wilds and Villages》이다.[10] 베리만은 스웨덴의 일류 박제사 훼크비스트H. Sjöqvist와 함께 시베리아, 하얼빈, 심양을 통과해 압록강을 건너 추운 겨울 경성에 도착했다.

방한 전 그가 조선에 대해 가지고 있던 지식은 조선은 '스웨덴의 절반만 한 크기의 반도'이며, '스페인의 중부에서 남부 정도의 위치'라는 점, '극동에서 가장 오래된 문명국의 하나'인데 지금은 '일본의 식민국가'라는 점 등이었다. 주요 관심사였던 조선 야생동물의 생태와 관련해서는 "북부의 산림 지역은 시베리아나 만주의 야생 생태와 매우 흡사하고 중남부 지역의 모습과는 뚜렷하게 차이가 난다"고 파악하고 있었다. 그의 주요 활동 지역과 관심은 한반도 북부 지방에 있었다.

베리만은 책 후반부 〈민간의료〉라는 장에서 인삼에 대해 상세히 소개하고 있다. 우선은 인삼의 학명과 생김새에 대한 내용이다.

한국과 중국 그리고 동부 시베리아의 몇몇 지역에서는 고대로부터 약으로 특별한 명성을 얻고 있는 유명한 식물이 자라는데 그것이 곧 인삼이다. 그것의 라틴어 학명은 인삼Panax ginseng이며 두릅나무과에 속한다. 인삼은 초록색 잎을 가진 식물로서 다 자라면 몇 피트 되지 않는다. 인삼의 흰 뿌리에는 굉장히 무성하게 많은 잔가지들이 뻗쳐 있다. 때때로 인삼은 신기하게도 사람의 형상을 하고 있으며 그것이 좀 더 자라면 굉장한 가치를 지니게 된다.

그는 야생의 산삼과 재배인삼을 구분하고, 먼저 산삼에 대해 언급했다.

이 식물은 신비하고 불가사의한 효험을 가진 것으로 여겨지며 모든 한국인과 중국인들은 그것을 맹목적으로 믿고 있다. 언젠가 교양 있는 한 한국인이 나에게 인삼의 뿌리와 비교되는 약은 없다고 말했다. 만약 당신이 산삼 뿌리로 조제한 보약을 먹는다면 당신은 혹한에서도 결코 떨지 않을 것이며 폭염에서도 절대 고생하지 않을 것이며 80세나 90세가 되어서도 겨울 동안 얇은 옷을 입고 외출할 수 있을 것이다. 당신은 정력을 완전히 발휘할 수 있다. 그 보약을 먹은 허약한 약골들은 건강하고 활기차게 자라나 병에 걸리지도 않는다. 그러나 그 보약은 산삼 뿌리로만 만든 것이어야 한다. 그러한 보약으로서는 30~40년 묵은 인삼이 효험이 있다. 재배된 인삼 뿌리도 매우 좋지만 기껏해야 1~2년 동안만 효험이 있을 뿐이며 산삼처럼 불가사의한 힘을 가지고 있지는 않다.

뒤이어 산삼을 캐기 위한 심마니들의 노력과 그 이유를 서술한다.

한국인의 제일 큰 소망은 산삼을 발견하는 것이었다. 그 식물은 수요가 너무나 많아서 특산품은 심마니에게 엄청난 돈을 벌게 해 준다. …… 그들은 종종 산신령에게 산삼을 찾을 수 있도록 도움을 청하는 기도를 올리고 산 중턱에서 몇 달 동안 그것을 찾아 헤맨다. 수많은 미신에 대한

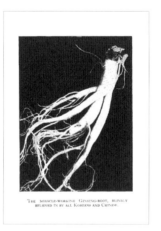

THE MIRACLE-WORKING GINSENG-ROOT, BLINDLY
BELIEVED IN BY ALL KOREANS AND CHINESE.

《한국의 야생 동물지*In Korean Wilds and Villages*》에 실린 슈텐 베리만과 인삼 사진. (11)

의존은 인삼을 찾는 것과 연관되어 있다.

산삼에 대한 예찬과 더불어 그는 가삼, 즉 재배인삼의 효능도 높게 평가하고 있다.

한국산 인삼에 대한 수요 특히, 중국으로부터의 수요가 급증함에 따라서 지난 몇 년 동안 이 식물은 한국에서 재배되었다. 지금은 정부가 인삼의 재배를 독점하고 있으며 이를 통해 정부는 매년 200만 엔 정도를 벌어들인다. 인삼은 지난 몇 년 동안 해충들로부터 피해를 입어 그 수익도 떨어졌다. 연간 수익은 1932년의 200만 엔에서 1934년의 150만 엔으로 떨어졌지만 문제의 해충을 제거하는 데 가능한 한 모든 노력을 기울임으로써 최근에 인삼 재배가 호전되어 재배에 성공했다.

정부의 가장 중요한 인삼 재배단지는 한국의 지난날의 수도로서 경성에서 조금 떨어진 송도에 있다. 인삼은 뿌리를 수확할 때가 되는 6년 동안 세심한 보살핌을 받는다. 그다음에 뿌리는 조심스럽게 채취되어 다듬어서 건조한다. 뿌리가 건조되는 동안 태양이 뿌리에 직접 빛을 비추게 해서는 안 되고 북쪽을 제외한 모든 방향에 차단막을 만들고 밀짚으로 덮어 주어야 한다. 뿌리를 수확하게 되었을 때, 뿌리를 차 주전자나 냄비에 놓고 뜨거운 물을 그 안에 부으면 마실 수 있는 탕이 된다.

이어 베리만은 스스로 인삼을 차로 만들어 두 번이나 먹었지만 불행하게도 즉각적인 효험을 보지는 못했는데, 그건 자신이 "인삼의 불가사의한 힘을 믿지 않았기 때문"일 것이라고 적고 있다.

베리만은 한국인의 민간의료에 미신적 요소가 많다는 인식을 드러내고 있었다. 그러나 인삼에 대해서만큼은 달랐다. 그는 조선의 주요 산업은 농업이지만 담배와 '기적의 약초'라고 불리는 인삼이 대규모로 재배된다는 점에 주목했다. 그리고 인삼의 학명·생김새·효능에 대한 세간의 믿음 등을 기술했다. 왜였을까? 인삼이 유럽인에게 새겨진 조선의 이미지 중 가장 강렬한 아이템이었기 때문으로 보인다.

제6장

조선 인삼, 미국 인삼

01
미국도 조선 인삼을
시험 재배하려 했다

상투 쓴 조선 공사,
미국 농무부를 방문하다

1840년대 미국의 대외무역에서 미국 야생 인삼은 모피와 함께 가장 경쟁력 있는 상품 중 하나였다. 그러나 세계 최대의 인삼시장인 중국에 출시된 미국의 야생 인삼은 항상 조선 인삼에 비해 낮은 등급을 받았다. 게다가 무절제한 채취로 1880~1890년대에는 절종의 위기감마저 높아지고 있었다.

그렇다면 미국은 조선의 인삼 종자나 종묘를 얻어다가 재배하려 하지 않았을까? 미국이 만약 시험 재배를 했다면 종자와 종묘는 어떻게 얻었으며, 경작 도구와 기술은 어떻게 습득할 수 있었을까? 미국이 당시 세계 최고 수준의 식물학적 기술과 성과를 보유했더라도 인삼 재배법에 대한 기초 정보 없이 경작이 가능했을까? 중국 시장에서 조선 인삼보다 더 나은 경쟁력을 확보하기 위한 방안은 마련하지 않았던 것일까?

이러한 의문을 풀기 위한 직접적인 자료는 찾기 어렵다. 다만 미국으로 파견한 조선의 공사 일행과 조선에 온 미국 외교관들의 기록에서 이러한 의문의 일단을 풀 수 있을 듯하다. 우선 미국 정부가 조선 인삼의 시험 재배를 했을까라는 의문을 풀기 위해, 1880년대 미국을 방문한 조선의 외교사절단을 살펴보자.

이 시기 조선 외교관 일행의 미국 공식 방문은 두 번 있었다. 첫 번째는 1882년 조미수호통상조약 이후 미국 특명전권공사 푸트Foote가 부임하자 이에 대한 답례 성격으로 파견한 1883년 조선 보빙사 일행이었다.

보빙사에 참여한 사람은 전권대신 민영익, 부대신 홍영식, 종사관 서광범, 수행원 유길준과 변수, 무관 최경석 등 모두 11명이었다. 이들 가운데 최경석은 미국 농업에 많은 관심을 가지고 정보를 채록하는 한편 각종 종자, 농기구 등을 들여와 시험 재배농장을 만들었으며, 변수는 갑신정

1883년 보빙사 일행. 뒷줄 오른쪽 첫 번째가 수행원 변수, 세 번째가 무관 최경석이다. (01)

변 이후 미국으로 망명하여 메릴랜드 주립대학에서 농업을 전공해 학위를 받아 조선인 최초의 미국 대학 졸업생이 된다.

두 번째는 1887년 미국 주재 조선 전권공사 박정양 일행이었다. 박정양은 1888년 1월 19일 워싱턴 D.C. 피서옥皮瑞屋Fisher House에 처음으로 조선공사관을 개설했다. 참찬관 이완용, 서기관 이하영·이상재, 번역관 이채연과 이들의 안내 책임자 참찬관 알렌 등 모두 11명이었다. 미국을 방문한 박정양 일행은 미국 농무부를 방문했는데, 미국에서 야생 인삼의 절종 위기가 대두되는 시기였다.

다음으로 한 곳에 이르니 여기는 각종 종자 실험실이다. 여인 100여 명이 의자에 줄지어 앉아서 한편에서는 종이로 봉지를 만들고 다른 한편에서는 봉지 안에 종자를 저장하며, 또 한편에서는 종이를 인쇄하여 부착하고 있다. 이는 각 지역으로 나눠 보내서 인민이 토양에 따라 적당하게 종자를 배양하는 자료로 삼고자 하는 것이다(《미행일기》 무자년(1888) 3월 27일).

1888년 3월 27일 박정양이 미국 워싱턴 D.C. 농무부의 어느 작업장 모습을 기록한 《미행일기美行日記》의 한 부분이다.[1] 미국 농무부는 1862년 링컨 대통령이 농무부 비준안에 사인함으로써 공식 발족했다.[2]

공식 발족한 농무부에서는 산하에 통계국을 두고 이듬해인 1863년부터 《월보Monthly Report-condition of the crops》를 간행했다. 1860년대 미국은 농업이 주요 수입원이었음에도 아직 농업 상황을 파악할 수 있는 전반적인 통계도 없었고 통계를 통해 수립된 정책을 집행할 행정력도 미흡했다. 이에 농무부에서는 동물산업국·화학국·산림국·식물산업국·통계국 등을 통해 다양한 보고서 및 간행물을 발간하여 농축산물의 생산 동향과 경작 면적, 시장 정보 및 가격 등을 체계적으로 제공하여 산업경쟁력 확보에 도움을 주려고 했다.

통계에 기반을 둔 미국의 농축산업은 크게 발전하기 시작했다. 박정양은 "구미의 여러 나라가 미국의 곡물에 힘입어 살고 있다. 비록 밀가루 하나만 보더라도 해마다 해관海關으로 수출하는 값이 1억 3,000여만 원을 밑돈 적이 없다"[3]라고 했다.

여기서 조선 보빙사의 일원인 변수(1861~1891)를 주목할 필요가 있다. 변수는 대학 졸업 직후 미국 농무부에서 시간제 촉탁직으로 일하면서 1891년《월보》에 〈일본의 농업Agriculture in Japan〉이라는 글을 기고했다.[4] 〈일본의 농업〉은 남북전쟁 이후 미국이 '재건'에 나서면서 대외정책이 변화되고 새로운 판로 개척을 위해 아시아에 대한 보고서를 필요로 하게 된 시대적 요청에 따른 것이었다. 이 글에는 일본 농업 지역의 토양 분석·토지 분포·면적·기후 등의 자연환경과 농업생산을 소비와 연결시키는 상업적 농업의 시각, 그리고 철도·도로·통신 등 상업적 인프라 분석을 통한 유통과 정보 교환 및 농산물 무역에 대한 분석이 잘 녹아 있다.[5]

박정양이 워싱턴에 공사관을 열고 있었지만, '갑신역당'으로 미국에 있었던 서광범·서재필·변수 등과는 서로 만나지 않았다.[6] 결국 아시아 사정에 능통하고 농학을 전공한 변수를 통해 〈일본의 농업〉을 파악하려 했던 미국 농무부의 정책이 그대로 조선의 인삼에 적용되었을 가능성은 커 보인다.

미국 인삼은 1776년 독립 이후에도 중국 시장을 겨냥한 대표적 교역품이었다. 그러나 1880년대 야생 인삼의 고갈이 예견되면서, 홍콩 주재 미국 총영사들은 미국 재배인삼도 "생김새만 좋다면" 중국에서 야생 인삼보다 가격이 높다고 시장 상황을 보고하였다. 또한 미국 농무부는 경쟁력 있는 세계 각국의 농산물에 대한 시험 재배와 이를 근거로 재배 매뉴얼을 발간하여 농업 현장에 확산하려 시도하고 있었다.

박정양의 눈에 비친 미국 농무부 광경을 다시 주의 깊게 들여다보자.

무릇 각국의 온갖 곡물로 농사에 이익이 되는 등속은 수집하지 않는 것이 없으며, 먼저 해당 부서에서 작은 포대를 만들어 종자를 저장한다. 물에 담가 실험한 지 며칠 만에 껍질이 갈라져 몇 개의 싹을 틔웠는지, 어떤 종자가 어떤 토양에 적당한지, 기록을 보존하고 장부를 작성한다. 신문에 간행하기도 하고 별도 책자로 반포하기도 한다. 아울러 우편 세금을 면제하니 인민에게 널리 알리고자 하는 것이다(《미행일기》 무자년 (1888) 3월 27일).[7]

세계 각국의 농산물 중 이익이 된다고 판단되는 작물의 시험 재배와 홍보가 체계적으로 이루어지고 있었던 것이다. 박정양은 미국에서 직접 보고 듣고 느낀 여러 가지 제도와 문물을 체계적으로 정리한 보고서 형식의 《미속습유美俗拾遺》에서 이 같은 미국 농무부의 움직임을 다음과 같이 정리하고 있다.

농무부에서 …… 만약 어떤 종자를 외국에서 처음 구입해 오면 역시 반드시 시험한 후에 널리 퍼뜨린다. 이 때문에 인민이 농사짓는 것이 매우 편리하고 이익을 얻는 것이 더욱 많아진다. 또 단지 곡식 종자뿐만 아니라 무릇 농업 기계 및 채소, 과일, 양잠, 목면, 목재, 금과 은, 탄광, 소와 말, 개와 양, 어업과 염전 등 인민에게 이익이 되는 것은 그렇게 하지 않는 것이 없다. 대개 미국이 여러 해 동안 풍년이 들어서 풍요로움이 날이 갈수록 향상하는 것 역시 일찍이 농무부가 권장하고 가르쳐 지도하는 데서 비롯되지 않은 것이 없다(《미속습유》〈농무부〉).[8]

심지어 농무부에서는 박정양 일행이 방문한 후인 5월 10일, 다양한 종자 한 뭉치를 우편으로 보내 주었다. 이에 박정양은 농무부 장관 콜먼에게 각종 종자를 넉넉히 보내 준 데 대해 감사를 표하는 인사를 보냈다.

보빙사 일행 중 최경석은 1884년 지금의 용산구 및 성동구에 농무목축시험장을 설치하여 샐러리·양배추 등과 같은 신작물과 젖소·종마와 같은 신종축 등을 도입하고, 종자 및 종축의 증식 및 배부를 담당하면서 주한 미국공관원 등에 서양 채소를 분양했다.[9] 이로 미루어 박정양 역시 미국 농무부로부터 받은 종자를 그냥 두지 않고 본국에 보고했을 것으로 추정된다. 1900년 잠상시험장, 1906년 원예모범장 등을 통해 농사 시험 연구가 시행되었던 사실도 이 같은 추정을 뒷받침한다.[10]

그렇다면 미국도 조선의 인삼 종자를 얻어 재배하려 하지 않았을까. 미국 농무부 방문 기록을 보면 미국 또한 중국 시장에서 호평 받는 조선 인삼의 종자, 재배법, 농기구 수집에 상당한 관심이 있었을 것으로 판단되기 때문이다.

1883년 보빙사와 함께
조선에 온 포크의 임무

조지 포크George C. Foulk는 1856년 펜실베니아의 아주 작은 마을 마리에타에서 태어났다. 조선이 문호를 개방한 1876

년 메릴랜드 아나폴리스의 해군사관학교를 졸업하고 아시아 함대에 6년 간 근무했다. 어학 재능이 뛰어나 일본어에 능통했고 독학으로 중국어를 읽을 수 있었다. 1882년 그는 시베리아, 유럽을 경유하여 미국으로 귀국하는 길에 부산과 원산을 방문한 적이 있었다. 조미수호조약 체결을 바로 코앞에 둔 시점이었다.

워싱턴으로 돌아간 포크는 미국 해군도서관에 근무했는데, 시간적 여유가 있어 일본어, 중국어, 한국어를 계속 공부했다고 한다. 이때 1883년 9월 조선의 보빙사가 미국에 왔다. 이에 미 해군 소위 포크는 통역관으로서 해군정보국의 데오도르 메이슨 대령과 함께 활동하게 되었다. 그는 일본어에는 능통했으나 한국어는 서툴렀는데, 보빙사로 파견된 두 사람이 일본어를 할 줄 알아서 다행히 한국어도 습득할 수 있었다.[11]

포크는 메이슨 대령과 함께 9월 15일 워싱턴에서 보빙사 일행을 만나 미국 동부 시찰에 동행했다. 첫 번째 방문지는 뉴욕이었다. 뉴욕의 5번가 호텔에서 전권공사 민영익은 미국의 체스터 아서Chester Arthur 대통령을

조지 포크. 그는 보빙사 일행이 돌아오는 때에 함께 조선으로 들어와 개성의 인삼밭 시찰 기록을 남겼다. (02)

만나 신임장을 제출했고, 아서 대통령은 독립국가로서 상업·기술·교육 부문에서 협력하자는 성명을 발표했다. 며칠 후 포크와 메이슨은 뉴욕· 보스턴·워싱턴을 안내하면서, 공장·병원·소방서·우체국·현대식 농장· 미국 해군 조선소·뉴욕 헤럴드 신문사·티파니·웨스트 유니언 통신사· 웨스트포인트 사관학교 등을 방문했다.

10월 중순 보빙사는 두 개 조로 나뉘어 귀국길에 올랐다. 하나는 부사 홍영식 등으로 워싱턴으로 왔던 길을 되밟아서 샌프란시스코에서 태평 양을 건너는 일행이었고, 다른 하나는 민영익·서광범·변수 등으로 미국 해군의 가장 큰 전함인 3,900톤급 트렌턴호를 타고 유럽을 경유해서 귀 국하는 일행이었다. 그동안 포크를 인상 깊게 지켜 보았던 민영익이 함께 동행할 것을 요청했고, 이에 포크는 해군 무관 자격으로 함께 길을 나서 게 되었다.

1883년 11월 19일 트렌턴호는 포르투갈 아조레스제도, 지브롤터, 마르 세유, 수에즈, 아덴, 폼페이, 실론, 싱가포르, 홍콩, 나가사키 항구를 들렀

보빙사 일행이 미국에서 귀환할 때 탄 트렌턴Trenton호.
1876년 진수하여 1881년 퇴역하였는데, 1883년 아시아 지역에서 다시 활동을 시작할 때에는
전등을 사용한 최초의 미국 해군 함정이었다. (03)

으며, 마르세유에서는 파리와 런던을 다녀올 기회도 가졌다. 이 과정에서 포크는 전통적인 유학 고전을 공부하는 데 힘을 쏟은 민영익보다는 개혁적 의지를 지닌 서광범, 변수 등과 각별한 관계를 맺게 되었다.

1884년 5월 31일 드디어 포크와 보빙사 일행이 제물포에 도착했다. 포크에게는 두 기관에서 임무가 주어졌다. 하나는 미국 해군장관 윌리엄 챈들러의 명으로, "미국 정부에 유용하고 관심 있는 그리고 넓은 범위에서 공공에게 도움이 되는 한국의 모든 정보"를 전송하는 것이었다. 다른 하나는 국무장관 프릴링하이젠의 명으로, "잠재적 이익, 특별히 무역의 전망을 고려한 모든 사항들 그리고 조선 정부와 조선 사람들과 가장 좋은 관계를 유지할 수 있도록 할 것", 특히 포크가 가장 익숙한 주제 예를 들면 "항해 교육 등에 대한 전문적인 조언의 요구에 응대"하는 임무였다.

포크는 조선에 대한 정보를 모으기 위해 세 차례의 여행을 계획했지만 1885년 조선 주재 공사를 대신 맡게 되면서 두 번의 여행만 실행에 옮길 수 있었다. 첫 번째 여행은 개성·북한산성·강화·수원·남한산성을 둘러보는 약 198마일 16일에 걸친 여행이었다. 이때 고려인삼의 고향 개성을 방문했다.

1884년 9월 22일, 테가 넓은 중절모자를 쓰고 헐렁한 하얀색 옷을 입은 4명의 가마꾼이 짊어진 깔끔한 가마가 준비되었다. 여행에는 전양묵·정수일이 동행했다. 궁궐에서 보낸 말 탄 관리와 말몰이꾼, 짐을 싣는 말과 소년 그리고 동행인들의 하인 3명 등 일행은 모두 20여 명에 가까웠다. 여기에 다시 한양의 북쪽 문을 나서면서 변수와 군관[12]이 합류하여 일행은 모두 31명이 되었다.

여행에서는 정부 고위 관료들의 공식적인 행차에서나 볼 수 있는 야단법석과 모든 격식을 갖춘 의전과 음식이 제공되었다. 보빙사 때 인연을 맺은 민영익과 고위 관료들이 포크가 여행하는 곳에 미리 기별을 넣고 여행 경비까지 제공했던 것이었다. 포크는 얻고자 하는 정보와 자료를 상세하고도 성실하게 제공받을 수 있는 환경 속에서 여행할 수 있었다고 판단된다.

포크의
개성 인삼 정보 수집

조지 포크는 이 여행에서 개성의 인삼산업 관련 정보를 체계적으로 정리하여 보고하는 자신의 임무를 수행했다.[13] 포크의 보고는 산삼·인삼·홍삼·백삼 등의 용어를 정의하고 그것에 대한 설명을 붙이는 형식이었다. 구체적으로 살펴보면 인삼은 본래 삼蔘인데 접두어 'In(人)=man'과 'San(山)=mountain'이 제각기 붙은 것이다. 산삼은 아주 드물었고 죽은 사람도 되살리는 효과를 가졌다고 믿어져 가격이 엄청 비쌌다. 이 때문에 산삼의 씨를 얻어 비슷한 환경에서 기르는 산삼도 나왔고 이런 이유로 가짜산삼도 생겼다. 보통 시장에 나오는 것은 조선에서 대량으로 경작되는 인삼이지만 이것도 중국 사람들에게 높이 평가받고 조선 사람들에게도 가장 좋은 약초로 믿어지는 것은 산삼과 다르지 않다고 했다.

포크는 깊은 산에서 나는 삼을 산삼(mountain; wild ginseng), 재배한 삼을 인삼(cultivated ginseng)이라고 정의했다. 이어 자신이 돌아본 조선 인삼의 주산지 개성의 인삼농장 전경을 스케치한 후 농장 내부의 모습을 설명한다. "각 농장은 직사각형의 구역이었다. 이곳의 건물과 초가집은 조선 사람들의 다른 집들보다 눈에 띄게 우수하며 내부는 단정하게 정리되었고,

인도와 울타리는 질서가 있었다." 도둑을 막기 위한 감시탑, 판매에 대한 흥정과 인삼의 검사가 이루어지는 객실과 규모 있게 늘어선 삼포의 광경도 서술했다.

이어 인삼 재배와 가공처리 과정을 자세히 정리했다. 인삼 재배는 첫해 씨앗을 뿌리는 과정부터 6~7년 차에 수확하는 과정을 그리고 가공 과정은 증포→건조→포장까지의 내용을 적었다. 인삼 재배 과정은 씨앗을 키울 묘판을 만드는 첫 해의 과정, 즉 흙 고르기, 파종 시기, 심는 깊이와 거리, 물 주기, 모판 덮어 주기 등을 설명했다. 이어 2년 차는 겨울을 나고 땅 위로 나온 식물을 삼포에 옮겨 심은 뒤 거두고, 3년 차에도 지난해 가을에 뽑은 뿌리를 봄에 옮겨 심는 과정을 반복하는데, 식물이 자람에 따라 사이를 적절히 띄운다고 했다. 4년 차에 한 번 더 옮겨 심은 뒤에는 2년 반이나 3년 이후 수확할 때까지 자라게 두는데, 이 때문에 식물이 완전히 자라는 데 7년이 필요하다고 했다. 인삼 씨 뿌리기부터 수확까지의

인삼밭. 개성의 인삼밭은 규모와 질서 있게 늘어서 있었다. (04)

전체 과정을 숙지하고 정리한 것이다.

다음은 가공처리 과정이다. 즉 7년 차 가을을 맞아 씨앗을 거두고 뿌리를 수확한 이후의 일들을 기록했다. 수확한 씨앗은 잘 말려 저장하거나 곧바로 심으면 되었다. 하지만 뿌리의 건조와 가공은 관심 대상이었다. 그는 인삼을 찌는 증포 과정과 건조 과정을 비교적 자세히 기록했다.

세척된 인삼 뿌리는 그물처럼 짜인 작은 바구니에 담겨지고, 즉시 김이 모락모락 나는 집[증포소]으로 옮겨진다. 이곳은 평평한데, 얇은 철로 만든 보일러가 아궁이 위에 있고 그 위에는 지름 2피트[61cm], 그만한 높이의 촘촘한 뚜껑이 달린 항아리들이 있다. 항아리 바닥에는 지름 2인치[5cm] 크기의 구멍 5개가 있다. 보일러에서 물이 끓으면 증기가 상승하여, 이 항아리 구멍을 통해 스팀이 그 항아리를 가득 채운다고 했다. 한편 뿌리가 들어 있는 작은 바구니는 항아리에 단단히 닫힌 상태로 1시간 반에서 4시간 정도 찌는 과정을 계속하는데, 다 되면 건조실로 옮겨진다. 이곳은 대나무로 만든 기둥에 선반이 걸려 있는 기다란 건물인데, 그 위에 평평한 건조용 바구니를 일렬로 늘어놓았다. 그 집의 바닥 아래는 3~4피트[92cm~1m 22cm] 간격으로 난로가 있는데, 연기는 바닥 아래 집들의 뒤쪽에 있는 작은 구멍에서 나온다. 뿌리는 건조실의 바구니에 펼쳐진 채로 보존처리 되었다고 여겨질 때까지 약 열흘 동안 계속해서 불을 지핀다. 이곳에서 인삼은 습기를 배제하기 위해 안감 종이로 단단하게 싸고 직사각형 버드나무 바구니에 담아 표식을 찍어 포장된다.

포크는 이 과정을 통해 인삼이 당근처럼 밝은 붉은색에서 체리나무 열매 빛깔을 내는 홍삼이 된다고 했다. 조선의 주요 수출품으로 홍삼 시세는 현재 파운드당 4달러 가까이 된다고도 했다. 덧붙여 그는 뿌리를 단순하게 씻고 말린 백삼도 국내에서 형태와 품질에 따라 가격이 높게 책정된다고 하면서, 인삼이 민간에서 사용되는 방법도 기록했다.

이어 포크는 중국 시장에 인삼을 공급하는 경쟁자는 블라디보스토크 인근의 시베리아 지방 프리모르스카야라고 지적하고, 이곳에 엄청난 수의 중국인들이 인삼을 찾기 위해 몰려들고 있다고 했다. 또한 블라디보스토크 북동쪽 지역에 가까운 수찬과 단비허강에서 인삼이 많이 재배된다고도 했다.

포크의 여행은 단순한 여행이 아닌 무역상의 이익 및 해군과 군비와 관련된 정보 수집의 일환이었다. 특히 개성 방문은 조선 인삼의 산업적 측면에 착안하여 인삼 농부들로부터 인삼농장의 이모저모, 연차별 경작 상황과 재배법, 가공시설 및 가공법에 대한 정보를 상세히 듣고 정리한 일종의 벤치마킹 보고서였다. 이런 점에서 봤을 때 그의 보고서가 미국의 인삼 재배기술에 영향을 미쳤을 가능성을 배제하기는 어렵다.

1898년 알렌은 포크의 보고서를 인삼 재배에 대한 가장 상세한 자료라고 평가하고 이를 다시 정리해 본국으로 보고했다. 그런데 1898년은 펜실베이니아 주립대학 농업연구소가 인삼 재배 실험에 착수한 바로 그해였다. 1898년 5월 알렌 보고서를 보면, 미국에서는 이미 조선 인삼의 문화적 성격과 재배기술에 대해 상당한 정보를 가지고 있었으며, 조선 인삼이 중국 시장에서 높은 등급과 가격을 받는 이유에 대해서도 충분히 알고 있었다.

당시 미국에서는 미국 인삼과 조선 인삼 뿌리가 생김새부터 다르다는 것을 알고 있었다. 미국 인삼은 주로 '턱수염'이라 불리는 섬유질 뿌리 같은데, 조선 인삼은 이보다 탄탄했다. 식물학자들도 이 두 식물을 학명을 달리하여 구별하면서 복용 효과도 확실한 차이가 있을 것이라고 생각했다. 비록 당시 미국 의료 당국은 인삼의 약초로서의 효능을 의심했지만 수많은 중국인과 조선인이 인삼의 효과를 보지 못했다면 수세기 동안 만병통치약으로 여겨지지는 않았을 것이라고 했다. 미국 의학계의 주장이 선입견일 수 있다는 입장을 피력하면서 인삼이 중국 시장에서 가능성이 있다고 본 것이다.

또한 최근 중국과 조선에서 퀴닌Quinine이 말라리아 열병 치료에 훨씬 효과적이라고 알려지면서 진통제로서의 인삼 인기가 어느 정도 떨어지긴 했지만 인삼은 앞으로도 강장제나 해열제로 계속 공급될 것이고, 퀴닌과 결합하면 그 명성은 오히려 높아질 것이라고 전망했다. 이 때문에 중국 상점에서는 미국 인삼과 조선 인삼을 섞어서 가격을 낮추려는 협잡이 발생한다는 실정도 알고 있었다.

미국 공사 알렌은 인삼 씨를 구해 달라는 요청을 수차례 받았다고 술회한다. 그는 씨앗이 미국으로 가는 도중에 말라 버려서 싹을 틔우는 데에는 실패할 것이기 때문에 이 같은 요청은 헛된 일이라고 했다. 그러나 조선의 인삼 재배에 대한 정보를 알고 있고, 미국의 사회경제적 요구를 인지하고 있던 알렌은 본국에 다음과 같이 보고했다.

이 사무실에서는 인삼 씨앗에 대한 수많은 요청이 접수된다. 씨앗은 도중에 말라 죽고 심으면 발아하지 못하기 때문에 미국에 보내도 소용없다는 것을 이 보고서를 읽으면 알 수 있을 것이다. 1~4년 차의 뿌리는 상당한 어려움 속에서도 두 차례 확보되어 상당한 비용을 들여 워싱턴 농무부에 급행으로 보내졌다. 이 뿌리들의 첫 번째 선적은 썩은 상태로 도착했고, 두 번째 선적은 아무런 불만도 접수되지 않았기 때문에 틀림

없이 살아남았을 것이다. 이 뿌리를 조심스럽게 다루면 몇 년 안에 분배를 위한 씨앗을 생산할 수 있을 것이다.

1890년대 미국에서 야생삼이 절종될 위기에 처한 가운데 알렌은 1~4년차의 인삼 뿌리를 확보해 워싱턴의 농무부에 급행으로 보냈음을 알 수 있다.[14]

이런 점들을 종합해 보면 미국이 조선 인삼의 종자나 묘종을 수입하여 이를 재배하려 했을 것이라는 가설이 과도한 비약은 아니라고 판단된다. 조선 외교관 일행이 직접 미국 농무부의 인삼 시험 재배 광경을 목격하지는 못했을 것이다. 하지만 조선의 외교관 일행이 국왕의 명을 받들어 미국의 산업과 문물에 대한 정보를 수집해 와 우리 현실에 적용하려 했듯이, 미국 국무성과 해군의 임무를 부여받은 포크가 신비한 인삼의 나라 조선에서 미국의 이익을 증대시킬 인삼의 재배 정보와 농작 기기를 수집했음은 당연한 일로 추정된다. 포크가 여행 일정에 개성을 포함시킨 이유는 여기에 있었을 것이며, 이후 한국을 방문하는 외국인의 여행에서 개성이 빠지지 않던 것도 같은 이유였을 것이다.[15]

6

미국 총영사 보고서에 담긴
홍콩의 인삼 시장과 고려인삼

미국의 인삼 채취 역사는 미국의 경제적 독립 과정을 함축적으로 볼 수 있는 주제 중 하나이다. 독립 전후 미국 상인들에게 던져진 가장 큰 화두는 차茶 수입이었다. 식민지 시절 미국은 모든 상품 교역에서 영국을 거쳐야만 했다. 운송마저도 동인도회사 배를 통해서만 가능했다. 1783년 파리조약이 미국의 독립을 승인하기 전까지 미국에서는 차의 공급이 거의 끊기다시피 했다. 미국 상인들은 수요가 치솟던 차를 구하기 위해 중국에 가져다 팔 수 있는 물건을 찾느라 혈안이 되어 있었다. 이때 인삼이 신생 국가 미국이 삼각무역에서 차 수입 대금을 결제할 수 있는 가장 귀중한 자원이 되었다.[16]

중국의 인삼 수요는 지속적으로 증가했다. 하지만 1890년대 미국의 인삼 수출량은 10년 전에 비해 3분의 1로 줄어들었다. 애팔레치아산맥과 같은 주요 수확지에서는 인삼이 곧 멸종될지 모른다는 우려도 나왔다. 이 문제를 해결하기 위해 1895~1904년 시기 미국에서는 인삼 재배 노력이 본격화하고 인삼 재배 붐이 형성되었다.[17]

그렇다면 이즈음 조선의 인삼 생산과 수출은 어떠했을까. 물론 조선 인삼은 중국인의 월등한 선호도로 인해 가격 경쟁력 차원에서 미국 인삼을 크게 앞지르고 있었다. 그러나 조선의 인삼산업 환경은 1895년 청일전쟁 이후 1905년 을사늑약을 거치면서 격변의 소용돌이 속으로 휩쓸려 들어가고 있었다. 인삼정책에 중대한 변화가 요구되는 시점이었다. 1902년 (광무 6) 4월 3일, "인삼시장을 민영화하라"던 《황성신문》의 사설은 세계적 변화와 인삼산업의 대응 방향과 관련해 정곡을 찌른 주장이었다. 변화해야 할 시점에 기존의 시장 점유율에 안주해 버린 조선 정부의 인삼정책과 산업계에 반성의 질문을 던지고 해답을 찾고자 했던 것이다.

이런 점에서 세계적인 인삼 수입 항구로 떠오른 홍콩에 주재하고 있던 미국 총영사의 보고서 중 〈중국에서의 미국 인삼American Ginseng in China〉은 반면교사의 자료가 될 수 있다.

미국 홍콩 총영사
라운스벨 와일드먼이 바라본
고려인삼

미국 뉴욕주 바타비아 출신으로 1897년부터 1901년까지 미국 홍콩 총영사를 지낸 라운스벨 와일드먼Rounsevelle Wildman은 1898년과 1900년 〈중국에서의 미국 인삼〉이라는 보고서를 제출한다.[18]

와일드먼은 미국 인삼 가격이 녹용과 같이 공급과 수요의 법칙보다는 정서적 감성에 좌우된다고 했다. 인삼의 가격이 색깔, 형태, 크기 그리고 인체를 닮은 매혹적인 유사성에 의해 결정된다는 것이다. 이는 서양적 관념으로서는 도저히 이해할 수 없는 일이었다. 하지만 그는 미국 인삼이 어떠한 경우이건 1온스에 100달러를 받지 못할 때, 중국 인삼은 인삼 무게의 은 가격보다 135배 높은 값을 받는 것을 본 적이 있다고 했다.

홍콩에서 미국 인삼 브랜드의 인지도는 낮았으나, 중국의 인삼시장은 무한한 확장성을 지닌 무대임에 틀림이 없었다. 중국 4억 인구의 인삼 소비는 계속 확대될 것으로 전망되었기 때문이었다. 중국 사람들에게 쌀이 일상의 먹거리인 것처럼 인삼은 중국인의 의약생활과 분리할 수 없는 상품이었다. 만약 미국 인삼으로 만든 차가 중국 사람에게 만족스러운 결과를 만들어 낼 수만 있다면, 미국 인삼의 수요는 해마다 수백만 달러 가치는 뛰어오를 것으로 예상되었다.

라운스벨 와일드먼. 그는 중국 시장에서 미국 인삼의 가격을 올리고 소비를 증대시키기 위한 방안을 본국에 보고했다. (05)

이에 와일드먼은 홍콩 시장에서 미국 인삼의 경쟁력을 높일 수 있는 방안과 경험 그리고 조사 내용을 보고했다. 그는 첫째, 중국 상인들은 미국 인삼의 질을 보는 것이 아니라 자신들만의 방식으로 인삼을 분류하여 구매하기 때문에 중국의 구매 관습을 이해하고 따라야 함을 강조했다. 홍콩으로 수입된 인삼 선적 상자에는 최고의 것, 중간 것, 작은 것, 줄이 간 것, 부스러진 것 등이 섞여 있지만, 경매 전에 철저히 중국 사람들의 검사와 분류를 거친 후에야 팔릴 수 있었다. 중국 사람들은 인삼을 사들일 때 그들만의 분류 기준, 예를 들면 '섞인 것', '부러진 것', '더 안 좋은 것', '다소 축축한 것' 등으로 구분해 구매했다.[19] 따라서 수량이 아니라 중국인이 구매할 수 있도록 그들의 기준에 맞는 인삼을 만들어야 한다는 것이다.

그는 중국 시장에서 경쟁력을 갖기 위해서는 운송 중에 손상, 마모, 습기를 방지할 수 있는 인삼의 포장은 물론 인삼의 크기에 따른 분류가 중요하다고 강조했다. 홍콩은 자유무역항이라 미국 인삼 운송에 드는 비용은 태평양을 거쳐 홍콩에 이르는 선적 비용뿐이므로, 비용이 많이 들더라도 인삼의 품질과 상태를 최대한 유지할 수 있는 포장이 필요하다는 것이다. 예를 들어 인삼은 부서지기 쉬운데 인삼의 팔 부분이 줄기와 합쳐지는 핵심 부분이 없다면, 그 인삼 가격의 3분의 2는 날아가 버린 것이라고 했다. 또한 홍콩에서는 분말에 대한 의심이 많아 인삼과 녹용은 결코 분말로 만들지 않으므로 가루가 되어 버린 인삼은 제값을 받을 수 없다고도 했다.

둘째는 홍콩 현지의 미국 상인을 대행업자로 선정하여 수출하라는 것이다. 당시 미국 인삼은 뉴욕에 있는 중국 회사가 대부분 물품을 구매하여 홍콩으로 들여와 큰 수익을 얻고 있었다. 따라서 미국 인삼 수출업자들이 믿을 만한 홍콩 현지 대행업자를 끼고 거래하는 것이 더 많은 이득을 볼 것이라는 주장이었다. 이에 그는 홍콩 현지에서 사업을 하던 고든 Mr. A. O'D. Gourdin을 소개하고 있다.[20] 2년 뒤인 1900년 와일드먼은 같은 제목의 보고서에서 미국 전역에서 인삼의 시장 견적과 홍콩 바이어의 이름을 요청하는 우편물과 편지를 받아 처리하고 있었다. 이러한 영향 때문인지 1902년 총영사 루블W. A. Rublee은 1899~1901년까지 미국 인삼 무역은 괄목할 만큼 성장했고, 어느 때보다 높은 가격을 받았다고 했다.[21]

셋째는 홍콩으로 수입되는 인삼의 다양성을 전제로, 미국 인삼의 현주소를 정확하게 파악하려 했다. 인삼 생산지에 따른 중국인의 선호도를 조사한 것이다. 여기서 고려인삼의 모습을 발견할 수 있다. 그는 홍콩 시장에서의 인삼은 생산지에 따라 3등급으로 나뉜다고 했다. 최우수 등급은 베이징 근처에서 나오는 인삼Yung Sum, 즉 만다린 인삼이다. 자연산 인삼으로 분홍빛이 감돌고 단단하고 매끄러운데, 가격이 온스당 50~200달러 정도로 대중은 근접하지 못할 고가였다. 다음 등급은 조선의 고려인삼이다. 만병통치약보다는 강장제로 사용한다고 했다. 색깔이 좀 불투명하지만 최우수 등급의 인삼 모양을 닮았다고 했다. 그는 고려인삼이 줄기가 매우 완벽하고 잘 포장되어 있기 때문에 높은 가격을 받는다고 생각하고 있었다. 또 대한제국에서 황제 일가와 귀족을 위해 베이징으로 보냈던 것이며, 어떤 고려인삼은 거의 금값을 받는다고 했다. 포삼, 즉 고려홍삼으로 추정된다. 끝으로 세 번째 등급은 미국에서 오는 화기 인삼Far Kee Yung Sum, 즉 미국 인삼이라고 했다.

이어 그는 1899년 홍콩으로 수입된 인삼의 전체 규모를 밝힌다. 1등급 40만 파운드, 2등급 6만 6,000~8만 파운드, 그리고 3등급 약 4만 파운드라는 것이다. 미국 인삼의 대부분은 비록 3등급이었으나 중국 인삼시장의 45퍼센트 이상을 차지하고 있었다. 미국 인삼은 무역량에서는 고려인삼을 앞지르고 있었지만 1파운드당 가격 차이는 컸다.

고려인삼과 미국 인삼의 가격 차이는 1898년 1월 24일 알렌이 작성한 보고서에서도 확인된다. "1896년 중국 세관의 수익으로 볼 때, 중국으로 들어오는 미국 인삼은 35만 3,147파운드에 65만 6,515달러 규모로 1파운드에 약 1.86달러이다. 반면 조선 인삼은 1만 4,987파운드에 24만 7,137달러로 1파운드에 약 16.50달러이다. 세관의 평가액으로만 보더라도 조선 인삼이 미국 인삼의 가격보다 거의 9배 높게 인정을 받는다는 것을 보여 준다."

알렌은 조선 인삼의 공식적인 중국 시장 유입은 절반 정도뿐이며, 나머지는 조선에서 중국으로 돌아가는 거의 모든 중국인에 의한 인삼 밀무역에서 일어난다고 하고, 가장 품질 좋은 고려인삼은 중국에서 종종 1파운드에 31.75달러를 받는다고 했다.[22]

홍콩 총영사
루블의 보고서로 역추적하는
고려인삼의 중국 판로

홍콩으로 들어오는 미국 인삼은 만다린 인삼, 고려인삼에 이어 3등 취급을 받았지만, 미국의 주요 수출품의 절대적 지위를 차지하고 있었다. 1902년 홍콩 총영사 루블은 홍콩으로 들어온 미국 인삼이 어떻게 분류되어 중국 각지로 재수출되었는지 보고하고 있다.[23] 이 보고서를 잘 들여다보면 당시 대한제국에서 홍콩으로 수출된 고려인삼이 어떻게 중국 각지로 퍼졌는지에 대한 경로 추정이 가능하다. 고려인삼 역시 자유시장인 상하이와 홍콩으로 반출된 후 거기에서 각지로 퍼져 나갔기 때문이다.

루블은 미국의 인삼 무역 증가가 1899~1901년 사이에 두드러졌고 가격 면에서도 이전에 비해 높게 받는 상황으로, 미국 인삼 재배업자들의 기대도 커지고 있다고 했다. 그러면서 홍콩 시장으로 들어온 각종 인삼 처리와 판로에 대해 언급했다.

홍콩으로 수입된 미국 인삼은 등급 명칭과 단위가 통일되지는 않았으나, 최상의 정선된 뿌리[picked], 세로로 두 조각난 뿌리[split], 체질한 조각과 가루[siftings][24] 등 3등급으로 나누는 것이 일반적이었다. 홍콩 시장으로 수입된 미국 인삼은 특별한 공정에 의해 표면을 깨끗이 씻고 매끄럽게 하여 같은 크기로 분류하고, 품질에 따라 서로 다른 용량의 깔끔한 상자에 넣었다. 그리고 중국의 모든 인삼 소비지로 재수출된다는 것이다.

기선에 선적된 많은 인삼은 중국의 북쪽 항구인 상하이·한커우漢口·톈진·즈푸芝罘[25] 등으로 보내지지만, 여전히 상당 부분은 광저우와 중국 동쪽의 항구도시 샤먼, 산터우汕頭, 푸저우로 향했고, 타이완 그리고 중국 사람들이 있는 다른 시장들까지도 다다랐다.

루블William Alvah Rublee은 1902년과 1909년 홍콩 총영사로 재직하면서
중국 시장에서 미국 인삼 경쟁력 강화 방안을 보고했다. (06)

한편 루블의 보고서에서도 홍콩 인삼시장에서 미국이 유의해야 할 점은 와일드먼의 지적과 동일했다. 즉 미국의 인삼 경작자들은 중국 시장의 요구에 따라야 한다. 핵심은 표면의 깨끗함, 밝은 황색의 좋은 색깔, 그리고 가루와 조각난 인삼이 아니어야 한다는 것이다. 또 인삼이 선적되기 전에 뿌리를 분류하여 포장해야 상품上品으로 취급되어 높은 가격으로 팔 수 있다고 했다. 홍콩의 인삼 구매자들은 정화된 뿌리를 선호하고 가격 역시 미가공된 인삼보다 높다는 것이다. 이 같은 유의사항은 모두 미국 인삼의 경쟁력 강화를 위해 고려인삼의 제법, 규격, 포장 등에 주목하고 보고서를 작성했다고 추정할 수 있다.

이처럼 20세기에 접어들면서 미국은 홍콩의 인삼시장에서 미국 인삼의 현주소를 파악하기 위해 중국 인삼과 고려인삼의 가격 차이와 그 원인을 비교분석하는 한편, 미국 인삼의 판로를 확장시키고 있었다. 하지만 이를 통해 우리는 역으로 고려인삼의 경쟁력이 어디에 있었는지를 추적할 수 있으며, 동시에 당시 조선 정부도 세계 시장에서의 경쟁력 확보를 위해 시장 수요와 판로에 대한 체계적인 정책 수립이 필요했다는 점도 아울러 지적할 수 있다.

03

시카고 박람회에 출품된
고려인삼

1893년

시카고 세계박람회

세계박람회의 전성기는 19세기 말~20세기 초반으로, 첫 번째 박람회는 1851년 영국 런던의 수정궁에서 열렸다. 이후 각국은 서구가 주도했던 근대화·국제화·문명화를 위한 사명의 도구, 국제무역과 국제적 사교의 장, 근대적 구경꾼과 시각문화의 요람, 상업적 소비사회와 사회진화론적 민족주의가 경쟁하는 무대로서 박람회를 개최하고 경쟁적으로 참여했다. 이에 걸맞게 현대 인간 문명의 역사를 바꾼 중요한 발명품, 즉 증기기관차(1851년 런던), 전화기(1876년 필라델피아), 에디슨 전구와 축음기(1878년 파리), 자동차(1885년 앤트워프), 에펠탑(1889년 파리), 비행기(1904년 세인트루이스) 등은 대부분 세계박람회에서 첫선을 보였다.

그렇다면 조선 사람들은 세계박람회의 모습을 언제, 누가 처음 보았을까. 1881년 박정양과 민종묵은 조사시찰단의 일원으로 일본에 갔다가 도쿄에서 개최된 제2회 내국 권업박람회를 참관한 적이 있다. 그러나 이는 세계박람회가 아니었다. 세계박람회를 처음 본 것은 1883년 보빙사 전권대신 민영익과 그 수행원들이 미국에서 본 보스턴 박람회이다.[26]

이후 고종은 1887년 전권공사 박정양을 파견하여 미국 주재 조선공사관을 열었고, 이어 1893년에는 미국 시카고 세계박람회 참여를 결정했다. 1900년에는 프랑스 파리 세계박람회에도 참여토록 했다. 이것이 한일병탄 이전에 '대조선'과 '대한제국'의 이름으로 참여한 두 차례의 세계박람회였다.

1893년 시카코 박람회는 미국이 세계 제국으로 발돋움하는 도약대였다.[27] 콜럼버스 신대륙 발견 400주년을 기념한다는 박람회의 공식 명분 속에는 '아메리카주의Americanism', 즉 미국의 도덕적 개인주의, 문명적 우월주의 등의 이데올로기를 선전하고 제국주의적 정복과 팽창에 합법성을 부여하려는 목적이 있었다. 시카고 박람회의 공식 모토 '예루살렘이 이곳에 건설되었는가?And Was Jerusalem Builded Here?'도, 미국이 더이상 유럽 국가들을 모방하거나 뒤쫓는 국가가 아니라 인류 문명을 선도하는 국가가 될 것이라는 선언이었다.[28]

이 박람회에는 동아시아의 일본관, 중국관, 조선관이 모두 설치되었으나 각국의 입장은 서로 차이가 있었다. 일본은 1867년 처음으로 파리 세계박람회에 참여한 이후 1873년 빈, 1878년 파리 박람회 등에 참가하면서, 박람회 참여의 목적을 "정부의 식산흥업 정책에 따라 수출 진흥을 목적으로 한다"고 분명하게 밝혔다. 아울러 "서양의 기술을 조사함으로써 일본의 학예 발전에 기여하고 기술을 진보시켜 생산력을 제고함으로써 무역을 증대하는 것이 박람회 참가의 또 다른 목적"이라고 했다.[29] 일본은 이와 같은 분명한 목적하에 시카고 세계박람회에 참여했다.

반면 중국은 서구 열강과의 세력 다툼이 계속되던 상황이라 세계박람회에 적극적으로 참여할 수 없었다. 특히 시카고 박람회에는 중국 이민법을 둘러싼 미국과의 갈등으로 불참을 선언했다. 이에 미국 영사관의 중개로 제조업자와 상인들이 개별적으로 참여했다. 국가 차원의 참여가 아니었음에도 규모는 조선을 앞질렀다.

시카고 세계박람회의 조선 대표자는 정경원鄭敬源이었다. 정경원은 고종의 명을 받아 1893년 3월 23일 일본 기선 이세마루에 몸을 싣고 제물포를 출발하여 박람회 개막 3일 전인 4월 28일 시카고에 도착했다. 공식 대표단은 행정사무원 최문현과 안기선을 비롯하여 궁중 국악단원 10명 등 모두 13명이었다. 주한 미국공사관 부총영사 알렌이 조선관 출품 및 행사 관할을 위한 명예 사무대원으로 동행했다.

전시에 쓰일 물품은 83개의 화물로 나눠서 보냈고 그중 68개가 조선전시관에 도착했다고 하는데, 일일이 파악하기 어렵다. 다만 고종이 "(그들이) 어떤 물건을 가장 좋아하던가?"라고 묻자, 정경원은 "문양이 새겨진 발, 소라 껍질을 박은 장롱, 수를 놓아 만든 병풍 등에 대해 각국 사람들이 칭찬을 아끼지 않았습니다"라고 답했다. 또한 당시 미국 신문이나 잡지에서 조선의 가마, 종이, 호피, 인삼, 연 등 생활이나 풍습 또는 이와 관련된 물건들을 간략하게 설명하는 기사들을 드물게 찾아볼 수 있다. 이는 미술 품목보다는 곡물이나 식품 등과 남녀 의복과 같은 일상용품, 수공예품이 주류를 이루었기 때문일 것이다.

세계박람회는 원래 새로운 산업 제품 출품을 목적으로 열렸고, 그런 의

미에서 미술 작품도 대부분 생존 작가들의 작품에 한해 전시되었다. 이런 관점에서 조선의 출품 목록에 400년이나 지난 명나라의 호준포가 있었다는 것은 세계박람회의 성격과 목적을 이해하지 못한 소치였다. 당시 미국에 있던 윤치호가 조선관이 초라하고 처참하다고 말한 이유도 나름 이해가 간다.

정경원은 박람회 기간에 열린 각국 외교사절과 박람회 대표단 초청 송별파티에서 공식적인 연설을 하는가 하면, 짬을 내서 워싱턴 D.C., 세인트루이스 등을 여행하며 신문물을 견학했다. 또한 《은자의 나라, 한국 *Corea, the Hermit Nation*》의 저자 그리피스를 만났는가 하면, 시민공청회에서 일요일에 상점을 열 것인가 말 것인가를 둘러싼 토론회에도 참석해 민주주의적 토론을 경험하기도 했다.

박람회가 끝난 뒤에는 조선관에 전시되었던 물건을 피바디 박물관과

시카고 박람회에 설치된 조선전시관과 조선 대표 정경원.
함께 참여했던 궁중 국악단원은 개막 당일 미국 클리블랜드 대통령이 조선전시관을 지날 때
멋지게 풍악을 울렸다고 한다. (07)

스미스소니언 박물관 등에 기증했다. 시카고 박람회 출품물을 중심으로 설립된 시카고의 필드 뮤지엄에는 당시 조선의 출품물이 현재까지도 소장되어 있다.[30] 이렇게 보면 조선이 시카고 세계박람회에 참석한 목적은 정경원의 연설에서와 같이 "조선의 위대한 친구" 미국의 초청에 응하여 다른 나라 사람들과 화합의 교훈을 배우려는 수준에 머물러 있었다고 판단된다.

그러한 기조 때문인지 인삼을 비롯하여 세계 무역에서 비교우위를 점할 수 있는 특산물이 있었음에도 불구하고 그러한 특산물의 상품화에 초점을 둘 수 없었고, 조선 역사와 문화에 대한 홍보를 진행할 수도 없었다.

1910년
일영박람회

일영박람회는 1910년 5월 14일부터 10월 29일까지 런던 서부의 쉐퍼즈 부시에서 개최된 박람회이다. 이 박람회는 세계박람회의 범주에 속하지도 않고 국내 박람회의 범주에도 속하지 않는 애매한 성격의 박람회였다. 영국 언론이 박람회 준비 단계에서 종종 '일본 박람회'라는 용어를 사용한 것은 이런 이유 때문이었다.

일영박람회는 만국박람회 참가를 통해 근대화와 국제화를 도모했던 메이지 정부가 1902년 맺은 영일동맹을 기념하기 위해 개최한 박람회로서 이를 통해 대영제국과 대등한 위치에 서게 될 것을 기대했다. 이런 이유로 일본은 영국의 비협조적인 태도에 강한 불만을 표시하기도 했다. 하지만 일영박람회 공식 포스터나 기념엽서는 두 국가가 대등한 관계로 보이는 데 부족함이 없었다.[31]

또한 일본은 이 박람회를 통해 자국이 아시아의 맹주로서 유럽 열강들과 마찬가지로 오랜 전통과 높은 수준의 문화 그리고 식민지를 가지고 있는 제국이라는 점을 과시하려 했다. 공식 포스터와 입장권 등에 사용된 엠블럼은 사자가 떠오르는 해를 바라보는 모습을 표현했다. 여기에서 포효하는 사자는 영국을, 태양은 일본을 상징한 것이었다. 떠오르는 태양은 일본이라는 국가 명칭에서 비롯된 이미지였지만 국제사회에서 새롭게 떠오르는 신흥 강국의 이미지로 비치기에 충분했다.

일본의 출품 품목은 총 5만 4,700여 점, 출품자는 1,126명, 총 경비는 208만 엔, 2017년 기준 730억 원에 달하는 수준이었다. 출품 품목은 보통 상품, 지정 출품 및 관청 출품, 신미술품, 고미술품, 풍속 출품 등으로 나누었는데, 특히 일본제 군함을 부각시켰다. 이는 영국을 향한 군함 건조 분야의 독립선언 의미를 담은 것이었다. 또한 일본이 역사 깊은 문화 국가라는 것을 선전하는 것도 빼먹지 않았다.

제국주의시대 박람회에서 빼놓을 수 없는 핵심적인 내용 중 하나였던 식민지 전시도 잊지 않았다. 일영박람회에서는 영국이 '뉴질랜드관'을, 일본이 동양관을 설치하여 식민지에서의 업적을 전시하는 시설로 사용했다. 일본의 동양관은 타이완, 남만주 철도, 관동주關東州, 조선 총 4개의 섹션으로 구성되었다. 조선은 당시 식민지가 아니었음에도 다른 식민지와 함께 동양관 전시에 포함되어 개관된 것이다.

일본이 일영박람회에 조선관을 준비한 데에는 분명한 의도가 있었다. 일본의 통감정치가 개시된 이후 조선의 정치, 경제, 문물, 제도가 개량·진보되었다고 국제사회에 홍보함과 동시에 조선 물산을 유럽에 수출하려는 목적이었다. 출품의 범위는 농림, 산업, 공예, 지도와 사진 등이었으며 전시회 면적은 약 25평, 구조는 조선 양식이었다.

6

〈그림〉(09)과 같이 전시장 입구에는 전통 양식의 문이 세워지고 KOREA
라는 현판이 달렸는데, 일본식 노렌暖簾이 걸려 있어 위화감을 느끼게 한
다. 문 양 옆에는 한복을 입은 실물 크기의 인형이 서 있었고, 문을 들어
서면 바로 앞에 전국 지도와 온돌 시스템을 보여 주기 위해 바닥 일부를
단면 처리한 한옥 모형이 있었다.

《일영박람회사무국 사무보고》에 따르면 통감부는 조선관에 한국의 풍
속과 식산 상태를 표시하기 위한 한국 전국의 모형, 한국 가옥 모형, 한국
인 모형, 신라 및 고려시대의 토기, 금속 제품, 견직물, 농산물, 광물, 임
산물 그리고 기타 궁전, 관아, 학교 등의 사진을 진열했다고 한다.[32] 식물
과 광물 등의 견본도 유리병에 담아 전시했다. 미쓰이물산이 홍삼의 전매
권을 이미 넘겨받았던 때라 홍삼과 고려인삼도 당연히 출품되었을 것으
로 추정된다.

조선통감부는 일영박람회의 조선관 전시에 일본이 의도한 특별한 목적
을 완수하기 위해 심혈을 기울여 출품 품목을 선정했고 사진 자료도 만들

**일영박람회 공식 포스터와 기념엽서는
일본이 영국과 대등한 입장에 있다는 것을 과시하기에 충분했다. (08)**

조선 인삼, 미국 인삼

었다. 이를 위해 정교하게 기획된 사진첩이 현재 국립중앙도서관에 남아 있는 《통감부 일영박람회 사진첩》이다.[33] 촬영자는 대한제국 전 시기에 걸쳐 조선 황실의 사진을 전담하다시피 했던 무라카미 텐신村上天眞이었다. 그는 조선 관련 사진 아카이브를 구축하여 조선을 방문한 외국인이나 일본인에게 판매하였다. 통감부는 그의 소장 사진과 새로운 사진을 합해 일영박람회 사진첩을 발간토록 했다.

이 책에 담긴 사진의 주제는 다양한데, 주로 일본 통치하에서 여러 사회제도가 발전되었다는 식으로 구성되었다. 특히 사법재판 광경, 학교시설, 경찰관 복장, 농사 형태 등을 신구로 대조시켜 '통감정치 전후 변혁'을 시각적으로 빠르게 알아보도록 만들었다. 또한 한강 철교, 대한의원, 공업전습소, 인쇄국, 수원 권업모범장, 평양 수도 수원지 등 일본이 들여

일영박람회 조선관의 출입문. 양식은 전통적이었지만 문에는 일본식 노렌을 달았다. (09)

온 신문물을 소개하여 발전상을 강조하기도 했다.

　조선은 일영박람회가 열리는 기간 중이던 1910년 8월 29일 일본의 완전 식민지가 되는 기구한 운명을 맞았다.

제7장

식민지 조선, 고려인삼의 상징성

01
식민지와
조선의 고려인삼

〈한국병합기념화보〉에 표현된
고려인삼

　　　　　　　‘고려인삼’은 19세기 조선을 상징하던 키워드
였으나 일본의 강제 병탄으로 식민지 ‘조선’의 특산품이 되었다. 조선의
독자적 상징에서 식민지의 종속적 상징이 되어 버린 것이다. 그러나 고려
인삼은 조선에서 키운 인삼으로 만들어야 가치를 인정받았고 경쟁력이
생겼다. 일제가 일본산 제품으로 선전할 수 없었던 독자적 상징의 기능을
충분히 가지고 있었다.

　고려인삼은 일본제국주의 팽창정책의 발자국에 따라 조선 특산이라는
명성을 지니고 해외로 진출했다. 조선의 관광명승지에 일본인 여행상품
이 늘어나고 국내에서도 단체관광과 박람회 등 여행이 일상화되자, 식민

지 특산품으로서의 고려인삼의 상징성은 강화되었다. 이러한 모습은 당시 발간된 화보·사진·신문·광고 등의 인쇄 매체에 잘 나타나 있다. 이들 인쇄 매체를 만든 주체는 신문사, 토산품점, 제약회사 등 다양하다.

〈한국병합기념화보〉는 《오사카신문大阪新報》에서 1910년 9월 28일 발행한 화보로 조선 국치일을 기념하기 위해 만들었다. 화보의 앞면은 상단과 하단으로 나누었는데, 상단에는 일본 메이지 천황이 정중앙에 자리하고, 그 아래로 격하된 고종과 순종을 배치했다. 그리고 상단 오른쪽으로는 메이지 유신 삼걸維新三傑로 정한론을 주장했던 사이고 다카모리, 운요호 사건을 일으킨 모리야마 시게루, 강화도조약의 주역 이노우에 가오루, 1882년 제물포조약의 주역 하나부사 요시모토, 1896년 조선 주재 일본 공사였으며 이후 내각총리 대신을 지낸 하라 다카시 등의 모습이 보인다. 상단 왼쪽에는 조선 침략의 쌍벽을 이룬 이토 히로부미와 야마가타

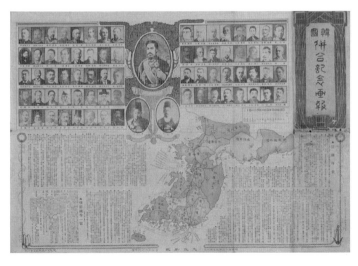

〈한국병합기념화보〉는 상단과 하단으로 나누어 식민 모국으로서의 위상을 높이는 한편 강점을 기정사실화 하려는 의도를 담았다. (01)

아리모토 등 관료와 근대화의 대표 이론가 후쿠자와 유키치 등이 보인다. 그 아래로는 이하응, 이근 등의 조선 왕족과 이완용·이지용 등 을사오적을 비롯하여 김옥균·박영효 등 조선 관리들의 사진이 실려 있다.

화보의 하단에는 고대부터 조선과 일본과의 관련 역사를 기술한 '일한연표日韓年表'와 조선의 면적·인구·세입·세출 등을 표기한 '조선 국세 일람'이 적혀 있다. 하단 중앙에는 조선의 지역별 특산품과 철도 노선 및 부설 예정 노선을 표기한 조선 지도가 비스듬히 그려져 있다. 지도 위에는 범례가 있는데, 금·은·동·철 등의 광산물과 담배·소금·면화·목면·종이 등이 기호로 표기되어 있다. 사람이 서 있는 모습으로 표현한 인삼 기호는 경기도 개성 위치에 찍혀 있다.[1]

이처럼 일본에서 제작한 〈한국병합기념화보〉는 상단에서는 격상된 일본의 지위와 격하된 식민지 조선의 현재를 극명하게 보여 주는 한편 하단에서는 식민화의 역사적 정당성과 경제적 발전의 가능성을 홍보하려는 의도를 담고 있었다. 이 속에서 인삼 또한 식민지 조선의 종속적 물산이 되었다.

조선물산상회 해시상회가 취급한 인삼

우미이 벤조는 1904년 경성에 식료 잡화상점 해시상회海市商會를 열었다. 이후 1907년 조선 각지 토산물 판매를 시작했고 뒤이어 조선의 고대미술 재현 사업에 참여하면서 '조선물산상회 해시상회'로 상점을 확장해 나갔다.

아래 〈그림〉은 해시상회가 경성의 주요 명승지·관청·철도·전차 노선·

여관 등을 한눈에 알아볼 수 있게 만든 홍보용 휴대 지도로, 해시상회의 위치는 물론 당시 토산품으로 인기 높았던 자체 칠기 공장도 강조해 표시했다. '중국·조선의 토산물은 해시상회에서!'라는 표어에서 보듯 해시상회는 조선 토산품을 대량 생산, 염가 판매하는 상점으로서 '경성 지도'를 만들어 자신의 상점을 홍보할 만큼 규모도 갖추고 있었다.

해시상회 본점은 지금 서울의 명동 근처인 경성부 본정 2-99에 있었는데, 지도 뒷면에는 취급 물품이 상세히 적혀 있다. 취급 품목을 보면 소나무 열매나 인삼을 이용해 만든 진귀한 과자류, 술안주용 절인 명태알, 조선의 이름난 식료품, 나전칠기와 나무 세공품, 지게 모양 혹은 신선로 모양의 재떨이, 조선 요리기 신선로, 풍속 인형, 비취를 비롯한 중국산 잡화 등 다양했다.[2]

인삼은 이들 가운데 첫 번째로 언급된다. 인삼이 '신효의 영약', '정력의 원소'라고 소개되어 있다. 해시상점이 취급한 고려인삼 제품을 정리

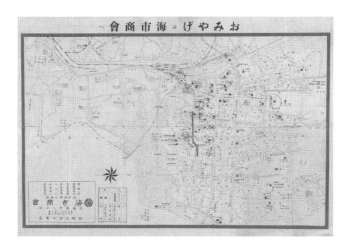

해시상회가 상점 홍보를 위해 제작한 홍보물. 앞면에는 경성 지도 속에 해시 상점의 위치를 강조해서 넣었고, 뒷면에는 상점 취급 품목을 일목요연하게 정리했다. (02)

식민지 조선, 고려인삼의 상징성

하면 아래 〈표〉와 같다.

이를 보면 우선 인삼은 홍삼과 백삼을 모두 취급했는데, 조선총독부의 전매품인 홍삼은 삼정蔘精, 분말, 엿 등의 가공제품으로 판매되었다. 백삼은 상자에 넣은 체삼과 미삼 그리고 인삼 차·엿·사탕 등 인삼 가공제품이 있었는데, 방문객에게는 인삼차를 대접했다고 한다.

흥미로운 부분은 인삼 상품 소개 끝머리에 "인삼의 평판은 과학실험에서도 증명되어 세계적으로 가정보건이나 생활품으로 판매되고 있다", "인삼을 마시는 것은 편안한 마음으로 잠들게 하는 얇은 이불을 덮는 것과 같다"라고 선전한 점이다. 인삼의 신비로운 약효가 과학적으로 증명되었음을 강조하면서, 인삼이 정력의 원소가 되고 가정의 기운을 지키는 생활용품이 되었음을 광고의 핵심 전략으로 삼은 것이다.

〈표〉 해시상회가 취급한 고려인삼 제품

번호	상품	가격
1	인삼 상자	1원 20전~4원 50전
2	인삼차	40전~2원
3	조선총독부 삼정	1원 50전
4	미삼 상자	50전~3원
5	홍삼 분말	1원 50전
6	홍삼 엿[飴]	90전~1원 80전
7	인삼 고려엿	60전~1원
8	인삼 사탕지沙糖漬	30전~2원
9	인삼 갈탕	90전~1원 40전
10	인삼 이름이 찍힌 전병人名所煎餅	60전~1원 80전

토산품점 '조선관'이 취급한
고려인삼

　　　　　　조선관은 현재 서울 충무로 2가에 있던 조선 물
산과 토산품 판매 상점이었다. 1922년에 창업한 것으로 알려진 조선관은
뜻밖에도 1935년 한성권번의 기생 김산호주가 경영권을 인수하여 세간
을 놀라게 했다.

　김산호주는 기적妓籍에 7~8년 몸을 담았다. 경성 청진동에 있는 종로
소학교와 영어강습소에 다닌 적이 있어서인지 소리 잘하고, 춤 잘 추고,
영어까지 한다고 하여 일류 명기가 되었다.[3] 1934년 화류계에서 은퇴한
김산호주는 부잣집 마나님으로 변신했는데 다시 1년 만에 김필이라는 이
름으로 자본금 3만 5,000원을 투자해 조선 물산 판매전문점의 명성을 지
닌 조선관을 인수한 것이다.[4]

　김산호주는 조선관의 경영권을 넘겨받으면서 사세를 더욱 확장했는

조선관 광고. 김필이(옛 김산호주)가 조선 각 도의 특산물을 진열 판매하는
조선관의 새주인임을 광고하고 있다. (03)

데, 같은 자리에 음식점을 동시에 경영했던 것으로 보인다.[5] 조선 토산품
의 '백화점'을 자처한 조선관은 인삼을 비롯한 조선 전국의 산물을 모아
진열하고 관광단을 맞았다.

《삼천리》는 조선관의 운영자 김산호주를 인터뷰해 대담기사를 실었다.[6]

12월 중순 서울 장안에 금년 치고 첫눈이 나리든 그날 대낮에 나는 남대
문 조선은행 압헤서 전차를 내리어 진고개의 좁은 길로 들어섰다. 마침
양력 세밑이라, 이 골목에는 사람 물결이 요란히 일고 좌우 상가에는 연
말 대매출의 깃발이 분주히 날리고 있었다.
사람의 홍수 속을 뚫어 한참을 더 가다가 본정 삼정목 여기선 오른 길로
도라지면 왜성대 옛 총독부 가는 길이 나선다. 그때 앗뿔사 지나오지 않
았나 하고 우뚝 거름을 멈처 쳐다보니 바로 내 눈압헤 주란화각朱欄畫閣
의 …… 3층 누각이 나선다. 이 집이 조선관이다. 조선관이라 함은 조선
물산을 파는 상관商舘이다《삼천리》 1936년 1월 1일).

조선관은 번화한 경성 본정통에 단청 칠을 곱게 하여 화려하게 꾸민 3
층 누각으로 규모가 큰 상관이었다. 조선관 내부의 모습은 이러했다.

문 안에 드러서니 인삼, 엿, 녹용, 벼루, 소반 등 온갖 진귀한 조선 토산
이 쭉 진열되어 있고 2층에는 마찬가지로 꼭두각시하는, 광대 노름하는
방갓, 버선, 담뱃대, 유화 그림 등이 가득 진열되었고 3층은 요전까지 여
류화가 나혜석 여사가 회화 전람회 하든 장소라.
대체로 이 집은 도쿄, 오사카 들어가는 사람들이 조선 토산을 선물로 사
가지고 가는 곳이요. 조선 취미를 탐구하는 여러 관청 대관들의 용달을

하는 곳이라. 내가 갔던 이날만 해도 아마 용산 군대의 병정들인 듯한 군사들이 많이 몰려와서 여러 가지 물품을 사고 있었다(《삼천리》 1936년 1월 1일).

조선관의 1층과 2층은 조선의 특산과 토산을 종류별로 진열하여 판매하는 장소였고 3층은 특별 전시공간 등으로 활용했다. 3층에서 우리나라 최초의 여성 서양화가였던 나혜석의 전람회가 열렸다는 점이 흥미롭다. 매장 개장 시간은 아침 11시부터 오후 3~4시까지였고, 점원은 20여 명이었다.《삼천리》 기자는 조선관이 당시 조선에 진출한 일본 최대의 백화점 미츠코시三越의 조선 토산품 판매 매출을 불과 2개월 후면 상회할 수도 있을 것이라고 전망했다.

조선관 1층에 들어서면 눈에 띄는 물품은 단연 인삼이었다. 그렇다면

조선관 전경. 조선관은 3층 누각으로, 1·2층은 조선의 특산물과 토산물을 진열 판매하고, 3층은 전람회 등의 공간으로 활용했다. (04)

식민지 조선, 고려인삼의 상징성

조선관에서 취급했던 인삼은 어디에서 공급되고 있었을까? 1935년 10월 제1회 개성인삼제 축하 협찬 광고가 《조선신문》에 게재되었다. 여기에 조선 토산품 전문점 조선관과 조선제약회사의 이름이 포함되어 있다. 전매국의 홍삼을 제외하면 조선관에서 취급하는 인삼 대부분을 개성을 통해 조달했을 것이라 추측할 수 있는 대목이다.[7] 식민지 조선의 인삼이 종속적 상징성이 아니라 독자적 상징성을 가질 수 있었던 이유는 인삼의 생산, 즉 삼포업이 뒷받침되고 있었고, 그와 연결된 유통망이 형성되었기 때문이다.

조선제약 합자회사가 만든
인삼 제품

조선제약 합자회사는 1916년 창업한 회사로 스도큐 자에몬이 대표였다. 현재 서울 중구 소공동에 본점이 있었고, 도쿄·오사카·시모노세키·나고야 등과 타이완, 만주 등에 지점이 있었다.[8] 인삼 정뇌精腦, 인삼 실모산實母散, 청춘의 샘[靑春の泉] 등이 대표적인 제품으로, 특히 인삼과 관련된 약을 많이 생산, 판매했다.

주력 상품은 '조선 순 인삼 정뇌'였다. 1918년 광고에서는 이 약을 "동양 유일의 영약 조선 인삼을 당사 단독의 특별한 전출법煎出法에 의해 십수 시간을 끓여서, 인삼의 정밀하고 영험한 성분을 완전히 뽑아 냈다"고 소개하고 있다. 여기서 주목할 부분은 약재가 동양 유일의 영약 조선 인삼이라는 점, 이 회사의 특유의 비법으로 제조되었다는 점이다. 인삼 정뇌는 조선 인삼이 지닌 독자적 상징성에 크게 의존하고 있었던 것이다.

다른 약을 혼용치 않은 순수함, 복용의 편리함, 저렴한 가격은 근대 의

약을 강조하기 위함이었고, 도쿄 우시코메병원장이자 영양연구소장인 의학박사 아마다니 센마츠 선생의 실험지도가 있었다고 밝힌 것은 근대 과학의 힘을 빌려 대중의 신뢰를 높이기 위함이었다. 조선제약회사는 이 같은 점을 부각시키면서 인삼 정뇌를 상시 복용하면 "피를 맑게 하고, 살이 오르게 하고, 정력을 증진시키며, 만병을 쫓아 내서 자연히 뇌력과 체력 및 생식력을 일층 강화시킨다"고 광고했다.

고려인삼의 상징성에 기댄 조선제약회사의 사세는 날로 확장되었다.[9]

조선제약사의 업무 신장: 경성 시내 하세가와마치 조선제약 합자회사는 민간 인삼 제제업자 중 걸출하야 업무의 발전이 크게 드러났는데 시모

조선제약 합자회사는 인삼 제제의 약을 많이 생산 판매했는데,
주력 상품은 순 조선 인삼을 원료로 한 인삼 정뇌였으며,
부인층을 겨냥한 인삼 실모산과 함께 인삼으로 만든 목욕제도 있었다. (05)

노세키 및 도쿄에 지점을 갖고 있으며 일본, 타이완, 만주 등 판로를 자못 확장하는데 ……(《매일신보》1918년 4월 2일).

인삼 정뇌는 고려인삼의 독자적 상징성이 근대 제제 약품 속에 스며들어 조선은 물론 해외까지 진출한 대표적인 예다. 이 약은 조선제약의 주력 상품으로 1918년 10일분 1원(약 1만 3,000원), 1개월분 3원(약 3만 8,000원), 3개월분 7원(약 8만 9,000원) 하던 것이 1931년에는 각기 2원(약 4만 4,000원), 5원(약 11만 2,000원), 12원(약 26만 9,000원)으로 인상되면서 장기간 판매되었다.

한편 조선제약회사에서는 인삼 실모산과 입욕제인 풍려용風呂用 인삼도 생산했다. 인삼 실모산은 인삼을 주요 약제로 만든 부인용 약으로, 자궁병, 산전 산후 등에 좋은 약이라고 광고했다. 6일분에 1원(약 2만 2,000원), 20일분에 3원(약 6만 7,000원), 35일분에 5원(약 11만 2,000원)이었다. 풍려용 인삼은 위장을 강하게 하고, 원기를 왕성하게 하는 데 효과가 있다고 광고했다. 1일분에 30전(약 6,600원), 10일분에 2원 50전(약 3만 3,000원), 1개월분에 6원(약 13만 4,000원)이었다. 또한 조선제약회사에서는 인삼 치약, 인삼 만능환, 인삼 만능고, 인삼 감기약 등의 약품을 가정상비약으로 광고했다.

조선제약회사는 약품 제조에 필요한 우량의 인삼 원재료를 조선관과 마찬가지로 개성에서 공급받았다. 관허官許를 얻어 수많은 각종 한방 제제를 완성하고 조선 및 해외 각지로 판로를 개척했는데, 주문이 쇄도했다고 한다.[10] 조선제약회사의 인삼 제제 약품은 제품의 성공을 위해 원재료인 고려인삼의 상징성을 강조했고, 그 덕분에 도쿄·오사카·시모노세키·타이완 등지로 판로를 확장할 수 있었다.

7

이상에서 살펴본 것처럼, 식민지 조선 인삼은 일제강점기 관광문화의 발전과 함께 탄생한 기념품 문화의 흐름 속에 존재했다. 조선의 경성을 관광하는 숱한 일본인과 외국인에게 인삼은 식민지 조선의 특산품이라는 종속적 이미지로 받아들여졌다.

그렇다고 고려인삼의 독자적 상징성이 무너진 것은 아니었다. 고려인삼만의 독자적 상징성은 조선의 인삼 생산 기반과 그에 바탕을 둔 제조산업과 유통이 짝을 이루면서 더욱 분명해졌다. 인삼 제조와 유통에는 식민지시대 상리商利를 좇으면서도 '브랜드'를 놓치지 않으려 했던 각계각층 사람들의 노력이 담겨 있었다.

02
식민권력이 만든
개성의 인삼 사진

20세기 제국주의는 식민지와 식민지를 지배하는 군인, 대포들로만 이루어지지 않았다. '지배가 당연하다는 생각'을 포함하는 이데올로기와 지식을 소설과 시, 연극과 영화, 스포츠 등을 다양한 분야에서 재생산했다. 여행이라는 새로운 소비문화도 탄생시켰다.

  1888년 코닥에서 출시된 스냅형 카메라는 일반 대중에게까지 사진을 널리 전파하는 혁명적 변화를 이끌었다. 사진이 실린 신문, 잡지 등은 출판업의 발전을 가져왔고, 인쇄업은 사진을 정치적 화보, 엽서, 여행기, 사진첩, 여행 팸플릿 등 다양한 형태의 출판물로 복제하여 유통했다. 그러나 사진은 '보는 자'와 '보여지는 자' 사이에 시선의 권력을 만들어 냈다. 상품이나 오락의 형태로 대중에게 은밀히 스며들어 지배자적 시선을 내재화시키고 있었던 것이다.[11]

일본의 인쇄 자본주의는 메이지유신 이후 급격히 성장했다. 도쿄, 교토, 오사카의 대도시와 지방 소도시는 물론 시골 마을까지 일본제국의 탄생과 번영을 알려 주는 각종 인쇄물이 광범위하게 유포되었다. 청일전쟁 이후에는 전쟁 관련 인쇄산업이 호황을 맞으면서 일본 내셔널리즘이 인쇄물을 통해 널리 전파되었다. 특히 러일전쟁은 일본의 인쇄산업을 절정으로 이끌었다. 동서양의 대결, 러일전쟁을 기록하기 위해 일본 언론사들은 종군기자를 투입했다. 전쟁 사진을 전황과 함께 실어 잡지로 만들었으며 전쟁의 스펙터클을 극대화한 동판화와 석판화를 대량 생산하여 잡지 부록으로 판매하기 시작했다.

이 과정에서 일본은 서구가 비서구에 투사한 차별적인 시선과 유사한 '일본판 오리엔탈리즘'을 활용했다. 문화적 이질성, 경제적 낙후성, 인종적 열등함을 드러내는 풍속 사진을 생산했고 이는 엽서산업의 발전으로 이어졌다. 그렇다면 일본의 제국주의적 시선은 식민지 고려왕조의 도읍이자 상업의 도시, 인삼의 도시 개성을 시각적으로 어떻게 형상화했을까?

철도 안내 책자 속
개성과 인삼

일제강점기 조선총독부 철도국에서는 《조선 철도 노선 안내》(1912), 《조선 철도 연선沿線 시장 일반》(1912) 및 각 철도 노선에 따른 《조선 철도여행 안내》(1912) 등을 발간하는 한편, 《경원선 사진첩》(1914), 《부산~압록강 간 사진첩》(1933) 등 철도 연변의 모습을 담은 책을 지속적으로 출판했다. 이러한 출판물들은 식민 지배자의 정치적·경제적·문화적 시각을 투사해 일본의 식민지 정책을 홍보하고 경제적 이익을 얻으려는 목적하에 기획되었다. 일본은 1930년 본국에 국제관광국을 설치하고 외국인 관광객을 유치하는 등 본격적인 관광부흥책을 실시하면서, 조선에도 일본인들이 여행할 만한 다양한 관광지를 개발하기 시작했다.

이 시기에 조선총독부 철도국이 펴낸 《경성; 인천, 수원, 개성》(1939)의 안내 책자에서는 개성을 다음과 같이 소개한다.[12] "불로장수의 영약 조선 인삼의 산지로 알려진 개성은 고려 왕조 475년의 옛 도읍으로 독특한 문화와 예술 활동의 중추였다. 조선 왕조의 중심이 경성으로 옮겨지면서 개성은 점차 쇠미해져서 지금은 옛날의 성대했던 모습은 역사 유적 정도로만 짐작할 수 있을 뿐이다. 하지만 현재도 개성은 오래된 상업 도시의 전통, 고려의 옛 도읍, 인삼 특산지로서의 특이한 지위를 가지면서 견실한 발걸음을 지속해 오고 있다."

개성이 고려 왕조의 명승지를 둘러볼 수 있는 고도古都이지만 유적만

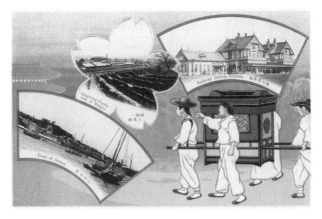

조선총독부 철도국 발행 우편엽서.
앞면에 용산 정차장, 개성 인삼밭, 인천 전경 등이 인쇄되어 있다. (06)

남아 있을 뿐이고, 현재는 상업적 전통과 인삼 특산지라는 경제적 차원에서 더 주목하고 있음을 알 수 있는 소개 글이다. 개성은 경성에서 약 73.4킬로미터, 기차로 약 1시간 반 걸렸다. 기차 삯은 2등 칸이 2원 8전(약 2만 2,300원), 3등 칸이 1원 15전(약 1만 2,300원)이었다.

소개된 여행 추천 코스는 두 가지였다. 첫째는 개성역에서 ① 조선 태조 이성계의 사저였던 경덕궁→② 조선에서 출사하지 않겠다는 두문동 선비의 뜻을 기린 부조현비不朝峴碑→③ 옛 연복사의 종이 달려 있고 개성의 상징인 남대문의 남문루→④ 개성의 시가가 한눈에 들어오는 관덕정(자남산子男山 위)→⑤ 개성 부립 박물관→⑥ 정몽주와 서경덕을 추모하기 위한 숭양서원→⑦ 정몽주의 혈흔이 아직 지워지지 않았다는 선죽교→⑧ 가을 낙엽과 밤 줍기 대회로 유명한 채하동→⑨ 고려 왕궁의 터 만월대→⑩ 개성역 코스였다. 소요 시간은 약 1시간, 4인용 자동차를 임대하면 3원(약 3만 2,000원)이 들었다.

둘째는 개성역에서 고려 태조 왕건의 현릉顯陵을 보고 자동차로 이동하

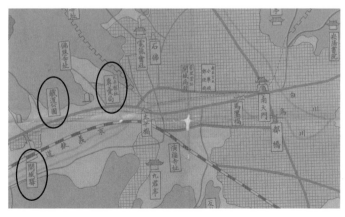

《송도면 고적도》(1926).
경의철도를 따라 개성역 앞쪽으로 철도공원과 전매국이 표시되어 있다. (07)

여 박연폭포를 보고, 걸어서 산성 북문과 남문을 보고 박연폭포로 돌아와 자동차를 이용해 다시 개성역으로 오는 코스였다. 소요 시간은 역시 약 1시간 정도로 승합을 이용하면 한 사람 편도 1원 40전(약 1만 4,900원)이었고, 임대를 하면 4인승 편도가 8원(약 8만 5,500원), 왕복이 13원(약 13만 8,900원)이었다.

그런데 이 책에는 고려 역사 유적에 대한 여행 추천코스와 더불어 식민지 도시정책의 치적과 개성에 대한 경제적 관심을 보여 주는 두 곳이 더 소개되어 있었다. 개성역 앞 철도공원과 조선총독부 전매국 개성출장소이다.

조선총독부 전매국 개성출장소와 인삼밭은 개성에서만 볼 수 있는 특별한 볼거리였다. 전매국 개성출장소는 개성의 특산물 고려홍삼 제조공장이었는데, 정부의 전매와 관계된 홍삼은 이곳에서 제조되어 미쓰이물산의 손을 거쳐 주로 중국으로 수출되었다. 그러나 홍삼 제조공장은 관람객 모두에게 허용된 것은 아니었고, 허가를 얻은 사람들에 한해 참관의 기회가 부여되었다.

풍속첩·화보·엽서 속
개성과 인삼

조선총독부 전매국 개성출장소는 개성을 알리는 화보나 사진에 등장하는 대표적 장소였다. 〈사진 1〉은 인삼밭을 근경으로 전매국 출장소의 담장과 인삼 제조공장의 모습을 원경으로 촬영했다. 개성의 삼포가 멀리 있는 전매국 개성출장소의 관리와 통제하에 있다는 이미지를 형상화하는 구도로 읽힌다.

〈사진 2〉는 인삼밭 통로 사이 바퀴 달린 수레 위에 놓인 질항아리가 눈길을 끈다. 질항아리는 씨앗의 개갑開匣이나, 월동을 위한 이식 등에 사용하는 것인데, 도기 항아리 위에 인삼 캐는 도구가 있는 것으로 보아 촬영 시기는 인삼을 캐고 종자나 묘삼의 월동을 준비하기 위한 가을이었던 것으로 보인다.

〈사진 3〉은 햇빛 가리개를 들춰서 직접 인삼이 자라는 모습을 찍은 사진이다. 특이한 부분은 삼포 밭에 가려진 아름다운 인삼을 훔쳐 가려는 삼적, 즉 인삼 도둑을 막기 위해 병사를 파견해 경계했다는 사진 설명이다. 일본 군대와 경찰의 인삼밭 경비와 보호는 예전부터 있었다. 따라서 굳이 이러한 설명을 추가한 것은 인삼 재배업이 식민지 권력이 지켜야 할 경제적 대상임을 강조하려는 의도가 담긴 것으로 보인다.

〈사진 4〉는 조선총독부가 개성은 물론 전국에서 생산된 6년근 인삼을

1. 개성의 인삼밭과 전매국 개성출장소는 철도여행 안내서를 비롯하여 조선풍속 사진첩의 단골 주제였다. (08)

2. 사진에는 '고려의 수도 개성은 인삼으로 모르는 사람이 없다. 인삼밭은 한 논두렁마다 햇빛 가리개를 만들어 발을 드리우고 벌레를 쫓고 잎 정렬을 나란히 고치는 등 신고와 땀의 결정은 6년 후 수확한다' 라는 설명이 달려 있다. (09)

3. 사진에는 '"인삼" 이라고 말하면 개성 지역 독점의 느낌이 있다. 인삼을 훔치려 엿보는 사람을 삼적이라고 일컬어 병사를 특파해서 인삼밭을 지켰다. 발을 말아 올리면 그림과 같이 아름다운 인삼의 정렬된 잎이 보인다. 예로부터 인삼에 대해서는 역사적 이야기와 전설도 많다' 라는 설명이 달려 있다. (10)

모아 선별하는 작업 모습이다. 합격품으로 결정되면 물로 씻어서 찌고 햇볕에 말리거나 열풍으로 건조하게 된다. 개성출장소에서는 해마다 9월 15~17일경이 되면 인삼 수확을 시작하고, 홍삼 제조는 9월 20일경에 시작하여 12월 7일경에 종료한다. 남자 160여 명, 여자 370여 명 등 530여 명을 임시 채용했는데, 모두 건강진단을 받은 후 임용할 정도로 철저했다.[13]

　　머리를 단정히 묶고 한복을 입은 조선 여인들이 가지런히 줄지어 앉아 인삼을 선별하는 사진은 인삼 선별 과정이 매우 엄격하고 정결할 것이라는 이미지를 준다.

　　〈사진 5〉는 인삼 건조 작업을 촬영한 것이다. 인삼이 놓인 삼태기가 끝이 보이지 않게 펼쳐져 있고, 조선 남정네 인부의 손길이 바쁘게 움직인다. 그런데 사진의 중간에 시선을 끄는 것이 있다. 바로 개성의 백삼 제조

4. 사진에는 '자연산 인삼은 매우 희소하여 개성을 중심으로 인공 재배가 성행한다. 재배 6년 이후 9월 초 경작자가 내놓은 수삼이라고 일컫는 인삼은 개성은 물론 조선 내 각지에서 모집되어 보내진 조선 여인들에 의해 합격품을 결정한다' 라는 설명이 달려 있다. (11)

공장이다. 그리고 그 너머에 개성의 상징인 송악산 자락이 어우러져 배경을 이룬다. 즉 이 사진은 인삼(특산물), 총독부(지배자), 송악산(개성의 자연)의 이미지가 조합되어 있다.

19세기 말 제국주의가 맹위를 떨치던 시기의 시각 인쇄물은 지배자적 시선을 전파하는 매체로서, 지배와 피지배의 관계를 선명하게 재현하고 있었다. 일제강점기 개성의 사진 이미지도 마찬가지였다. 옛 고려 왕조의 도읍으로서 유적지가 풍부하고 인삼 전매를 통해 경제적 이익을 거둘 수 있는 곳이라는 상징성을 높여 줄 사진과 화보가 생산된 것이다. 인삼의 경우 근대적이고 위생적이며 훈련된 고용과 노동을 통해 생산된 제품이라는 이미지, 그러한 인삼의 생산 주체가 조선총독부 전매국 개성출장소라는 이미지가 주로 활용되었다.

5. 사진에는 '고려인삼에는 홍삼·백삼이 각각 있는데 정부의 전매에 관계되는 것은 홍삼이다. 개성 시내에는 백삼 민영공장도 있다'라는 설명이 달려 있다. (12)

03

일제강점기 홍삼 전매와
개성 백삼

일제의 홍삼 전매법과
조선의 인삼산업

1908년 홍삼 전매법은 일제의 인삼정책을 파악하는 핵심이자 이후 한 세기 넘게 지속된 인삼산업의 민영화 논쟁을 이해하는 요체이다. 홍삼 전매법은 인삼 경작 및 수확, 수삼 수납, 홍삼 제조, 홍삼 판매 및 수출, 검사·감독과 처벌에 대한 규정으로 나눌 수 있다. 전매법 개정과 관계 법령 등 구체적인 내용은 시기적으로 약간 차이가 있지만 기본적인 틀은 변하지 않았다. 따라서 홍삼 전매법이 인삼산업 운용체계라는 점을 전제한 상태에서 수삼, 홍삼, 백삼, 직삼 등의 용어를 정의해볼 필요가 있다.

첫째, 수삼은 경작자의 손으로 수확한 인삼을 말한다. 경작자가 인삼을 재배하기 위해서는 허가를 받아야 할 때도 있었고 신고만 하면 되는 때도 있었다. 둘째, 홍삼은 총독부 전매국이 특별경작지구로 지정한 곳에서 생산된 5~6년근 수삼을 재료로 만든 인삼이다. 셋째, 백삼은 특별경작지구 이외에서 생산된 4~5년근 수삼이나 홍삼 원료로 수매가 안 된 수삼으로 만든 인삼이다. 넷째, 직삼·곡삼·반곡삼은 백삼을 어떠한 모양으로 말려 제조하는가에 따른 구분이다. 다섯째, 체삼體蔘·미삼尾蔘은 인삼 몸통과 잔뿌리의 구분이며, 개성 인삼·금산 인삼·풍기 인삼 등은 생산지에 따른 구분이다.

다음은 홍삼 전매법의 운영을 이해하기 위한 규정과 논쟁이다. 첫째는 수삼 경작의 신고제와 허가제이다. 이는 경작자 수, 재배 면적, 세금 과표, 시장 가격과 직결되는 문제로, 경작에 대한 모든 정보를 총독부 전매국이 관리 통제하게 된다. 둘째는 홍삼 제조를 위한 수삼의 계약 재배 지역인 특별경작구역 지정이다. 특별경작구역에는 홍삼 제조를 위해 경작 자금 융자와 자재 지원 등 여러 혜택이 있었으나, 비지정구역에는 경작은 물론 백삼의 제조 및 판매에 대한 제도적 뒷받침이 부실했다. 셋째는 전매제를 통해 국가 재원을 확보하려는 재무 당국과 농무 당국과의 구조적 충돌, 인삼세와 홍삼세 등 세법과 세율 문제이다. 여기에는 총독부 전매국, 미쓰이물산 그리고 지정·비지정 구역의 경작자뿐만 아니라 인삼시장의 유통업자 상인 등 인삼산업 생태계 전체가 연관되어 있었다. 넷째는 수삼, 홍삼, 백삼 및 인삼 제품에 대한 생산 허가와 판매권이다. 인삼 제품은 관허 홍삼으로도 민간의 백삼으로도 제조했는데, 이에 대한 수출 판매권과 국내 판매를 둘러싼 이해충돌이 잦았다. 다섯째는 수삼, 홍삼, 백삼에 대한 감독과 품질 판정 및 밀수출과 밀반입 및 불법 유통 등에 대한 감독과 처벌 문제이다.

조선총독부는 홍삼 전매제의 목적 달성을 위해 경작자조합과 판매자조합의 결성을 후원하고 관리하는 한편 판매주식회사, 제품제조주식회사 등의 인허가에 관여했다. 조선의 인삼 산업계는 각자의 생존을 걸고 이 같은 규제에 대응하며 국내외 시장으로 진출했다. 이 과정에서 일제강점기 경기도 개성과 전라북도 금산이 구한말에 이어 인삼산업의 대표적 지역으로 자리를 굳혔다. 차이가 있다면 개성은 전매제 홍삼과 연관되어 백삼까지 석권한 인삼 산업계의 전통적 강자였다면, 금산은 국내 백삼 생산과 유통에서 독자적 지위를 마련하고 해외까지 진출한 선두주자였다는 점이다.

식민지 고려홍삼과
개성 백삼 판로

　　　　　　　일제강점기에도 고려홍삼은 '전 세계 인류를 위하여 이 세상에 내놓을 영약'으로서 식민지 조선의 대표 산업이자 주력 무역품이었다. 조선총독부 전매국은 미쓰이물산과 홍삼 독점판매 계약을 맺고, 통상 매년 7월경 수삼의 가격을 협정했다. 이어 전매국은 9월경부터 예정된 수매량에 따라 특별경작구역에서 수삼을 사들였다. 홍삼 제조는 이때부터 시작해 11월 말경에 마쳤는데, 다음 해 1월경 미쓰이물산에 판매권을 불하했다.

　이 과정에서 인삼을 재배하고 수매를 위한 경작자 단체가 개성삼업조합이었다. 개성삼업조합은 1910년 인삼 특별경작구역 내의 인삼 경작자들이 만든 조직으로서, 조합원 공동의 이익을 증진하고 쇠퇴한 삼업을 증진할 목적으로 결성되었다. 개성삼업조합은 총회를 통해 임원을 선출할 수 있었지만, 임원의 최종 승인권은 조선총독부가 갖는 방식으로 운영되었다. 그 대신 조선총독부는 삼업자금 알선, 수삼 배상액 책정, 병해 예방법, 삼포의 도난 및 홍삼 밀조 단속 등으로 조합을 돕는 정책을 취했다.[14] 초대 조합장은 '인삼대왕'으로 불린 손봉상이었고, 대삼포주 공성학·김정호·박우현 등이 임원을 맡았다.

이후 총독부는 1934년 홍삼 전매법을 손질하여 인삼 경작을 신고제에서 허가제로 바꿨으며, 동업조합령에 의해 인삼 경작 및 판매에 대한 통제를 강화했다. 이에 발맞춰 개성에서도 인삼동업조합이 만들어졌다. 초대 개성인삼동업조합의 조합장은 역시 손봉상이었는데, 그가 사망하자 1936년 공성학이 그다음 조합장이 되었다.

홍삼 전매법이 현실에서 어떻게 실현되었는지 1921년의 경우를 통해 재현해 보자. 1921년 전매국 개성출장소는 경작자에게 수삼 1근에 12원(약 16만 3,100원)씩 매수하여 홍삼을 만들었고, 이를 미쓰이물산에 40~76원(약 54만 3,800원~약 103만 3,140원)까지 받고 불하했다. 미쓰이물산은 이를 전매국 출장소에 보관해 두고 중국에서의 주문에 따라 판매했는데, 1근에 100~250원(약 135만 9,400~339만 8,500원)까지 받았다. 이를 통해 전매국 출장소의 판매 수익은 270여만 원(약 367억 382만 원), 비용을 제외한 순수익은 100여만 원(약 135억 9,400만 원)에 이르렀다.[15] 또 전매국에서는 홍삼 제조 때에 홍삼 분말과 홍삼 진액, 즉 삼정蔘精을 추가로 만들어 중국으로 수출했는데, 이것의 불하 가격은 1920년대 3만 원(약 4억 782만 원) 내외에 이르렀다.

전매국에서 수매하지 않은 수삼은 경작자에게 되돌려주었다. 개성의 삼업가들은 이를 백삼으로 만들어 자유롭게 처분할 수 있었다. 홍삼은 제조량이 한정되어 있었으므로, 수매되지 못한 백삼은 홍삼에 비해 모양도

7

고르지 않았고 가격도 저렴했다. 이에 개성의 삼업가들은 백삼의 판로를 국내뿐 아니라 해외로 확장해 나갔다. 이를 주도한 것이 1914년에 설립된 백삼유통회사 고려삼업사인데, 설립 당시 사장은 박우현이었다.

이런 와중에 개성삼업조합의 핵심 인물들이 중국의 인삼시장을 시찰한 사실은 눈길을 끈다. 1923년 총독부 전매국의 권유와 미쓰이물산의 지원으로, 개성삼업조합장 손봉상, 공성학, 박봉진, 조명호, 김원배와 미쓰이물산 경성지점장 대리 아마노 유노스케 등 6명이 중국 시장 시찰단으로 출장을 다녀온 것이다.

미쓰이물산은 상하이의 5대 삼호參號와 주로 거래했다. 보대삼호의 김계, 원창삼호의 호석기, 부창삼호의 공신보, 덕창삼호의 정재기, 유풍덕 삼호의 정천룽이 그들이었다. 중국 시장 시찰단이 상하이에서 만난 사람도 5대 삼호였다. 시찰의 궁극적 목적은 홍삼 수출을 확대하고 백삼 수출의 가능성을 살피는 것이었는데, 1915년 위안스카이가 일본이 요구한 21개조를 승인하자 중국 내에서 일본 상품 불매운동이 일어나고 5·4운동에 불이 붙은 이후 반일감정이 높아지던 때라는 시대적 상황도 작용했다.

5대 삼호가 제시한 홍삼의 중국 매출 신장을 위한 조언은 매우 구체적이었다. 첫 번째 홍삼의 모양은 매우 양호하지만 흰 껍질이 있는 것, 몸체 끊어진 것, 잔뿌리가 갈라진 곳에 검은 점이 있는 것은 소매상에 팔기 어려우니, 이 점을 개량해야 한다는 것이다. 둘째는 홍삼의 가격을 조금 낮추면 판매량이 늘어나서 매출에 도움이 된다는 것이다. 셋째는 홍삼 상표에 생산연도를 계해년 12(1923)라고 쓰지 말고, 중국 연호[민국]와 일본 연호[대정]가 같으므로 '12'라고만 표기하라는 것이다. 일본 물건을 배척하는 혐오감을 피하자는 전략이었다.[16]

개성삼업조합은 두 번째 의견에 대해서는 미쓰이물산과 중국의 삼호가

박리다매를 목적으로 홍삼 가격의 인하를 권유하는 것이 아닌지 의심하면서, 생산자의 입장에서는 과잉생산으로 낭패를 볼 수 있다는 신중한 입장이었다. 그러나 미쓰이물산이 홍삼 판로를 확장하여 자바, 방콕, 자카르타, 사이공, 랭군, 세마랑, 샌프란시스코, 뭄바이, 마닐라까지 견본·영화·광고·선전 인쇄물 배부에 힘쓰는 사실과 만주산·미국산·일본산 백삼이 널리 유통되는 데 비해 조선 백삼의 경쟁력은 매우 떨어지는 상황임을 분명하게 인지할 수 있었다. 이에 개성삼업조합에서는 손봉상의 장남 손홍준을 상하이로 파견하고 화남 지방과 남양 방면에도 고려인삼을 수출하기로 했다. 이는 상하이의 조선 실업가 옥관빈과도 연결되었다.[17]

옥관빈玉觀彬은 한말 신민회에 참여하고 105인사건으로 실형을 선고받은 청년 애국활동가였다는 평가가 있는가 하면, 1915년 상하이로 망명하면서 밀정 혐의를 받았던 친일파 혹은 실업가라는 엇갈린 평가를 받는다. 하지만 실업가로서의 옥관빈의 활동은 확실히 주목할 만하다. 그는 1920년대 독일인과 합작하여 여덕양행麗德洋行을 설립, 조선에 약품, 염료, 당재唐材 등을 수입하고 조선의 물산을 수출 판매하는 무역업에 종사했다. 또한 합명회사 배달공사倍達公司를 설립, 국내 경성에 총대리점인 옥전양행玉田洋行을 두고 베를린에 지점을 두어 독일의 의약, 염료, 기계류 등을 중국에 수입했다.[18] 상하이를 중심으로 조선-상하이-베를린을 잇는 무역 중개 활동을 펼친 것이다.

옥관빈은 1923년 고려인삼정을 중국으로 수출할 계획을 세우고 경성 남대문통에 있던 옥전양행이 구매를 담당하도록 하면서 인삼 홍보에도 진력하겠다는 계획하에 거금의 선전비를 들여 활동사진과 홍보전단 등을 만들었다. 또 고려인삼정의 상표도 만들었다. 사자와 범을 그려 중국 농상공부에 등록하고 각국 의학박사들의 유효 증명을 첨부하여 신뢰도를 높였다. 옥관빈은 이에 그치지 않고 고려인삼정을 조선의 주요 수출품으로 만들고자 했다. 《조선일보》에 〈고려인삼 수출에 대하야〉라는 글을 5회에 걸쳐 연재한 것도 이 같은 사업계획과 연관되어 있었다.[19]

옥관빈은 신문 연재에서 중국인의 고려인삼에 대한 관념은 일종의 신비적 미신과 같은데, 지역적으로는 북방인보다는 남방인, 남방인보다는 남양 방면의 화교들이 높다고 했다. 이어 남양군도에서 고려인삼 관련 활동을 하던 한 동포를 예로 들며 국내 상업가 특히 개성 삼업가 제씨에게 고려인삼의 수출을 권유했다.

옥관빈은 인도의 면화, 호주의 양모, 중국의 홍차, 고려의 인삼을 세계의 유명한 특산물이라고 규정했다. 또한 상하이의 소싸움장 광고에서 "역발산기개세 하는 소는 고려에서 인삼포를 지나다가 인삼을 훔쳐먹은 고로 그 힘이 맹호猛虎·용사勇獅보다 우세하다"는 해학적 문구를 본 적이 있으며, 중국 각 처의 약방·약국의 문 앞에는 '고려인삼' 4자를 황금색으로 써 붙이지 않은 자가 없다고 했다. 또 자신이 상담한 세계 각국의 상인들도 고려인삼의 명성은 인정하는 추세이며, 인삼은 세계 모든 국가의 약재 중 대통령의 지위를 얻고 있다고 평가했다.

하지만 작금의 고려홍삼의 상세는 불리하다고 했다. 일본이 중국에 강요한 21개조 이후 반일감정이 고조되는 상황에서 중국인들이 고려인삼을 '일본귀삼日本鬼蔘'으로 오인해 고려인삼은 매출이 떨어지고 있는데, 미국산 인삼은 "신랑이 신부를 맞이한 다음 날에는 꼭 미국산 인삼을 마신다"는 이야기가 소설책에 나올 만큼 인기가 높아지는 상황이라는 것이다.

그럼에도 고려홍삼은 중국 각 지역에 미쓰이물산의 지점이나 출장소가 있어, 유명한 중국 약업자가 그 지역의 특약 대리점이 되고, 다시 그 특약

대리점이 여러 삼행업자에게 판매케 하는 방식 때문에 판매 확대에 한계가 있다고 지적했다. 문제 해결을 위해서는 전매법을 철폐하는 것이 가장 좋은 방법이지만, 총독부의 수입예산 관계로 이것이 안 된다면, 천만 보를 양보하여 중국에서 판매하는 독점권은 조선인에게 주어야 한다고 주장했다. 이렇게 되면 고려인이 고려홍삼을 취급하여 중국인에게 동정을 받게 되고 매출이 늘 것이니, 피차간 이익이요 꿩 먹고 알 먹는 것이라고 했다.

옥관빈은 약 1만 원(약 1억 3,590만 원)의 자본을 가지고 중국 무역에 상당한 경력을 가진 자가 함께 진력하면, 고려인삼정이 장차 대표적인 수출품이 될 것이라고 내다보았다. 이에 조선 굴지의 상업가 특히 개성 삼업가와 제휴하기를 바란다는 희망을 숨기지 않았다. 옥관빈은 상하이에 판로 시찰을 왔던 개성삼업조합 손봉상과 네덜란드령 자바섬에서 열리는 박람회에 고려삼업사가 제조하는 백삼 인삼, 인삼 커피 사탕, 인삼엿, 인삼가루, 인삼전과 등의 출품을 협의하기도 했다.[20]

이처럼 홍삼과 백삼 및 고려인삼정 등의 수출을 위한 노력은 지속되었다.

홍삼 제품의 수출지는 중국이 대부분을 차지한다. 해협 식민지(말레이반도의 피낭·말라카·싱가포르 등 구 영국령 식민지)·일본·타이완·자바 등이 그 버금되며, 또한 베트남 북부의 통킹, 하노이 지방·홍콩·미얀마·필리핀 등에도 약간 수출된다. …… 정부에서 수납지 못하는 것은 민간에서 백삼을 제조하여 자유로 매매하는 바, 그 수출지는 일본이 7할, 중국이 2할 9푼이 대부분이다. 해협 식민지·미국·홍콩·인도 등에도 약간 있으나 아주 소수인 까닭에 이들을 합하여 1푼에 불과하다《조선일보》 1927년

9월 20일).

이 시기 고려인삼은 매년 변동이 있었지만, 1921~1926년까지 5년 동안 홍삼은 3만 5,000근에서 4만 5,000근, 백삼은 8만 5,000근에서 21만 6,000근 정도가 수출되었다. 금액으로는 홍삼은 평균 230만 원(1926년 기준 약 249억 5,500만 원), 백삼은 평균 115만 원(1926년 기준 약 124억 7,500만 원) 정도였다.

1926년부터 중국에는 전쟁의 암운이 드리웠다. 1925년 쑨원이 사망하자 장제스는 1926년 군벌과 제국주의에 대항하기 위해 결성했던 제1차 국공합작을 깨고 북벌전쟁을 전개하여 1927년 승리를 쟁취했다. 그해 장제스는 상하이에서 반공 테러를 감행하고 난징에 국민당 정부를 수립하여 대권을 장악했다. 이는 중국의 항일운동과 연관되어 조선의 홍삼 매매에도 악영향을 주는 요인으로 작용할 수 있는 상황이었다.

중국에 대한 조선 홍삼 판매 상황은 전기(1926년 11월부터 1927년 4월까지)까지는 전란으로 인하야, 홍콩·상하이 및 양쯔강 연안 일대는 홍삼 전체 불하 수에 3분의 2를 소화하던 중요지가 전란에 침해되어서 비상히 우려되어 도저히 가망이 없다고까지 하던 바였다. 다행이 중국에 주재하는 직원이 전란 시의 중국 사정에 정통했기 때문에 전란의 사이사이를 엿보아서 거의 위압적 (방식)으로 넘어갔으며, 남양 방면 판매가 근래 발전한 까닭에 우려와는 반대로 약 2만 1,000근의 판매를 보아 비상히 기뻐하는 바이다(《조선일보》 1927년 9월 20일).

1926년 상반기 2만 1,000근의 판매량은 예년보다 좋은 성적이라는 평가를 받았다. 그런데 여기서 주목되는 것은 남양 방면, 즉 오늘날 미크로네시아 지역에서의 판매가 늘었다는 점이다. 이는 물론 조선총독부 전매국의 홍삼 판매와 관련된 일이었지만, 백삼의 판로 확장과도 궤를 같이하는 것이었다.

1928년 중국의 정치적 상황은 더욱 어지러워졌고 배일감정은 치솟고 있었다. 일본으로서는 긴급히 대책을 수립해야 할 현안이었다. 인삼도 일본 물건 배척운동과 관세 인상 등의 위협 요소에서 자유로울 수 없었다. 같은 해 개성삼업조합 손봉상과 공성학의 사촌 동생이자 부조합장이었던 공성구 등이 다시 미쓰이물산과 함께 타이완과 홍콩의 인삼시장을 돌아본 것도 이러한 상황과 관련이 있었다.

그럼에도 불구하고 〈매년 증가되는 인삼 수출고 – 의연 중국 수출액이 최고〉라는 기사(《조선일보》 1929년 4월 16일)에서 보듯 인삼 수출에는 큰 영향이 없었다. 예컨대 1929년 3월 인삼 총 수출액은 약 2만 6,000여 근, 가액은 145만 원(약 190억 5,050만 원) 정도였다. 이는 지난해 1월 대비 2배 이상 신장된 것이었다. 이에 《조선일보》는 고려인삼이 "아세아는 물론 전 세계에 웅비했다"고 선언했다.

개성의 백삼 생산과 판매는 1934년 조선총독부가 인삼 경작을 신고제에서 허가제로 전환하면서 새로운 전환기를 맞는다. 개성의 경작자와 판매자가 중요 물산 동업조합령에 따라 법인 조직단체인 개성인삼동업조합을 출범시킨 것이다. 개성인삼동업조합은 엄격한 검사로 품질 향상에 주력하기로 했다. 이를 위해 백삼은 포장물 무게 16냥중을 1근으로 농선지籠宣紙에 싸서 종이함에 넣어 밀봉하고, 미삼은 같은 중량으로 견양지見樣紙에 싸서 종이함에 넣어 밀봉하기로 했다. 백삼의 검사 등급은 특등부터 3등 그리고 등외 5종으로 하고 편수의 등급까지 상세히 규정했다.[21]

1935년에는 개성인삼판매조합도 결성되어 경작자와 판매업자 간 갈등이 조성되기도 했으나 개성인삼동업조합과 전매 당국의 주선으로 협정안이 마련되면서 안정 국면으로 들어갔다.[22]

'인삼대왕'
손봉상

조선총독부 전매국은 미쓰이물산에 홍삼의 제조 및 판매권에 독점적 지위를 부여하고, 조선인의 참여는 철저히 차단했다. 이런 상황에서 개성 자본이 진출할 수 있는 분야는 특별경작지구의 인삼 경작과 조선총독부 전매국에서 반환된 수삼을 말린 백삼의 판매 및 인삼 제품업 분야였다. 1910년대 인삼의 전체 경작 면적은 크게 늘었지만, 총독부의 홍삼 수매량은 일정한 수준을 유지했다. 이에 백삼의 과잉 공급과 가격 하락 및 개성의 경기 위축에서 벗어나려는 노력이 인삼 경작자 사이에서 일어났다.

1 – 손봉상은 개성 삼업계를 이끌었던 대표적 인물이다. (13)
2 – 합자회사 개성삼업사의 영업소 전경이다. (14)

고려인삼사는 인삼 경작자들이 중심이 되어 조직한 회사로서, 1918년 합자회사체제가 되었는데, 개성 삼업계뿐만 아니라 개성 경제계의 핵심 인물을 망라하고 있었다. 이때 손봉상이 사장을 맡아 회사의 위상이 크게 높아졌다.

손봉상은 1920년 초 총독부 전매국에 홍삼 원료 2만 근을 공급했고, 백삼과 미삼 등은 매년 5만여 근을 산출했다. 이를 더한 금액은 70만 원 이상이었다. 1920~1922년 사이 총독부 전매국의 평균 수납 근수는 14만여 근이었고 백삼 제조량은 16만여 근이었다. 손봉상 혼자 홍삼 수납 근수의 7분의 1, 백삼 제조량의 3분의 1을 담당한 셈이었다.

1927년 《동아일보》는 고려삼업사를 다음과 같이 소개하고 있다. "고려인삼의 생산지로 인삼을 전문으로 판매하는 상점이 적지 않으나 회사제로 조직되어 있는 곳은 오직 고려삼업사뿐이다. …… 사장은 현재 개성삼

1 – 송경인삼상회 등 개성에서 인삼을 취급하는 4곳이 나란히 광고를 게시했으나
상표 등록이 된 곳은 개성삼업사뿐이었다. (15)
2 – 등록상호와 회사명을 중앙으로 오른쪽에는 인삼의 효능에 대한 표어를 배치하고
왼쪽에는 취급 품목을 나열했는데, 관제삼정까지 취급했으며
판매특약을 승인받은 내용까지 적어 신뢰도를 높였다. (16)
3 – 합자회사 개성삼업사의 전면 광고이다. (17)

업조합장을 겸임한 인삼대왕 손봉상 씨라고 한다. 고려삼업사에서는 고려 백삼, 고려 삼정과 기타 인삼 제품을 전문으로 취급하는데 …… 연 판매고는 40여 만 원에 이른다"고 했다. 인삼 경작계의 최대 삼포주인이자 인삼대왕이라는 명성이 따라붙을 만했다. 고려삼업사에서 제조한 고려인삼은 1920년 당시 조선을 찾은 미국 의원단장 스몰 일행에게 전달할 선물 목록에 오르기도 했다.

고려삼업사는 소형 광고에서 전면 광고까지 신문에 실으면서 적극적인 홍보에 나서기도 했다. "건강은 인생의 지극한 보배이고 인삼은 건강의 보고이다." 고려삼업사가 내건 광고 문구였다. 전면 광고에는 첫 단에 '고려인삼高麗人蔘' 글자를 크게 새겨 표제어로 달고, 둘째 단의 오른쪽 끝단에는 판매 종목을, 왼쪽 끝단에는 영문 광고 문안을 배치했다. 인삼을 주문할 때는 'The Korean Ginseng Trading Co.'을 잊지 말라는 내용이었다. 그리고 중앙 1·2단에는 화강암으로 만든 2층 규모의 개성 본부 영업 건물 사진을 배치했다. 그 밑으로는 사장 손봉상의 사진과 함께 신의를 바탕으로 성실을 다하겠다는 영업 방침을 소개했다. '약을 먹어야 할 호기에 자영 농장의 좋은 제품을 안전하게 제공', '진정한 물품을 정당한 가격으로', '신용 있는 인삼회사' 등이 키워드였다.

또한 지방 순회를 할 때 사용하는 자동차 사진과 함께 각 지역의 지방 방문을 알리고 있는데, 이를 통해 통신 판매의 규모와 영업 규모를 짐작할 수 있다. 통신 주문 방식도 자세히 소개했다. 본사 상호를 확인하여 착오가 없게 하라는 주의에 이어 주문자의 주소와 이름을 정자로 기입하고 선금을 이체구좌 '경성 3299번'으로 불입하면 착오가 없다고 했다. 선금으로 주문하면 나무상자 값을 빼주었다. 우체국 우편환의 사용도 가능했고 물건 값을 배달 시 직접 내는 방식을 선택할 수도 있었다. 하지만 직접 지불 방식은 부대비용이 들고 우체국까지 가야 하는 불편이 있으니, 선금으로 결제하라는 권유와 함께 선금으로 결제하면 집까지 배달해 주었다. 외국에서 주문할 때는 선금만 가능했다. 이처럼 현대적인 마케팅 방법을 채용하고 해외 판로 확대에도 적극 노력한 결과 고려삼업사의 1927년 무렵 판매고는 40여만 원(약 46억 8,900원)에 달했다.

그러나 이처럼 개성인삼상회와 고려삼업사의 영업이 활발해지던 1930년대, 조선총독부의 백삼 통제는 강화되었다. 1934년 인삼 경작에 대해 기존의 신고제를 폐지하고 지정구역 외의 인삼 경작도 전매국의 허가를 받도록 하는 강제조치를 취한 것이다. 처음에는 수삼 생산을 통제하려던 목적에서 시작되었지만, 1940년대 들어서는 백삼의 유통·배급 부문에도 개입하기 시작했다.

이전까지 백삼은 생산지 생산자들이 조합을 결성해 관리해 왔다. 가격도 각 생산지의 도지사가 결정했다. 그런데 1940년대 조선총독부가 배급 통제, 가격 조정, 규격 통일까지 결정할 계획을 세운 것이다. 조선의 인삼 산업이 식민지 조선이라는 구조적 한계를 벗어나지 못했음을 보여 주는 조처였다. 그러나 일제의 통제가 강화됨에도 불구하고 조선의 인삼 산업계는 다방면에서 꿋꿋하게 경쟁력을 갖추어 나가고 있었다.

개성 백삼 선전의 개척자
최익모

고려삼업사가 인삼 경작자 중심의 회사였다면 개성인삼상회는 백삼 상인이 만든 회사였다. 1916년 백삼 전문 상인 최익모는 개성인삼상회를 설립했는데, 근대적인 마케팅 기법을 선구적으

로 도입하여 큰 성공을 거두고 다른 백삼 회사에도 많은 영향을 끼쳤다는 점에서 주목된다.[23]

1910년대 개성은 인삼 특별경작구역으로서 홍삼의 고장이었다. 반면 개성 백삼은 송백삼松白蔘으로 불리며 낮은 가격으로 천대받았다. 전매국에서는 개성에서 품질이 가장 좋은 수삼만 홍삼 제조용으로 수납하고 불합격 받은 수삼은 삼포주인에게 돌려주었다. 이 돌려받은 수삼을 후삼이라고 불렀다. 후삼은 삼포주인이 활용할 수 있는 물품이었지만, 세상 사람들의 인식은 좋지 않았다. 게다가 백삼을 열 근씩 새끼로 묶어서 땅바닥에 이리저리 굴렸고 포장하지 않아 상품가치가 현저히 떨어졌다.

최익모는 이러한 상황을 타개하는 데 뛰어들었다.[24] 그는 우선 백삼의 포장을 바꿔서 상품가치를 높이려 했다. 백삼 허리에 '고려인삼高麗人蔘'이라고 쓴 금띠를 감싸서 위엄 있어 보이도록 했다. 백삼 자체는 예전과 같은 것이었지만 포장만으로도 소비자에게는 전혀 다른 상품처럼 보이

1 – 익자 표라는 상표 등록과 함께 제품에 대한 신뢰성을 강조했다. (18)
2 – 익자표 고려인삼이 세계적으로 유명하다는 점과 진품임을 강조했다. (19)
3 – 개성의 산업계를 소개하면서 최익모를 광고로 성공한 인물이라고 했다. (20)

게 했다. 자연히 상품성도 훨씬 높아졌다.

백삼을 담는 상자에도 특별히 신경을 썼다. 찬란한 종이상자에 오색이 영롱한 라벨을 붙여 담았다. 종이상자 포장지에는 개성인삼상회의 로고와 '인삼계의 명성! 진정眞正 개성인삼상회의 삼포에서 생산된 익益자 표 개성인삼을 드림', '생존경쟁에는 건강이 필요하고 건강에는 인삼이 필요' 등의 문구를 넣어 광고 효과를 높였다. 나무상자에도 미술적 화인花印을 찍어서 미적으로 아름답게 보이게 했다. 낮은 평판도의 송백삼을 고려인삼으로 개명하고 포장을 바꿈으로써 상품가치를 배가했던 것이다.

한편 그는 자신의 상점을 '최익모 상점'이 아니라 '개성인삼상회'라고 명명하여 대내외적으로 신용을 높이는 동시에 그의 이름에서 한 글자를 따 '익益자 표 개성인삼'을 등록상표로 만들어 신뢰감이 들게 했다. 또한 그는 당시로서는 혁신적인 판매 방식이었던 통신판매를 시작했다. 그는 알기 쉽고도 기발한 광고 문구를 만들어서 신문과 권위 있는 잡지에 연속적으로 발표했다. 이를 통해 개성 백삼과 개성인삼상회의 존재를 각인시켰다.

그는 소식지 개성인삼상회 《상보商報》를 발행하여 광고의 효과를 배가시켰다. 《상보》는 절묘하고 화려하게 만들었는데, 아롱진 색채와 고상한 조각과 인삼 그림 등에 특이한 기술미를 더해 세인의 이목과 마음을 끌게 했다. 《상보》의 헤드라인은 "세계적으로 유명한 익자 표 고려인삼"으로 뽑았고, 인삼의 특장점을 설명하는 대목에서는 "익자 표 인삼은 최상의 단독품으로 인삼의 크고 작음은 있지만 품질 효력이 극히 양호하오니, 아주 좋은 품질을 주문하시려면 익자 표 인삼이라고 주문표에 기입하시오"라고 자신감을 드러냈다. "각 지역 약방에서 판매하되, 만약 물건이 떨어지면 본 상회로 직접 주문하라"고도 명기했다. '천하일품 익자 표 인삼'

이라는 강조도 잊지 않았다. 인삼 15편부터 100편까지 포장 단위별 가격도 명기했다.

《상보》는 문구와 도안을 자주 바꿔서 신선함을 더했다. 사람들은 상품을 보지 않고 《상보》 하나만 보고 주문했지만, 받은 상품은 털끝만큼도 차이가 없었다. 이에 《상보》는 '개성 삼업계의 생명선'이라는 평가를 받을 정도로 백삼 판매에 중요한 역할을 했다. 이 같은 최익모의 통신판매는 대성공을 거두었다. 새로운 마케팅 기술은 다른 개성 상인에게도 자극을 주어 그의 방법을 채택하는 백삼 상인도 늘어났다.

금띠를 두른 고려인삼이 신뢰를 얻게 되면서, 백삼은 수백 원씩이나 하는 홍삼과 시장을 다툴 경쟁력을 갖기 시작했다. "홍삼과 백삼의 차이는 단지 쪄서 말리느냐 아니면 그냥 말리느냐의 차이뿐이고 품질에는 하등 우열이 있는 것은 아니므로 한국인과 일본인은 경제적인 백삼을 사용해도 충분한 효과가 있을 것"이라는 《매일신보》의 기사는 이러한 상황을 반영한 것이었다.[25]

"중국인은 관습상 홍삼만 알고 백삼은 모르므로 가격 차이가 격심하니 만일 삼업 본가인 우리 조선인이 그 실지 효력이 홍삼·백삼에 관계 없음을 충분히 설명하여 그들에게 시험 삼아 사용하게 하면 홍삼보다 저가인 백삼을 더욱 애용할 것이다. 그러면 그 판로를 확장하는 데 힘들이지 않고 후한 이익을 얻을 수 있을 것 아닌가"라는 《조선일보》의 사설도 등장했다.[26] 실제로 백삼의 판로는 국내를 넘어 해외로 확대되었다. 최익모는 만주, 중국을 비롯하여 태국·미얀마·말레이반도·인도·베트남·필리핀·싱가포르·미국 각지에 특약점과 대리점을 설치하여 광고와 판로 개척에 힘을 썼다.

1929년 최익모의 공적에 대해 《동아일보》는 "본래 개성은 인삼 원생산지로 백삼 무역상 같은 것도 없었고, 아주 백삼 발전이 안 되어 생삼 경작에 실패한 자가 많았으므로 위험한 사업으로 인정"되었는데, 백삼 선전에 성공한 이후 극도로 백삼산업이 발전하여 오히려 "매년 100여만 원의막대한 의외의 이익이 경작계로 들어오게 되었으니, 지금은 돈 있는 사람은 경작자요 돈 있는 사람이 백삼 무역상이다"라고 했다. 또한 인삼 수확량이 늘어나 홍삼 전매의 원료난도 해결되고 백삼의 값이 올라 집집마다백삼 무역이요 선전상이 많아져서 그 수를 헤아릴 수 없다며, 그의 노력으로 개성 경제 상태가 흥왕하게 되었다고 평가했다.[27]

7

04
고려인삼 자본,
신진 엘리트를 키워 내다

《고려시보》를 운영한
신진 엘리트

"황성 옛터에 밤이 되니 월색만 고요해, 폐허에 설운 회포를 말하여 주노라"로 시작하는 노래 〈황성 옛터〉가 전국적으로 유행하던 즈음인 1930년대, 개성에서는 인삼 자본으로 성장한 신진 엘리트들이 각종 사회문화 활동을 활발히 전개했다.

1933년 4월 처음 발간된 《고려시보高麗時報》가 대표적 예이다. 《고려시보》는 애초에는 동인지 형식이었으나, 1935년 주식회사 고려시보사로 전환한다. 당시 고려시보사의 임원진을 보면 1930년대 개성 지역 신진 엘리트의 면면을 확인할 수 있다.[28]

고려시보사의 고문 손봉상(1860년생)·공성학(1875년생) 및 사장 김정호

(1885년생)는 개성 인삼업계의 원로이자 개성 산업계의 유력자들이었다. 따라서 고려시보사의 실제 운영은 30~40대의 신진 엘리트들이 맡았다. 부사장 공진항(당시 35세, 1900년생), 주필 이선근(당시 31세, 1905년생), 김병하(당시 30세, 1906년생), 박재청(당시 29세, 1907년생), 진호섭(당시 30세, 1906년생), 김진원(당시 30세, 1906년생), 이윤수(당시 32세, 1904년생) 등 30~40세의 신진 엘리트 20여 명이 적극 활동했다.

이들 중에는 서울에서 유학하거나 해외 전문학교 혹은 대학 수준의 근대적 학문을 이수한 지식인이 많았다. 부사장 공진항은 일본 와세다대학을 거쳐 영국 런던대학 및 프랑스 소르본대학에서 10여 년간 유학했다.

주필 이선근은 휘문고등학교를 졸업하고 1929년 일본 와세다대학 사학과를 졸업한 역사학자로《조선일보》기자와 송도고보 교사를 역임했으며, 1954년 문교부 장관이 되어 국사편찬위원회를 설치하고《조선왕조실록》을 영인하는 등 학계와 문화계에서 활발히 활동했다.

편집국장 김병하는 생물학자 석주명과 함께 송도고보에서 교사 생활을 했고, 광고부장 박재청은 춘파·박아지 등의 필명을 사용한 문학가였으며, 학예부장 김학형·조사부장 진호섭·경제부장 김진원 등은 모두 일본

《고려시보》가 주식회사체제로 전환한다는 기사이다. (21)

유학파였는데, 각각 동아일보, 조선중앙일보, 조선일보 개성 지국장을 맡고 있었다.《고려시보》의 상담역을 맡았던 인물 중 공진태는 공진항의 사촌 형으로 메이지대학 법대를 나와 변호사업을 하고 있었다.

《고려시보》는 고려 고도古都의 유적, 유물, 전설과 함께 당시의 개성을 대표하는 인삼산업, 학교, 전기회사 등을 부각시켜 개성의 지역적 정체성을 극대화했다. 이는 일본인의 상권이 개성에 침투하지 못하고 식민지 하 개성상인의 결속과 산업의 지속성을 유지하는 배경이 되었다.

인삼 자본의
언론문화 사업가와
신진 엘리트

최선익崔善益(1904~?)은 개성의 인삼 자본을 기반으로 근대 기업가로 성공한 후《조선일보》·《조선중앙일보》에 투자한 청년 문화사업가이다.[29] 최선익은 1904년 개성 출생으로, 큰아버지 최성

《고려시보》 제3회 정기주주 총회(1938) 기념촬영 사진이다. (22)

구에게 입양되었다.[30] 양부 최성구는 개성에서 큰 장사를 하며 시변市邊을 놓고 삼포를 운영했다. 하얀 무명으로 허리띠를 만들면 다시마처럼 새카 맣게 때가 묻을 때까지 써서 별명이 '다시마 허리띠'였다고 한다.

최선익은 1917년(13세) 개성 제일공립보통학교를 졸업하고, 경성의 중 앙학교(현 중앙중고등학교)에 진학했다. 그러나 1920년(16세) 무렵 부친이 일찍 작고하면서 학교를 그만두고 가업을 이었다. 이로 인해 그는 졸지에 벼락부자라는 소리를 들으면서 1900년대 개성 인삼산업의 주도권을 쥐 고 있던 손봉상, 공성학, 김정호 등의 원로그룹과 함께 차세대 리더의 반 열에 서게 되었다.

가업을 잇게 되면서 최선익은 대학에 진학하거나 해외 유학길에 오를 수 없었다. 하지만 김성수, 송진우, 안재홍, 최남선, 류근柳瑾, 현상윤 등 중앙학교와의 인연이 언론 경영자로서의 활동에 도움을 준 것으로 보인 다. 또한 1935년에는 백인제白麟濟 가옥의 소유자로, 서울 북촌 지역에 거 주하면서 윤치호, 여운형, 조병옥 등과도 교유했다.

1 – 최선익崔善益 개성상사開城商事 회사 사장.
《동아일보》의 주요 도시 현안 문제에 대한 순회 좌담 개성편 참석 당시의 사진이다. (23)
2 – 최선익 가옥.
최선익은 북촌 가회동에 위치한 현재 백인제 가옥의 이전 주인이었다. (24)

최선익의 활동은 1924년 의정부 대지주의 아들 신석우申錫雨가 경영난에 허덕이던《조선일보》판권을 인수할 때 불과 스물한 살의 나이로 경영에 참여하면서 드러난다. 신석우는 이상재를 사장으로 추대하고 자신은 부사장에 취임했다. 이때 최선익이 30만 원 정도를 투자하면서,[31] 전남 영광의 대지주 조설현, 호남 갑부 신구범과 함께《조선일보》이사진이 되었다. 당시 "조선 부자의 (재산은) 기껏해야 백만 원 내외"[32]였으니 30만 원이면 매우 큰 돈이었다.

이후 그는 1933년《중앙일보》의 제호를 바꾸어 발행한《조선중앙일보》의 편집인 겸 발행인으로 등장한다. 여운형이 사장을 맡고 자신은 부사장에 취임했다.《조선중앙일보》는《동아일보》와 함께 1936년 8월 13일 자 신문에 베를린 올림픽 마라톤 우승자 손기정 선수의 사진을 실으면서 가슴의 일장기를 지워 버린 이른바 '일장기 말살 사건'으로 폐간당했다. 이후 그는 경영일선에서 물러났지만, 적지 않은 자금을 투자했다고 한다.

최선익의《조선일보》와《조선중앙일보》경영은 서울 중앙학교와 북촌 지역에서 맺은 인적 네트워크뿐만 아니라 개성 출신 신진 엘리트와의 교류가 있어 가능했다. 가장 대표적인 인물이 김동성金東成(1890~1969)이었다.

김동성은 1909년 미국 오하이오 주립대학에서 언론학을 공부하고《동아일보》기자로 활동을 시작했는데, 1924년 신석우·최선익이《조선일보》를 인수할 때 발행인을 맡았다. 1932년에는 최선익이 인수한《조선중앙일보》편집국장으로 자리를 옮겼으며, 1936년《조선중앙일보》가 폐간되자 언론계를 떠났다. 8·15 이후 그는 국내 최초의 통신사인 합동통신을 설립하고 초대 사장에 취임했다. 정부 수립 이후에는 초대 공보처장을 역임했으며, 1950년 제2대 국회의원 선거에 당선되어 국회 부의장을 지냈다. 김동성은 최선익의 언론 사업 최대의 지지자이자 동반자였다.

공진항孔鎭恒(1900~1972)도 주목된다. 공성학의 둘째 아들로 서울에 올라와 보성고보에서 수학하고 일본으로 건너가 교토의 도지샤중학에 편입하여 졸업했다. 이후 일본 와세다대학 영문학과에 입학하여 공부하다가 유럽으로 건너가 런던대학에서 2년 공부한 뒤 프랑스 소르본대학에서 사회학을 전공한 신진 엘리트였다. 그는 최선익이 《조선중앙일보》를 주식회사로 만드는 과정에서 발기인으로 참여했고, 김동성과 함께 이사직을 맡았다.

개성 출신 진장섭秦長燮(1904~미상), 고한승高漢承(1902~1950), 마해송馬海松(본명 마상규, 1905~1966) 역시 최선익의 언론문화 활동과 관련하여 주목해야 할 인물들이다. 이들은 경성에서 공부한 후 일본에 유학했으며, 1923년 개성의 문예동인 녹파회綠波會를 조직했다는 공통점이 있다.

진장섭은 일본 아오야마학원, 도쿄사범학교 영문과를 졸업했다. 1919년 《여광麗光》의 동인이었고, 방정환(1899~1931)과 함께 1923년 색동회를 조직했다. 《여광》에서는 총무 우관형, 편집부장 고한승, 편집부원 임영빈, 외교부원으로 최선익 등이 함께 활동했다.

고한승은 최선익과 함께 개성의 10대 부호로 꼽히던 인물로서, 1928년 최선익이 설립 운영한 개성상사주식회사의 중역이었다. 도쿄 유학파 중 극예술협회 창립회원으로 활약했고, 1921년 개성 출신 도쿄 유학생 단체 송경학우회松京學友會를 이끌고 귀국하여 개성좌에서 자신이 각색한 작품을 공연했다. 방정환·마해송·윤극영 등과 함께 색동회를 조직하여 소년운동에 앞장서는 한편, 8·15 이후에는 개벽사에 근무하면서 많은 동화를 발표했다.

마해송은 1919년 개성 만월보통학교와 개성 간이상업학교를 졸업했

다. 서울의 중앙고보를 다니다가 중퇴하고 보성고보로 옮겼으나, 1920년 동맹휴학 사건으로 퇴학당했다. 1921년 일본으로 건너간 마해송은《모던 일본モダン日本》잡지사의 사장으로 활동하면서 일본 문화계의 거목으로 떠올랐다.

최선익은 사회, 문화, 교육, 체육 등 다방면에서 활동했다. 1925년에는 서울에 '수송동유치원'을 설립했다.《조선일보》를 경영하던 때여서 세간에서는 "신문기자 자녀가 많이 다니는 유치원"으로 알려졌는데,[33] 경영은 고향 친구이자 녹파회의 동인이었던 김영보에게 맡겼다. 김영보 역시 어린이들의 지위와 인격 향상 및 복지에 힘을 기울였던 진장섭, 고한승, 마해송 등과 가까운 인물이었다.

《삼천리》는 "남아로 태어나 일생에 군졸 일백만 명을 거느려 보지 못하겠거든 차라리 황금 일백만 원을 끼고 이 세상을 제 마음대로 주물러 봄이 어찌 통쾌치 않겠느냐!"고 하며, 당시의 백만장자 중 인격을 갖추고 있어서 자산의 일부를 사회적 공공재산으로 내놓은 사람으로《동아일보》

최선익이 설립한 수송동유치원. 수송동유치원을 다니는 아동은
설립자가《조선일보》를 경영하는 이유에서인지 신문기자 자녀가 많이 다녔다고 한다. (25)

식민지 조선, 고려인삼의 상징성

김성수, 《조선일보》 방응모와 함께 《조선중앙일보》를 운영했던 청년 문화사업가 최선익을 꼽았다.

식민지였음에도 '일본' 상표가 아니라 '조선' 상표를 달아야 해외 경쟁력을 가질 수 있었던 시절, 삼포업으로 고려인삼을 생산하고 돈을 벌어서 각종 산업에 재투자한 기업가에 대해서 어떤 기준을 가지고 평가해야 적절할까. 한 가지 분명한 점은 개성의 청년 갑부 최선익의 삶이 조선의 인삼자본가가 상업 및 산업에 투자하고 신문 경영인이자 문화사업가로서 당시의 여러 신진 엘리트와 활동한 중요한 사례라는 것이다.

05
금산의 백삼산업 성장과
고려인삼의 과학적 증명

금산 백삼산업의
성장

금산 인삼은 몸체가 작고 질이 단단하며 독특한 향과 풍부한 감미가 있어 조선 인삼의 백미라고 평가받았다. 그러나 금산은 인삼 특별경작구역이 아니었기에 수삼을 백삼으로 가공하여 주로 국내 인삼시장에 내놓았고, 이에 금산 인삼은 조선 제일의 한약재라는 인식을 얻었다. 인삼은 한 번쯤은 금산을 거쳐야 그 가치를 인정받는다고 할 만큼 금산은 전국의 인삼이 집산하는 곳이었다. 특히 금산은 몸체가 비교적 짧고 잔뿌리가 서너 개인 수삼의 뿌리를 구부려 몸체에 부착시켜서 형태를 잡는 곡삼의 고장으로도 유명했다.

이런 금산에 1922년 금산삼업조합이 설립되었다.[34] 설립 목적은 삼업을 개량하고 판매의 폐해를 바로잡기 위해서였다. 금산 인삼의 명성을 노린 간상배가 만주 혹은 일본 인삼을 염가로 들여와서 금산 인삼으로 둔갑시켜 이익을 얻는 일이 비일비재했기 때문이다. 이 같은 가장인삼假裝人蔘에는 개성 인삼도 있었다.[35] 금산삼업조합의 노력은 철저한 품질 검사와 금산 인삼 이미지 향상을 위한 광고·홍보로 이어졌다.

> 우리 조합에서는 아我 반도의 복약자를 위하야 금산 토산인삼만 검사를 행하는 바, 조채早採·만채晚採의 품질과 개수를 엄정히 검사하고 지대紙袋 전면에다 등급에 의하야 …… 등급인等級印과 경작자 급 검사원 실인實印과 검사인檢査印을 정히 날捺하고(《동아일보》 1922년 10월 1일).

품질 검사의 대상은 금산에서 생산된 수삼으로 한정하고, 경작자와 검사원의 실명제와 철저한 등급제 및 포장 규정을 통해 '가짜인삼'을 배격했다는 것이다.

1920년 백삼 징세를 규정한 인삼세법이 폐지되고 인삼세가 잡세로 분

1933년 금산 인삼 광고. 금산삼업조합에서는 조합의 검사와 엄격한 포장을 통해 품질에 대한 신뢰를 쌓으려 노력했다. (26)

류되자, 인삼 경작지가 전국적으로 확대되기 시작했다. 이에 금산삼업조합도 인삼 재배에 필요한 11가지 주제의 순회강연을 시행하고, 우량 경작자에 대한 포상 등으로 경작지 확대에 힘썼다. 그 결과 1922년 조합 설립 당시 5만 칸이던 경작 삼포가 1928년에는 8만 3,459칸으로 59.9퍼센트, 1935년에는 20만 칸으로 무려 400퍼센트 이상 늘어났다.[36]

또한 금산삼업조합에서는 인삼 매매 소개소를 설치하고 착실한 몇몇 사람을 소개인으로 지정해 운영했다.[37] 이에 금산 인삼은 명성을 점차 되찾았고, 개성 인삼의 백삼 판매 촉진과 함께 일본과 서양까지 수출도 이루어지게 되었다.[38]

하지만 1930년에는 인삼 잎에 검은 점이 생기기 시작해 불과 며칠 만에 모조리 죽는 노균병露菌病으로 엄청난 피해를 보기도 했다. 금삼錦蔘의 검사증과 효능서를 위조하여 파는 사건도 여전히 일어났다. 인삼 매매 소개소에 선발되지 못한 사람이 다른 사람의 금산 인삼을 유용했다가 사기 횡령죄로 고소되는 사건까지 일어났다.[39]

조선총독부가 1934년 인삼 경작을 신고제에서 전매국의 허가제로 바꾸면서, 인삼 식부 면적도 3분의 1가량 감소했다. 이에 금산삼업조합은 1935년 조합을 해체하고 인삼동업조합을 창립했다. 임의단체였던 삼업조합을 총독부의 인가를 얻은 법인 동업조합으로 만들었다.[40]

이어 금산인삼동업조합은 금산 토종인삼 검사를 외형이 아니라 약효 본위로 바꾸겠다며, 경작자들에게는 8월 8일 이전에 채취[조채]하지 말고 인삼 잎이 확실히 떨어지는 것을 보고 채굴[만채]하라고 공지했다.[41] 또한 곡삼과 미삼의 등급 칭호를 변경하여 곡삼은 기존의 분류를 송松·죽竹·매梅·앵櫻·국菊 5등급으로 축소하고, 미삼은 학鶴·구龜·록鹿 3등급으로 하기로 했다.[42]

1935년 금산 인삼 판매기관으로 금산인삼사가 창립되었고, 1939년에는 금산산업조합이 설립되었다. 이런 과정에서 금산 인삼은 전라북도 특산물로 지정되었다. 국내는 물론 해외까지 특약점을 설치하는 등의 노력을 기울였다. 이에 1935년 판매 실적고는 20만 원(약 26억 9,900만 원)을 돌파했고,[43] 1939년에는 칭다오에도 전라북도 공식 특산물로 수출했다.[44]

1939년 무렵 금산의 백삼 생산과 유통은 금산인삼동업조합과 금산 인삼 위탁판매 기관인 금산산업조합 간 협정에 따라 이루어지고 있었다. 금산인삼동업조합이 인건비 및 물자 가격 상승 등을 포함한 생산비 그리고 기후로 인한 생산량 등으로 가격을 산정해 줄 것을 전라북도 당국에 요청하면, 전라북도는 이를 참작하여 표준가격표를 발표했다. 이후 금산인삼동업조합장을 갑으로 하고 금산산업조합장을 을로 하여 금산 인삼 위탁판매협정서를 작성했다.[45]

이 위탁판매협정서에 따라 제조원 금산인삼동업조합과 판매원 금산산업조합은 공동 명의로 광고를 제작하고 제작 비용도 공동 부담했다. 광고에서는 금산 인삼에 대한 특징을 다음과 같이 정리했다. 첫째, 금산 인삼

1939년 금산 인삼 광고. 금산 곡삼에 대한 신뢰를 높이기 위해
포장 검사 등록 상표에 대한 주의와 금산 인삼에 대해 자주 묻는 질의 응답,
검사 방법 및 가격 표준까지 자세한 설명을 담고 있다. (27)

7

은 포장과 검사 등록 상표로 '위장인삼'을 철저히 막고 있다. 둘째, 취급상 편리와 장기 보관을 위해 전통 방식을 고집하고 있다. 분말가공이나 엑기스와 같은 것은 신뢰할 수 없기 때문이다. 셋째, 금산 인삼은 입추 전 조채早採한 것을 배제하고 만채를 장려하여 약효 본위의 검사를 한다. 특히 이는 인삼동업조합에서 도지사가 인가한 검사원의 엄격한 검사를 받는다. 넷째, 금산 인삼은 오랫동안 100편 1근 가격이 쌀 1석 가격이 되도록 유지해 왔다. 이를 특별한 사정이 없는 이상 유지한다는 것이다.[46]

금산의 인삼산업은 경작 규모나 판매고 및 판로에서 개성과는 차이가 컸지만 조선에서 버금가는 지위였다. 이러한 흐름은 8·15 해방 이후 변화되었다. 한국의 인삼업계는 중국의 공산화로 최대 해외 시장을 잃었고, 6·25를 거치면서 개성의 인삼 산지를 잃었다. 개성의 인삼업계가 강화로 인삼 종자를 반출하여 재배가 이루어지기 시작했지만, 전매청의 특별경작지구로 계약재배에 치중하면서 인삼 재배의 기운은 금산과 풍기 등에서 활발해지기 시작했다.

인삼의 효능
증명을 위해 노력한
공로자들

1920~1930년대 고려인삼 수출 증가는 무엇보다 인삼의 증산 덕분이었지만 인삼에 대한 과학적인 증명과 홍보도 한몫했다. 이는 인삼의 효능을 과학적으로 입증하기 위해 애쓴 공로자들이 있었기에 가능했다. 조선의 천재라 불린 이석신李錫申 박사는 그 공로자 중 한 명이었다.

이석신은 우리나라 최초의 생화학자였다. 1897년 평안남도 대동군에서 태어나 도산 안창호가 세운 평양 대성학교를 거쳐 1917년 경성의학전문학교에 입학했다. 1921년 의학사 학위를 받은 후 도쿄제국대학 병리학교실에서 약 1년간 연구하다가 독일 유학을 떠나 베를린대학에 입학했다. 독일 의학계의 태두인 루바쉬Otto Lubarsch 교수의 생화학연구소에서 지도를 받아 1926년 박사학위를 받고, 1927년 금의환향했다. 인터뷰를 위해 찾아간 기자에게 그는 공손한 어조로 다음과 같이 말했다.

여러 해 만에 돌아온 저의 감개는 무량하옵니다. 우리나라는 그동안 많은 진보가 있었으리라고 믿었습니다. 그리고 앞으로 어떻게 하리라는 것은 아직 미정입니다. 경우가 허락하는 한도 안에서 제가 연구하던 조선의 특산물 인삼과 기타 약초에 관한 것을 연구하려 합니다(《조선일보》 1927년 9월 3일).

1931년 인삼 연구로 박사학위를 취득한 민병기閔丙琪 박사도 숨은 공로자 중 한 명이었다. 민병기는 서울 출생으로 1920년 중앙고보를 졸업하고 경성의학전문학교에 들어가 1926년 학위를 취득했다. 이후 그는 경성대학 의학부에서 약리학을 연구하면서 경성제국대 부속병원 내과에서 근무했다. 《조선일보》는 그의 연구 소식을 이렇게 전했다.

동 연구는 조선 인삼의 성분과 약리학적 작용의 학리적 설명 외에 흥미있는 실험의 일절로서, 즉 실험의 재료로 40몸메[もんめ, 약 3.75g]가량의 쥐들 자웅을 맞추어 잡아다가 사육장에 한 마리씩 넣고 다섯 마리를 실험용으로 하여 좁쌀에 조선 인삼을 묻혀서 기른 뒤에 인삼을 아니 먹인

쥐와 비교하야 얻은 성적시험으로 매우 확실한 시험인데 그 결과를 보면 …… 절식을 시켜서 그 저항력을 실험하여 본즉 인삼을 먹인 쥐는 열흘 만에 한 마리, 열하루 만에 한 마리가 죽은 데 비하여 인삼을 먹이지 아니한 쥐는 칠일 안에 한 마리가 죽는 것을 보았다 한다. 즉 조선 인삼은 체중을 증가케 하고 장생長生의 약으로 불로불사의 영약이라고 증언할 수 있는 실험이라더라(《조선일보》 1929년 3월 5일).

민병기는 경성제국대학에 있으면서 독일어로 조선 인삼에 대한 논문 6편, 실험적 연구 등 18편의 논문을 써서 교토대학에 제출했다. 이것이 교토대학 교수회의에 통과되어 문부성으로부터 박사학위를 받게 되었다. 당시 31세였다. 그의 연구 주제는 〈조선 인삼에 대하여〉, 〈당뇨병에 사용하는 각종 한약의 효능에 대한 실험적 비판〉 등이었다. 1930년에 열린 제18회 조선의학총회에 조선 각지의 의학자와 일본 및 만주 의학계 1,000여 명의 의사들이 모였다. 민병기는 이 자리에서 〈조선 인삼의 실험적 연구〉를 발표했고, 김하식金夏植은 〈조선 인삼의 각 성분과 그 약리적 작용〉을 주제로 강연했다.[47]

상하이의 실업가 옥관빈이 고려인삼정에 각국 의학박사들의 유효 증명을 첨부한 것, 조선총독부 전매국이 조선 박람회에서 인삼 효능을 홍보하기 위해 그간의 인삼 강연을 기초로 분말 홍삼과 기타 부제품에 대한 약리적 실험을 기록한 소책자를 발간하여 홍보하려던 것, 전매국에서 미삼으로 홍삼정을 만들어 판매할 때 경성제대교수 스기하라 노리유키 박사의 연구를 응용했다고 밝힌 것은 당시 인삼 효능의 과학적 설명이 판로 확대에 절실했기 때문이다. 조선 인삼의 신비로운 효능을 증명하기 위해 학계가 함께한 것이다.[48]

1931년 《조선일보》의 〈조선 인삼의 산업적 지위〉에서는 인삼이 당뇨병에 좋다는 제주도 자혜병원 원장 사이토의 연구와 의학박사 사이키의 인삼 성분 결과를 인용했다. 또한 일본 적십자병원의 요시모토 및 카지이 박사의 실험과 러시아 의학박사의 연구를 통해 인삼이 신장 기능 개선과 정력을 유발하는 효과도 있다고 했다. 이외에도 박사 수십 명의 연구 보고서가 있다고 했다. 이로써 인삼의 효능은 "미신적 상태"에서 벗어나 "일대 권위"를 부여받게 되었다. 인삼의 과학적 증명과 홍보가 인삼 판로 확대에 절대적으로 필요한 시점에 도움이 되는 학계의 노력이었다.

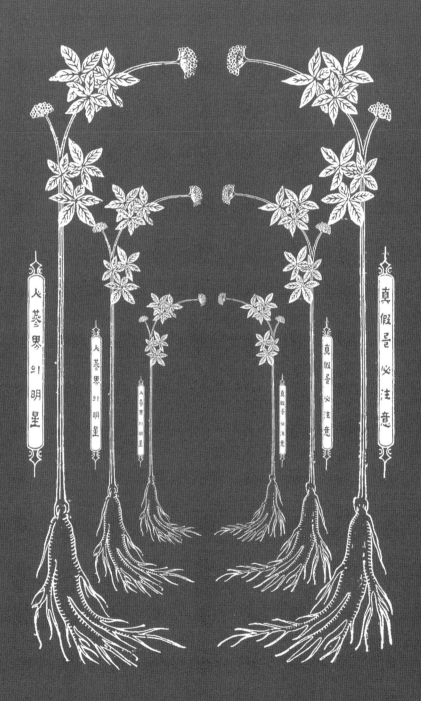

제8장

전매제에서
민영화까지

01
해방공간,
인삼의 희망과 애환

개성의
'그날'

　　　　　　　　　"삼각산이 일어나 더덩실 춤이라도 추고, 한강
물이 뒤집혀 용솟음칠 것"이라던 그날, 해방의 감격이 찾아왔다. 그러나
해방에 연이은 분단은 민족적 희망과 애환의 시작점이었다. 이 희망과 애
환을 절실하게 겪은 축소판이 있었다. 바로 경기도 개성이었다.

　미군과 소련군이 38선을 기준으로 한반도를 분할 점령하자, 개성시는
남한에 속하게 되었지만, 개풍군과 장단군의 일부는 북한 땅으로 넘어가
장풍군으로 통합되었다.[1] 1932년 개성에서 출생한 최창준은 《월남민 생
애 구술자료》에서 한국전쟁 발발 전 개성의 상황을 다음과 같이 전한다.[2]

면담자: 지금 이때는 개성이 남쪽이었죠?

구술자: 그렇죠. 38선이 우리 타운에, 개성에 산이 있어요

면담자: 산 이름 아세요?

구술자: 송악산.

구술자: 송악산 뒤에는 이북이야. 이쪽은 이남이야. 그러니까 그저 ……
6·25 사변 나기 전에 가끔가다 포탄이 떨어져요. 그 뭐 총소리 조금
나고 그게 일상이야.

　최창준이 말하는 '지금'을 개성 사람들은 '톱날전쟁 시기'(1950~1951)
라고 불렀다.[3] 낮에는 남쪽 군대가 개성시에 들어오고 밤에는 북쪽 군대
가 들어왔기 때문이다. 이처럼 개성은 해방 이후 38선으로 인해 남북 분
단의 최일선 지역이 되었고, 한국전쟁 시에는 휴전회담의 장소였으며,
전쟁 이전에는 남한이었으나 휴전 이후에는 북한으로 바뀌는 격동을 겪
은 도시였다.

　또한 개성은 식민지시대 조선의 대명사 인삼의 고장이었고 그에 걸맞

1951년 7월 10일부터 휴전회담이 열렸던 개성시 고려동 내봉장來鳳莊 외경. (01)

게 인삼 재배업과 홍삼 제조장으로 특화된 도시였다. 해방공간에서 인삼에 종사한 개성 사람들은 어떠한 희망과 애환을 겪었을까.

개성 인삼계,
홍삼 전매 폐지에
희망을 걸다

홍삼의 원료인 인삼 채취와 수납은 대개 9월 상순부터 시작했다. 8·15 해방은 개성 인삼산업의 절정기를 한 달여 앞두고 일어난 셈이다. 당시의 인삼 특별경작구역은 공교롭게도 38선을 중심으로 하여 개성시·개풍군·파주군·김포군은 이남으로, 경기도 장단군·연천군과 황해도 금천군·평산군·서흥군·봉산군 등은 이북으로 쪼개졌다. 전매국 개성출장소의 인삼 수납과 홍삼 제조 행정은 혼란을 피하기 어려웠다. 더욱이 미군정으로의 정권 이양 과정에서 전매국 개성출장소에는 일본인 직원은 물러나고 한국인 직원 몇 명만 남아 있을 뿐이었다. 인삼의 채굴, 수납 및 홍삼 제조 등 전매 사업 일련의 과정에 차질이 우려되는 상황이었다.

인삼산업의 체질을 완전히 개선하기 위한 근본적 검토와 변화가 미룰 수 없는 시대적 과제로 떠올랐다. 개성삼업주식회사를 비롯한 개성의 유력 인사들의 전매제도 폐지와 민영화 주장은 이러한 배경 속에서 대두되었다. 1902년 《황성신문》에서 홍삼 생산을 민영화해야 한다고 주장한 지 43년여 만이었으며, 1930년 《동아일보》의 좌담회에서 미쓰이물산의 전매권을 회수하고 삼업조합을 만들어 담당해야 한다는 구상이 나오고[4] 1934년 전매제 폐지라는 주장으로 이어진 지 15년여 만이었다.[5]

이들은 구미 선진 각국에는 전매제도가 거의 없고 특히 미국에는 전매제도가 아예 없다고 했다. 또한 전매제도는 식민지 시기에 착취 목적으로 일본제국주의가 실시했던 제도이므로 이제 더이상 존재해서는 안 된다는 것이 요지였다. 백삼 제조의 경험을 지닌 개성삼업주식회사가 이러한 시대적 흐름을 놓치지 않고 홍삼 제조의 독점권을 허물고 민영화를 이끌겠다고 주장한 것이었다.

《한국인삼사 I》에 당시 전매국 개성출장소에서 근무 중이던 최명린[6]의 수기와 전매국 직원 및 관계자들의 기록이 남아 있어 민영화를 둘러싼 논의의 정황을 살필 수 있다.

이때 최명린을 중심으로 한 전매국 직원들은 신정부가 수립되면 모두 (개성출장소의 사무와 기능을) 인계할 터이니 그때 가서 접수를 하든지 하라며 (개성삼업주식회사의 민영화 주장을) 완강히 거부했다. 수삼 채취 시기는 다가오는데도 이러한 대립과 논쟁은 그치질 않았다. …… 그러나 그들은 백삼 제조기술에는 능했으나 홍삼 제조기술은 미숙했으므로 전매국 직원들의 특별 채용조건을 제시하기도 했다. 당시 미군정 당국자들은 그들의 자유시장제도의 문화 탓에 전매에 대한 인식이 없는 상황이었다. 따라서 철도나 체신 사업도 민영화를 단행할 계획이었다.[7]

전매제와 민영화는 항상 치열한 논쟁에 휩싸이곤 했다. 그러나 1945년 한 해 인삼산업의 절정기에 벌어진 이 문제는 양자의 합의로 원만히 타결될 수 있었다.

(민영화의 주장에 대해) 전매국 간부였던 장하정,[8] 김태동[9] 등은 철도국, 체

신국 등과도 상호 연락을 취하며 미군정 당국자들에게 관업과 전매제도의 필요성을 역설하고 나섰다. 또 개성 삼업인들의 집단행동을 자의적인 것으로 단정하고 그들의 자제를 당부했다. …… 한편 수삼의 소유권은 개성삼업주식회사 측에 있었으나 홍삼 제조기술과 그 제조에 필요한 제반 시설은 전매국 측에 있었다. 홍삼 제조 시기를 놓치지 않기 위해서는 우선 합작할 수밖에 없었다.[10]

합의 결과 해방된 1945년의 홍삼 생산은 전매국 홍삼 제조장에서 전매국 직원이 홍삼을 제조하되, 앞으로 전매제가 폐지될 때는 개성삼업주식회사 측에서 전매국에 홍삼 제조 수수료를 지불하기로 했다. 만약 전매제가 존속될 경우에는 회사 측에서 상당한 수삼 배상금을 교부하도록 협약을 맺었다. 이에 9월 20일경부터는 홍삼 제조에 착수할 수 있었다.

홍삼 전매제도와 관련하여 전매국은 홍삼을 전매해야 할 당위성을, 개성삼업주식회사는 민영화를 각각 재무부에 건의하고 결정을 기다렸다. 결론은 미군정청 군정 법률 제21호의 공표로 종결되었다. 핵심은 "홍삼뿐만 아니라 다른 종목의 전매도 종전의 전매법에 의해 존속시킨다"는 것이었다. 이는 "한반도 중 미국이 점령한 38선 이남 지역에 있어서 치안유지법을 제외한 모든 일정 시의 법령은 변경하지 않는 한 그대로 실시되고 유효하다"는 연합군 극동사령관 맥아더의 선언 취지에 따른 것이었다.

소련군의
홍삼 약탈 사건

미군이 1945년 9월 8일 서울에 진주했다. 엿새 뒤인 9월 14일, 38선에 먼저 도착해 있던 소련군이 전매국 개성출장소의 홍삼 창고를 약탈하는 사건이 일어났다. 전매국 개성출장소 책임자 최명린의 수기를 통해 당시 사건을 종합해 보면, 소련군의 약탈은 9월 14일과 15일에 연이어 일어났다. 시간은 모두 밤 11시경이었다.

9월 14일 소련군의 1차 약탈을 최명린이 인지한 것은 다음 날 아침이었다.

9월 15일 아침이었다. 출근 시간을 앞둔 8시 별안간 대문을 두들기는 소리가 들려왔다. 분명 그 소리는 무엇에 쫓기고 있는 듯했다. 누구냐고 소리치며 뛰어나가 대문을 열었다. 그랬더니 직원인 허승 씨가 파랗게 질린 채 그곳에 서 있었다. …… "왜 그래?" 재차 물었다. 그때 그는 침을 꿀꺽 삼키더니 "어제 저녁 11시경에 총을 든 소련 군인들이 들이닥치더니 처음엔 서무과에 있는 금고를 열게 하였으나 돈이 없으니까 다음엔 홍삼 창고를 열게 하고 4대의 트럭을 대어 놓고 홍삼을 막 실어나르고 있다"고 설명하는 것이었다.

최명린이 허겁지겁 출장소에 도착했을 때에는 4대의 트럭 중 이미 2대는 떠났고, 나머지 트럭 2대도 홍삼을 가득 싣고 떠나려던 참이었다. 트럭 주위에는 20여 명이나 되는 소련군들이 서성이고 있었다. 최명린은 두 주먹을 불끈 쥐었다. 하지만 나머지 트럭 2대를 막을 방법은 없었다. 숙직 당번 허승과 그 외 직원 2명, 용원 2명, 수위 4명으로는 통역을 앞세우고 총구를 들이대는 소련군을 막을 수 없었던 것이다. 이런 일이 있자 모두가 숙직 서기를 꺼려 했다.

이에 최명린은 9월 15일 직접 숙직을 자처했다. 허승을 비롯한 직원이 함께해 용원과 수위 모두 합쳐 8명이 함께했다. 고심 끝에 자치대(전 경찰서)를 찾아가 유도 5단의 대장 김홍식,[11] 부대장 유도 4단 민완식에게 도움을 청했다. 여기에 공원들도 동원되어 상당한 인원이 되었다.

밤은 점점 어둠에 묻혀 가고 시계의 단침은 11시를 가리켰을 때이다. 순간 모두들 자리에서 벌떡 일어서면서 밖을 내다보았다. 어느 틈에 몰려

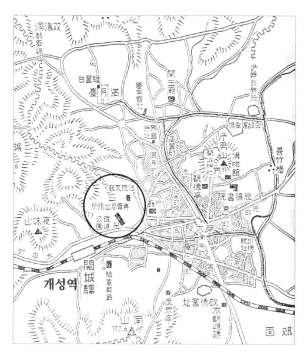

개성 전매국. 전매국 개성출장소는 개성역 맞은편 철도공원 내에 있었다. (02)

왔는지는 몰라도 70~80명의 소련 군인들이 밀어닥쳤다. …… 헌데 놈들은 단숨에 홍삼 창고에 몰려들었다. …… 창고에 몰려온 그들은 맨 먼저 철판으로 된 문을 부수기 시작했다. 그러나 조금도 까딱하지 않았다. 이번엔 역에서 화물차를 인력으로 이동시킬 때 사용하는 지렛대를 갖고 오더니 그것으로 쇠 문짝을 잡아 비트는 것이었다. 헌데 그들 중 한 놈이 총을 둘러멘 채 바로 내가 숨어 있는 숙직실을 향해 뚜벅뚜벅 걸어오고 있었다. …… 소름이 한꺼번에 몰려오는 듯했다.

피해 상황은 날이 밝으면서 정리되었다.

(날이 밝아오자) 창고뿐만 아니라 수위실 그리고 정문 앞에도 홍삼과 기물 등이 흩어져 있는 것이 희미하게 보였다. 그때 전매국 개성출장소 창고 2개 동과 함께 나란히 있는 미쓰이물산 창고에는 워낙 많은 홍삼이 꽉 들어차 있었다. 그런데 마침 만주로 운송 중이던 아편이 일본군 당국의 군수물자 긴급 수송관계로 말미암아 수송이 어렵게 되자 일시에 이곳 창고에 보관되어 있었다. …… (그들은) 그것이 무엇인지 전연 모르고 있었다. 다만 먹는 것인 줄 알고 물어뜯고 보니 아편 특유의 쓴맛이므로 팽개치고 말았을 뿐이다. 이튿날 창고를 조사해 보니 많은 홍삼은 없어졌으나 아편만은 흩어져 있을 뿐 별로 축나지 않았다.

당시 전매국 개성출장소는 개성역과 남대문 중간 도로변에 자리 잡고 있었다. 사무실은 2층 목조건물로 수천 평의 대지에 수십 동의 작업장과 3동의 창고 및 미쓰이물산 창고동이 있었다. 태평양전쟁 말기 수출 부진 등으로 쌓여 있던 개성출장소의 홍삼 재고분 대부분이 소련군에게 약탈

당한 것이다.

6·25 이전까지 전매국은 약 10만 근의 홍삼 재고분을 서울과 지방의 전매국 창고로 옮겼다. 매년 홍삼 평균 생산량이 4만 근을 넘지 않은 수준임을 고려하면, 소련군의 약탈 당시 창고에 있던 홍삼은 엄청난 양이었고, 약탈된 홍삼 수량도 적지 않았음을 짐작할 수 있다. 이 사건 후 미군은 약 2주 동안 사병 20여 명을 개성출장소 사무실과 공장 주위에 배치해 수습 작업을 도와 주었다.

이처럼 38선 분할 점령으로 인삼의 도시 개성과 개성 사람들은 분단이라는 현실의 최일선으로 내몰렸다. 도시가 쪼개지고, 인삼산업은 민영화를 둘러싼 찬반론으로 갈등했으며, 식민지의 아픔이 가시지 않은 상태에서 분단의 현실을 극명하게 보여 주는 소련군의 인삼 약탈 사건도 일어났다. 그럼에도 해방 첫해의 인삼 사업은 전매국과 개성삼업주식회사와의 타협과 협력으로 희망의 단초를 만들어 가고 있었다. 1945년 해방의 첫해는 이렇게 새로운 시대에 대한 희망과 현실의 애환이 교차하며 저물어 가고 있었다.

02
인삼, 한국전쟁의
고비를 넘다

대한민국 정부 출범 이후
전매정책과
홍삼 무역

미군정하에서 홍삼 민영화 주장이 개성삼업주식회사 등을 통해 표출되었으나, 군정청은 군정법령 제21호에 의해 기존 전매법을 그대로 승계하게 했다.

이 기조는 1948년 출범한 이승만 정부에서도 그대로 유지되었다. 담당 부처는 재무부 전매국 염삼과鹽蔘課였다. 정부 출범 초기, 필요한 국가 예산은 급격히 팽창했으나 재정을 확보할 방책은 많지 않았다. 대외무역의 규모도 작았고, 외화 획득을 위한 상품도 마땅치 않았다. 이런 가운데 홍삼이 외화를 획득할 수 있는 소중한 자산으로 떠올랐다. 이에 전매국 개성출장소의 홍삼 생산은 1945년 6만 1,548근, 1946년 6만 4,633근 등으로 계속 증가 추세를 보였다.[12]

일제강점기 총독부는 줄곧 미쓰이물산에 홍삼 판매독점권을 부여했기 때문에 국내에서는 홍삼 판매에 대한 중국 내 유통 조직과 경험 및 재력을 가진 사람이 많지 않았다. 이에 1948년 12월 3일 정부는 관민 공동 출자의 조합을 신설해 홍삼 수출을 관리통제하려 했다.

【홍삼 수출을 통제】-3억 원으로 조합 신설

홍삼은 가장 유명한 수출 대상 물자일 뿐만 아니라 전매 수입에 큰 비중을 차지하는 만치, 이의 적절한 처분 여하는 국가 재정에도 지대한 영향을 미침으로 재무부 전매국에서는 합리적인 수출계획을 예의 강구 중이든 바 …… 현재 전매국에서 갖고 있는 홍삼 재고량은 약 20억에 달하는데 무역 대상품으로서 가장 확실성이 있고 홍콩 등지에서는 조선 홍삼에 대한 인기가 높으므로 외지에 가지고 나간다면 언제든지 중요한 물자와 바꿀 수 있으므로 재무부에서는 홍삼에 한하여서는 급하지 않은 물품 또는 완전 물품의 수입을 절대로 불허하고 한국 산업 재건에 불가결한 원료에 한하여서만 수입을 허가할 방침이라 한다.[13]

그러나 홍삼 수출은 조합이 아니라 입찰 방식에 의한 판매독점권의 형태로 운영되었다. 이에 1949년 홍삼 판매권은 태창직물회사의 백낙승 사장이 설립한 대한문화선전사에 돌아갔다.[14] 태창직물회사는 자금력도 있을 뿐더러 만주에 직물을 독점 수출하던 경험이 있어서 미쓰이가 빠진 중국 내 홍삼 판매망 형성에도 자신을 보였던 것으로 추측된다.

홍삼 판매권에 대하여서는 그동안 여러 방면에서 보증금을 걸고 전매권을 달라는 요청이 있어서 정부에서는 …… 지난 9월 24일부 대통령 각하의 담화로 널리 공포하야 10월 5일부 기한 내로 상당한 조건을 붙여 청구하는 사람이 있으면 정부로서 가장 유리한 조건으로 신청한 사람에게 전매권을 주기로 하였던 바 대한문화선전사 백낙승 씨가 보증금 3억 원을 적립하고 매 근당 정부에서 정한 가격으로 전매권을 달라는 것이 가장 유리한 조건이므로 10월 25일부로 드디어 계약이 체결되어 대한문화선전사에서 해외에 널리 선전 판매하게 될 것이다.[15]

해외에서 판매한 후 대금을 정부에 납부하는 일종의 위탁판매 형태였다. 백낙승은 한국전쟁 직전 홍삼 3만 5,000근을 홍콩으로 반출했다. 그러나 본격적인 홍삼 판매에 착수하기도 전에 국내에서 한국전쟁이 일어났다. 서울 창고에 있던 홍삼 10만 근을 북한군에 약탈당하는 사건도 생겼다. 이렇게 약탈된 홍삼은 동남아 각지에 덤핑 판매되었다. 그 영향으로 대한문화선전사는 2,205근만 간신히 판매하고 나머지는 홍콩 창고에 쌓아 둘 수밖에 없었다. 홍콩은 고온다습한 지방이어서 홍삼을 장기 보관

서울 중구 태평로에 있었던 전매청사. 1953~1961년 동안 사용되었다. (03)

할 수 없었다. 결국 나머지는 다시 국내로 반입하여 부산에 피난 중이던 전매국 개성지청 직원들이 부산 영도의 창고에서 재포장했다.

한국전쟁이 끝나고 1953년 8월 정부가 서울로 환도했을 때 홍삼 재고는 3만 5,000근 정도였다. 대부분 1·4 후퇴 때 개성에서 반출한 것과 홍콩에서 다시 반입하여 재포장한 것이었다. 1955년 정부는 경쟁 입찰 방법으로 이 재고 홍삼을 불하하기로 결정했다.

이때 시행된 홍삼 판매대행사 입찰 방식이 독특했다. 홍삼의 총 판매가를 전매청에 달러로 수납하기 때문에 입찰에 따른 보증금도 전액 일시에 달러로 납부하는 기관에 입찰 자격을 주는 것으로 공시한 것이다.

그 결과 대한산업주식회사의 설경동이 단독으로 입찰에 응했고, 여러 번 유찰되다가 1955년 7월 15일에 이르러서야 수의계약이 체결되었다.[16] 계약 단가는 근당 60달러, 기간은 2년 6개월이었다. 홍콩에서 중국과 북한산 홍삼 가격은 한국산의 75~80퍼센트, 일본산은 한국산의 30~35퍼센트 수준이었지만 품질로 승부할 수 있었다.[17] 대한산업주식회사는 이 기간에 대한문화선전사와 달리 3만 5,000근의 계약을 이행했다.[18]

홍콩에 입고되는 고려홍삼. 8·15 이후 첫번째 홍삼 판매권은 대한문화선전사가 맡았다. (04)

하지만 이 독특한 불하 방식에서 문제가 발생했다. 당시 입찰 경쟁에 참여 의사를 보였던 기업이 부정 의혹을 제기했기 때문이다.[19] 대통령의 비서관이 입찰보증금을 미화로 납부하게 하는 등 다른 사람의 입찰을 고의로 불가능하게 해서 특정인에게 특혜를 주었다는 것이었다. 4·19 이후 민주당 정부와 5·16 이후 군사 정부에서도 되풀이해서 문제가 제기되었으나, 법원의 최종 판결은 무죄였다.[20]

이처럼 1948년 정부 출범 이후에도 홍삼 판매는 전매국 주관하에 전매제로 운영되던 일제강점기의 틀을 크게 벗어나지 않고 지속되었다. 다만 홍삼의 해외 판로에 미쓰이물산을 대체할 기관이나 단체가 마땅치 않았고, 38선이 굳어진 이후 전매국의 홍삼 재고가 소련군의 약탈과 북한군의 탈취로 수난을 당하는가 하면, 전쟁 이후 우여곡절 끝에 독점판매권을 따낸 기업이 정경유착의 따가운 눈초리를 받는 등 현대사의 격동을 홍삼이 함께 겪었다는 점이 다를 뿐이었다. 그럼에도 불구하고 홍삼은 변함없이 해외 시장에서 수출 경쟁력 있는 물품이었으며, 국가 재정에 안정을 줄 수 있는 기대주였다.

개성 전매지청, 부여에
간판을 옮겨 달다

한국전쟁 중에도 전시 정부는 국정을 멈출 수 없었다. 전매제와 같이 국가 재정에서 비중이 높은 정책은 더욱 그러했다. 홍삼이 지닌 상징성과 경쟁력으로 인해 인삼산업과 전매제에 대한 제도적 정비는 전쟁 중에도 미룰 수 없는 사안이었다. 대한민국 정부의 임시수도였던 부산에서 전매청 신설 법안이 발의되고 국회를 통과하여 공

포된 것도 그 때문이었다.[21]

> 전매국을 전매청으로 승격시키는 전매청 및 지방 전매서 설치법안이 5
> 일 국회에서 통과되었다. 동 법안은 국고 수입의 30퍼센트를 점유하고
> 있는 전매 사업을 일개 국局으로서 재무장관하에 두어 사업 운영에 지장
> 이 적지 않음으로 이를 독립시킴으로써 사업을 강화하려는 데 목적이
> 있는 것인데 ……[22]

전매 사업이 국고 수입의 30퍼센트를 차지하고 있는 상황에서 재무부
산하의 국局으로는 사업을 책임 운영하기 어려워 전매국을 독립 청廳으로
승격시켰다는 것이다. 이에 따라 전매청장은 전매정책에 대해서만 재무
부 장관의 지휘를 받을 뿐, 전매 사업의 실질적 운영과 일반 사무는 독립
적으로 책임을 졌다.[23]

한편 같은 해 전매국 개성출장소는 전시 중임에도 충청남도 부여로 자
리를 옮기고, 직제 변경에 따라 전매청 직할 개성전매지청으로 간판을 바
꾸어 달았다. 이듬해인 1952년에는 신문을 통해 인삼 경작시험에 성공했
음을 알렸다. 전시 정부가 임시수도 부산에서 세운 '인삼 시작 5개년계
획'에 따른 것이었다.

> 개성 인삼은 앞으로 전쟁이 끝날 때까지 생산이 곤란함으로 이에 대비
> 하여 전매청 인삼과에서는 국가 재원의 확보와 원화 획득의 일조로서
> 충남 부여에 토질을 조사하는 한편 인삼 경작을 시험하여 오던 바, 요즈
> 음 좋은 성적을 발견하게 되어 앞으로 대대적인 경작을 착수할 계획이
> 라 한다. 개성에서 경작에 경험 있는 업자와 협의하여 수십만 평의 경작

8

을 착수할 준비를 방금 진행 중에 있다는데 인삼은 경작을 한 때부터 5~6년을 경과하여야 완전한 인삼이 된다는 바, (인삼)과에서 말하는 바에 의하면 42○○년(필자 주: 원문판독 불가)부터 부여 인삼이 개성 인삼의 생산량을 능가하게 될 것이라고 한다.[24]

이 기사에서 몇 가지 흥미로운 사실을 확인할 수 있다. 첫째, 인삼은 여전히 국가 재원 확보와 달러 획득에 중추적 역할을 했다는 사실이다. 조선 후기 이래 홍삼이 국가 재정에서 가지고 있던 확고한 위상에 변화가 없었음을 보여 주는 대목이다. 둘째, 인삼 재배 성공 판단 여부에는 최소한 5~6년의 시간이 필요하다. 따라서 부여에서의 인삼 시험 재배는 해방 전부터 시작된 재배 경험을 활용해 얻은 성과이거나 최소한 1945년을 전후한 시점부터 시작되었다는 점이다. 1951년 전매국 개성출장소가 부여로 이전한 것 역시 그곳에 이미 어느 정도 인삼 재배 기반이 닦여 있었기 때문으로 판단된다.

충청남도 부여에 개성전매지청 간판을 달고 있다. (05)

셋째, 인삼 경작시험을 발표한 관서의 명칭이 '부여'가 아닌 '개성' 전매지청이었다는 점이다. 즉 소재지는 충남 부여였으나 관청 명칭은 '전매청 직할 개성전매지청'이었다. 부여의 개성전매지청이 '부여 고려인삼지청'으로 바뀐 것은 1962년 직제 개편 때였다. 관청 명칭이 소재지를 따르지 않았던 것은 전쟁에 따른 임시 이전으로 본 이유도 있겠으나 개성 수복의 의지가 표현된 것 아니냐는 해석도 가능하다.

넷째, 부여의 인삼 시험재배는 사업 규모가 크지는 않았지만 전쟁 중에 인삼산업 재건의 기초가 되었다는 점에서 의미가 컸다. 이를 계기로 〈인삼 시작 5개년계획〉이 〈인삼 증산 6개년계획〉으로 전환되어 휴전 이후 인삼 경작 면적 증가에 크게 기여했기 때문이다. 1954년에는 전매청 청주지청의 노력으로 충청북도 괴산군 문광면에서도 인삼 이식에 성공했다는 소식이 알려졌다.[25] 월남한 개성인 중에서 인삼 재배기술을 가진 사람들 역시 강화, 김포 등을 중심으로 경작 노력을 펼치면서 삼포 면적은 계속 확대되었다.[26] 즉 부여의 개성전매지청의 인삼 이식은 전국적으로 인삼 재배가 확산되는 신호탄이었다.

전쟁 중에 이루어진 인삼 재배지의 성공 여부는 우량 인삼의 종자 확보에 달려 있었다. 금산과 풍기 등 일제강점기 인삼 산지에 우수종자가 없었던 것이 아니었다. 하지만 원활한 구득이 어려운 전쟁 상황이라 생장 환경과 특성을 잘 알고 있던 개성에서 산출된 종자가 필요했던 것이다.

죽음을 무릅쓴
인삼 종자 확보

전쟁의 격동은 개성이라고 해서 피해 가지 않았다. 다른 점이 있다면 전쟁이 끝나면 다시 돌아올 희망을 안고 피난을 '일시적'으로 생각한 사람들이 많았다는 것이다. 그러나 그들도 결국에는 '월남민 개성인'이라는 실향민이 되었고, 현재도 '미수복지구' 경기도 개성 시민으로 분류되고 있다.

이들 가운데 생업의 방편으로 그리고 고향 개성을 대표했던 인삼산업을 멈추지 않으려는 생각에서 인삼 재배업에 뛰어든 사람들이 있었다. 이들에게 주어진 가장 시급한 과제는 개성 인삼 종자를 남한의 시작지試作地로 반출하는 것이었다. 그런데 개성은 전쟁 기간 대부분 적지의 수중에 들어가 있었으므로 개성 인삼의 종자 확보는 거의 죽음을 무릅쓴 특공작전에 비할 만했다.

개성 인삼 종자를 확보하려는 노력은 전매 당국에 의해서도, 삼농인蔘

1951년 1·4후퇴 이후 개성은 북한의 영향력 아래 들어갔고, 1951년 7월 10일 개성에서 첫 휴전회담이 열렸지만, 1953년 7월 군사분계선 확정으로 경기도 '미수복지구' 가 되었다. (06)

農人에 의해서도 이루어졌다. 전매 당국은 부여에서의 인삼 시험재배를 위한 개성 인삼 종자 확보를 목적으로 특공대를 투입했다. 명칭은 '삼종 蔘種 회수 특공대'였다. 특파된 사람은 전매청 개성지청 주사 박춘택, 박유진 그리고 인삼 상인 3명이었고, 목적지는 인삼 종자가 다량으로 보관되어 있다는 첩보에 따라 개풍군 망포로 결정되었다.

일행 5명은 1952년 2월 말경 한밤중에 강화도에서 소형선을 타고 임진 강을 거슬러 올라가 (개풍군) 망포望浦로 상륙했다. 당시 망포는 적의 수 중에 들어 있었고 한강 하류를 끼고 적군과 대치하고 있는 최전선이었 다. 어렴풋이 기억하는 보관 장소를 찾아냈지만 짊어지고 오는 것이 문 제였다. 땅속에 보관하는 삼씨는 원래 모래가 섞여 있었고 모래까지 짊 어질 수는 없었기 때문이다. 특공대원들은 대담하게도 모래를 쳐내고 인삼 씨앗만을 골라 네 개의 가마니에 각기 나누어 메고 귀로에 올랐 다.[27]

인삼 종자를 저장하는 상자는 도난을 방지하기 위해
격자를 만들고 뚜껑을 덮은 이후 자물쇠를 채운다. (07)

강가로 나와 배에 오르자마자 인기척에 놀란 중공군들이 총을 빗발치듯 난사하기 시작했다. 특공대는 힘껏 노를 저어 강화군 송해면 산이포구에 닿았고, 이 인삼 씨는 강화읍을 거쳐 인천을 거쳐 부여로 옮겨질 수 있었다.

한국전쟁은 개성삼업조합의 활동도 마비시켰다. 개성에서는 1950년 10월 7일 개성 지역이 수복되고 전선이 북으로 올라간 짧은 휴지기를 이용해서 백삼과 홍삼을 만들어 인삼산업을 이어가려 했다. 하지만 전쟁이 지리하게 이어지고 개성이 적의 수중에 있게 되자 개성 삼업인들 역시 인삼의 종자를 가져와 인삼 재배의 유업을 잇고자 했다.

인삼업자는 유격대의 도움을 받아 결사대를 형성하고 죽음을 넘나들며 인삼 종자를 가져오기 위해 치열하게 노력했다. 《월남민 생애 구술자료》에서 김조형은 다음과 같이 말한다.

일설에 의하면 1951년부터 52년 사이, 개성 지방이 공백, 완충지대로,

인삼 종자는 반건조된 모래와 혼합한 종자를 유약을 바르지 않은 질그릇에 담은 후 그늘진 땅 속에 보관했다. (08)

인민군도 안 들어갔고 국군도 안 들어갔을 때. 강화도에서 유격대를 시
켜서, …… 그때 유격대를 앞세워서 인삼 씨를 개성에서 가져 나왔지.
……[28]

이는 개성 월남민에게는 아주 친숙한 구전 이야기이다. 이렇게 가져온
인삼 씨앗은 개성 전매지청의 임현영, 허승 등의 지도를 받아 손홍준, 한
종석, 이종철, 김진원, 홍종규 등이 재배를 시작했다. 또한 개성삼업조합
을 재건하고, 강화·김포를 주산지로 하여 재배에 착수하면서, 월남 개성
인에 의한 남한에서의 인삼 재배가 본격화되었다.[29]

8

03
제3공화국 경제개발계획과
홍삼 수출

정부 홍삼 지정판매인
고려인삼흥업주식회사

인삼 전매제의 핵심은 홍삼의 제조권과 판매권을 누구에게 주느냐 하는 것이었다. 해방공간과 한국전쟁을 겪은 후 1960년대 제3공화국 시절 홍삼 전매제는 어떤 목적을 가지고 어떻게 운영되었으며 그 양상은 어떠했을까.

5·16 이후 민정 이양을 위한 국민투표가 준비되던 1962년 12월, 《경향신문》은 내각회의에서 고려인삼흥업주식회사에 홍삼 독점판매권을 불하한다는 각의 의결을 보도했다.

난항을 거듭하던 홍삼 독점 판매인의 선정이 각의의 의결을 거쳐 고려

인삼홍업에 낙찰되었다. 국내 유수의 무역회사를 비롯하여 석유, 선박, 영화, 비료 수입회사와 전 농림부 장관 K모 씨가 경영하는 회사 등 무려 15개 업자가 경합을 보였던 이번의 홍삼 수출 독점판매권의 쟁탈전은 경제계의 비상한 관심을 모았던 것 ……[30]

당시 내로라하는 15개의 기업이 홍삼 수출 독점판매권 수주 경쟁에 뛰어들었고, 최종적으로 "인삼 경작자와 관련 있는"[31] 고려인삼홍업주식회사로 돌아가게 되었던 것이다.

앞으로 3년 내지 5년 동안에 걸쳐 720만 3천 달러에 달하는 홍삼 수출을 도맡게 될 이권이니 여러 업자들이 혈안이 되어 날뛰었던 것도 일면 당연한 일이었는지도 모른다. 신愼 전매청장은 이번 독점판매업자 선정은 무사공평하게 처리했다고 발표했으나 ……[32]

3~5년 동안 예상되는 수출 규모는 720만 3,000달러였다. 1963년 전매청과 지정판매인이 맺은 계약만도 약 72만 달러, 곧 타이완과의 민간계약 3만 5,000달러도 체결할 것이라 했다.[33] 같은 해 섬유 수출이 1,600만 달러에 불과했다는 사실을 떠올려 보면 홍삼의 가치를 충분히 짐작하고 남음이 있다. 그러나 선정 과정에 대한 경제계의 입장은 선정 기준을 투명하게 공개했어야 한다는 것이 중론이었다.

이러한 중론을 뒤로하고, 사흘 뒤 고려인삼홍업주식회사는 신문지상을 통해 인사문을 게재하면서 자신들이 대한민국 정부의 홍삼 지정판매인이 되었음을 공식화했다. 인사문에는 정부가 자사를 지정한 배경을 "홍삼의 질적 향상과 생산 증가 및 판매 증진을 동시에 구현하기 위한 정부 당국의 심려에서 이루어진 것"이라 명기하고 "폐사는 이해를 초월하고 오로지 우량한 홍삼 원료의 생산과 홍삼의 판로 확장에 성심 갈력하여 정부 삼업 5개년계획에 적극 협력할 것"임을 다짐했다.[34] 이처럼 홍삼 원료 확보, 즉 인삼 확보와 홍삼 판로에 자신감을 보인 이 회사의 사장은 공진항이었다.

공진항의 고향은 개성이다. 공진항의 할아버지 공응규는 상업을 통해 축적한 자본으로 삼포 경영을 시작하여, 구한말 삼포 경영 분야에서 단연 두각을 드러냈다. 1935년 만주의 농장지를 답사하고 요하 연안의 오가자 五家子에 20만 평 규모의 오가자농장(후일 '고려농장')을 건설했다. 이듬해에는 고향 유지 20여 명을 설득, 자본금 50만 원의 만몽산업주식회사를 설립하고, 북만주의 호란하 근처에 있는 평안참 농지 2,000여 정보를 개간했다. 또 그곳에서 하얼빈을 향하는 중간 지점인 안가에 약 5,000정보에 이르는 농장 건설에 착수하기도 했다.

공진항은 8·15 이후 주프랑스공사, 농림부 장관(1950), 농협중앙회 회

1962년 《경향신문》의 삽화.
홍삼 판매지정인의 경쟁이 치열했던 만큼 그 선정 기준에 관심이 쏠렸다. (09)

장(1957) 등을 역임했는데 1962년 고려인삼흥업주식회사 사장으로 홍삼 독점판매권을 따낸 것이다. 결국 인사문에서 은근히 내비친 홍삼의 원료 확보와 판매에 대한 자신감은 그의 집안과 경력에서 나온 것이었다.

고려인삼흥업주식회사의 홍삼 지정판매인 자격은 박정희 후보와 김대중 후보가 격돌했던 제7대 대통령 선거가 있었던 해인 1971년 1월까지 약 8년 동안 지속되었다. 제3공화국 시절(1963~1972) 홍삼 지정판매인은 고려인삼흥업주식회사였던 셈이다.

박정희 정부는 홍삼은 물론 담배 및 소금 등의 전매와 판로에 온갖 정열을 기울였다. 왜 그랬던 것일까. 바로 전매 수익금의 일반회계 전출금을 증가시키고 이를 경제개발 5개년계획의 재정적 수요로 돌려 지원하기 위함이었다.

5·16혁명 이후 전매익금의 일반회계 전출액은 26억 4천 5백 원으로 혁명 전년도인 1960년의 전매익금 23억 원에 비하여 3억 4천 5백 원이 증

1962년 홍삼 판매인 지정에 대한 인사문. (10)

가했다. 이는 혁명 이후 특정 외래품 단속으로 양담배를 일소하였고 또한 부정 암거래 연초를 강력히 단속한 때문인데 1962년도에 이르러 전매청은 경제개발 5개년계획의 재정적 수요를 지원하기 위해 고식적인 제품의 수습상태를 떠나 적극적인 판매계획의 수립과……[35]

《경향신문》의 〈전매사업의 어제와 오늘〉이라는 기획 기사는 담배·소금·홍삼 전매를 통한 수익금의 일반회계 전출이 경제개발계획에 필요한 재원 확보와 연결되는 구조를 논리적으로 잘 보여 주고 있다. 특히 홍삼 수출과 관련해서는 당시 북한과 일본산 유사품이 해외시장에 돌아다닌다는 점을 지적하고, 외화 획득을 위해서는 우량 홍삼을 만들어야 하기 때문에 경제개발 5개년계획안에 홍삼 공장 보강계획이 포함되어 있으며, 1964년에 홍삼 5만 5,000근 생산, 연간 250만 달러 외화 획득이라는 구체적인 목표도 수립해 놓고 있었다. 또한 고려홍삼은 홍콩, 필리핀, 타이완, 베트남, 말레이시아, 미얀마, 인도, 태국 등 동남아시아가 주요 수요국이지만 현재는 서독, 미국 등 구미 제국에서도 점차 인삼에 대한 효과를 인식하게 되어 국제시장에서 판로가 넓어지고 있다는 기대감을 어김없이 드러내고 있다.

정부의 홍삼 지정판매인 고려인삼흥업주식회사는 동남아 시장에 대리점 설치를 추진하면서 정부에서 인수 받은 홍삼을 홍콩과 타이완 및 동남아시아 각국에 수출했다. 한때 고려인삼흥업주식회사는 부여 고려인삼전매지청에서 부정 유출된 홍삼 밀수출과 관련되어 강도 높은 수사를 받는 등 우여곡절을 겪었다.[36] 정부에서 다음 해 구주 지역은 고려인삼제품회사(대표이사 홍사풍), 미주 지역은 유풍통상회사(대표이사 박두학)에게 1971년까지 3개년 기간으로 지정판매인을 할당한 것은 이 사건의 여파

로 보인다.[37]

　고려인삼제품회사는 1969년 미얀마에 이어 유럽 시장까지 진출하면서 1971년에는 연간 100만 달러 수출이 무난하다고 내다보았다.[38] 홍삼 부정유출 등 굴곡을 겪은 고려인삼흥업주식회사도 1970년 제2회 전매의 날 기념식에서 대표이사 공진항이 철탑산업훈장을 받는 등 홍삼 판매 전매인으로서의 공로를 인정받았다.[39]

코리안의 고동,
공업화 속의 고려인삼의
해외시장

　　　　　제3공화국이 출범하면서 정부는 수출을 통한 외화 획득에 초점을 맞추었다. 인삼산업도 크나큰 전기를 맞이했다. 1966년《동아일보》가 37회에 걸쳐 게재한 기획 기사 〈코리안의 고동—세계로 향하는 한국, 한국인, 한국상품〉을 통해 당시의 시대 분위기를 읽을 수 있다.[40]

　당시는 '수출 전쟁'이라는 인식이 사회경제계 전반에 퍼져 있었지만, 실제 세계 수출량에서 한국이 차지하는 비중은 0.3퍼센트, 수출액 3억 달러에 그치던 때였다. 모직과 견직 등의 방적산업, 원자재의 수입·가공에 의존하는 공업 제품 등은 세계시장에서 저가 공세로 활로를 열어야 했고, 일본의 기술력과 자본 그리고 플랜트 수출에 항상 위협받아야 했다. 국내 가발·안경테 등 경공업 제품은 생산기반의 취약성 때문에, 생선·오징어·한천 등의 수산물과 약재류를 비롯한 농산물은 국내 수출업자 간의 무분별한 경쟁과 중국과 북한의 위장판매 때문에 신경을 곤두세워야 했다.

이 시기는 농수산물보다는 공업 제품의 수출에 한층 무게가 실릴 수밖에 없던 때였다. 그럼에도 인삼은 홍콩·싱가포르·베트남 등지에서는 경쟁력을 갖춘 상품이었으며 유럽에서도 개척 가능성이 있는 인상적이고 독보적인 존재로 소개되었다.

1966년 싱가포르에서 한국 사람의 손에서 팔리던 고려인삼은 마한고려인삼공사馬韓高麗人蔘公司라는 중국인 상사가 총대리를 맡고 있으며, 한국인이 직접 인삼 제품을 취급하는 곳은 교포무역업체 한성무역韓星貿易한 곳뿐이었다. 대표 정원상은 1926년 중국 상하이로부터 독립운동의 밀명을 받고 이곳으로 온 정대호의 아들이었다. 1960년대 중반 인도네시아, 말레이시아를 포함한 싱가포르 시장의 인구는 1억 명이 넘었고, 이곳에 한국은 오징어 70만 달러·한천 40만 달러·고려인삼 20만 달러·면모직 및 인견 직물 100만 달러 등 약 300만 달러를 수출하고 있었다.[41]

정원상과 같은 사례는 베트남에서도 확인된다.

《동아일보》 기획기사에 실린 전영상 씨.
삭주가 고향인 그는 선친 전성화 씨를 이어 하노이에서 인삼 장사를 해 왔다. (11)

개성산 홍삼은 아마도 월남에 수출된 우리의 첫 국산품일 것이다. 언제 우리 인삼이 월남에 소개되었는지 하노이에서 삼 장사를 한 일이 있는 교포 전영상田英祥(43·삭주) 씨도 소상한 연대를 기억하지 못했다. …… 고려인삼으로 월남과 인연을 맺은 한국인은 그 후 반세기의 시간이 흐름에 따라 국제정세의 파도에 밀려 군대를 보내게 되고 후방 건설에 기술진을 보내게 되었다. 전투부대 병력 이외에도 지금 월남에는 우리 기술자 6천여 명이 일을 하고 있다.[42]

전영상은 일제강점기 때부터 베트남에서 2대째 인삼 장사를 하고 있었다. 일제강점기에는 미쓰이물산이 대행 판매한 전매품 고려홍삼과 홍삼 제품 및 조선 민간업체의 백삼이 베트남에 함께 진출했다. 따라서 전영상 집안도 이 두 가지 인삼을 모두 취급했던 것으로 추정된다. "20여 년간 인삼을 팔아 재미를 본 순금덩이가 목침덩이만 했다"라는 그의 언급은 베트남에서 고려인삼이 높은 인기와 판매량을 누리고 있었음을 짐작하게 해 준다.

인삼은 해방 이후 베트남과의 교역에서도 양국 관계를 엮는 고리였다. 이는 1957년 한월통상협정 추진 과정에서도, 1961년 동남아시아 통상시찰단 활동에서도 잘 드러난다. 1966년 베트남에서 수입하는 한약재의 총액은 200만 달러로, 그중 약 3분의 1인 70만 달러는 한국인 상인이 팔고 있었다. 베트남에서 고려인삼에 대한 명성이 이미 높았기 때문에 고려인삼과 고려인삼 제품이 당귀·생지황·복령·맥문동·구기자 등과 함께 인기리에 팔린 것이다.

그런데 국내 업자들의 무모한 가격 경쟁, 견본과 선적된 상품의 차이로 말썽이 일어났다. 한국산 약재는 홍콩 업자들이 사다가 등품을 정확히 매

겨 재수출하는 것을 수입하는 것이 낫다는 이야기가 나올 정도로 품질이 엉성하다는 평가를 받았다.[43]

한편 이 시기 유럽의 인삼시장 동향은 실험적이지만 국내 인삼 산업계에 큰 시사점을 남겼다. 벨기에의 브뤼셀에는 채식주의자가 찾는 상점과 제품이 있었다. 이 식료품점에는 인삼 제품이 반드시 구비되어 있었다. 식물성 정제 식료품 전문회사에서는 마늘·보리·콩·꿀과 인삼 정제품이 있었다. 이를 보고 인삼이 동양인의 기호품이라는 오랜 전설은 깨진 것 아니냐는 조심스러운 진단까지 등장했다.

이 같은 진단은 덴마크에서는 인삼 비누가, 독일에서는 인삼 샴푸·인삼 로션·인삼 토닉·인삼 드링크가, 스위스에서는 인삼 앰플·인삼 크림과 목욕을 위한 인삼 가루비누까지 시판되었다면서, 이른바 서구 상류층 부인들의 좋은 피부에 대한 희망을 노린 물품을 개발한다면 인삼의 수출 확대 가능성이 있다는 언급으로 이어졌다. 한국의 전매청이 인삼을 홍삼으로 만들어 달여 먹는 약으로만 생각하는 동안 서구 시장에서는 일반 가정의 미용제로까지 널리 소비되는 단계까지 왔다는 비판적 시각도 담았다.

이에 대해 아직 국내에 완제품 가공시설이 미비하고 유럽의 인삼 제품 시장을 안정적으로 확보하기 쉽지 않은 문제, 독일의 유명 제약회사와의 제휴에 따른 인삼 성분에 대한 과학적 증명과 홍보 효과만으로는 기업적 이윤을 보장할 수 없는 문제, 공급기일을 제때 맞추지 못하는 문제, 일본 또는 중국 및 러시아의 인삼 시장 침투 등도 풀어야 할 문제로 제기했다.

이런 문제가 선결되어야 유럽에서 '한국에서 직수입한 고려인삼'이라는 광고 효과를 기대할 수 있을 것이라며, 전매청과 국내 수출업계의 절대적인 각성을 촉구했다.[44] 인삼이 단순히 약재가 아니라 생활 속의 각종 소비재로 개발되고 생산시설과 유통 및 과학적 성과에 의한 홍보에 이르기까지 총체적인 상품화 전략화가 가능해야 세계적 수출품으로서 경쟁력을 가질 수 있다는 것은 정확한 지적이었다.

홍삼 제품 수출과
국내 판매

　　　　　　1960년대 제1차 경제개발 5개년계획은 농가 소득 향상과 함께 공업화를 병행 추진하는 것이었다. 이 정책은 인삼 산업계도 하나의 전기가 되었다. 1964년부터는 홍삼정·홍삼 분말·홍삼차·홍삼 캡슐·홍삼 태블릿·홍삼정 등도 수출되어 수출 목표를 달성하는 데 한몫했다.

　물론 홍삼 제품은 일제강점기에도 출시되어 판매되었고, 해방 이후에도 삼양제약주식회사의 삼용톤,[45] 아진산업주식회사의 '고려인삼 스토롱'이라는 보혈강장제들이 출시되고 있었다.[46] 그러나 1960년대 홍삼 수출과 직접적인 연관이 있는 인삼 제품은 고려인삼제품주식회사가 중심이었다.

　고려인삼제품주식회사의 고려인삼정은 '정력의 샘'이라고 광고되었는데, 50만 달러 수출 실적을 돌파하고 해외 16개국에 수출하는 제품임을 강조하여 대중의 신뢰를 얻고자 했다. 또한 수출품임을 이미지화하기 위해 지구본을 가운데 두고 화살표를 그 바깥으로 테두리를 돌려 가며 표시하고는 미국·일본·말레이시아·베트남·인도·서독·홍콩·싱가포르·미얀마·타이·필리핀 11개국을 적시했다.

　고려인삼제품주식회사는 자매품으로 고려인삼차와 고려인삼 정력환도 내놓았다. 인삼차 광고 문안에도 '해외시장에만 공급하든 특산품 국내 판매 개시!!'라는, 수출품임을 강조하는 문구가 빠지지 않고 삽입됐다.

고려인삼제품주식회사의 제품으로 인삼주도 있었다. 역시 20만 달러 수출 실적이 있는, 해외시장에서 인기 높은 술임을 강조했다. 인삼주 판매는 '애주가의 희소식'이며 '연말연시 선물용'으로 최고라는 내용도 광고에 덧붙였다.

고려인삼제품주식회사는 이 밖에 종합 강장영양제인 지오구도산도 생산하면서 당시 다양한 인삼 관련 제품을 생산, 판매하는 데 주도적 역할을 했다.

한편 정부 홍삼 지정판매처인 고려인삼흥업주식회사도 홍삼류 제품의 제조와 수출 및 국내 판매에 한몫했다. 고려인삼흥업주식회사는 홍삼정과 홍삼 분말 판매에 주력했는데, '정부 전매품', '대한민국 정부 홍삼 지정판매인'임을 강조했다. 아울러 '신비로운 효력을 국제적으로 인정받고 있는 다각적인 강장정력제'라고 선전하면서 세계적으로 효력을 인정받고 있다는 사실도 은근히 과시했다.

이처럼 1960년대 전매제도는 홍삼 수출에 중심을 두고 운영되었으며,

1963년 인삼 제품 광고.
지구본을 가운데 두고 수출되는 11개국을 적어 상품가치를 높이려 했다. (12)

국내 의약품 용도의 홍삼 판매와 백삼의 제조, 가공, 유통, 판매에는 민간 기업이 참여할 수 있었다.[47]

1973년 '세계로 뻗어 가는 한국의 인삼'이라는 광고는 당시 한국 정부와 사회가 홍삼 수출에 거는 기대를 잘 나타내는 동시에 홍삼과 홍삼 제품, 백삼과 백삼 제품을 취급하던 단체와 회사를 파악할 수 있는 좋은 자료가 된다. 여기에는 앞서 말한 고려인삼제품주식회사뿐만 아니라 롯데물산, 일화제약 등 한국 굴지의 기업으로 성장한 제약회사명이 보이기 때문이다.

1973년 인삼 수출 성과 광고. 1970년대 한국 인삼 수출에 대한 기대감을
인삼 관련 단체와 회사들의 연합광고 속에서 읽을 수 있다. (13)

04
인삼,
100년 만의 민영화

인삼산업 민영화를 향한
시대적 흐름

대한민국의 수출은 1962년 5,000만 불에서 1970년 10억 불, 1977년 100억 불로 가파른 신장세를 보였다. 인삼산업 역시 홍삼 제품의 규격화와 과학화에 따른 상승 곡선을 타고 1987년 수출 1억 불을 달성했다. 그러나 농업의 산업적 위상의 하향세는 인삼산업에도 그대로 적용되었다. 여기에 더해 전매청이 해외시장의 홍삼 수요 예측과 홍삼의 불하 가격을 수출업자에게 전적으로 의존하면서, 인삼 수매가는 낮아지고 인삼 재배 면적은 연차적으로 줄어드는 상황에 직면했다.[48]

인삼은 다년생 경작물이므로 수요와 공급을 안정적으로 맞추기 위해서는 장기적 차원의 생산 증대정책이 필요했다. 이를 위해서는 전매청의 인삼시장 정보의 독점성과 인삼 수매 지정구역과 비지정구역에 대한 영농자금 지원, 수매가 등 경작조건의 차별성이 개선되어야 했다. 그렇지만 1971년 홍삼 독점판매권은 20여 개 업체의 치열한 경쟁 끝에 롯데물산(대표 신격호)에 돌아갔다.[49] 정부가 동남아 중심의 홍삼 수출 확대 및 다변화를 위해 독점판매권을 롯데물산에 5년간 준 것이다.[50] 홍삼의 국내 판매 및 홍삼 부산물의 국내외 판매는 고려인삼흥업주식회사에 5년간 주어졌다.[51]

이에 더해 전매청은 홍삼 판매 수익을 국내에서 확대하려는 정책을 취했다.[52] 1977년 홍삼을 국내에서 달러가 아니라 원화로 판매할 수 있도록 허가했고,[53] 1982년 홍삼 전매법 개정 이후에는 직접 홍삼정·홍삼차·홍삼 분말·선물세트 등을 만들어 1,000여 개의 지정판매소를 통해 시판에 들어갔다. 개인 기업체도 전매청 홍삼 지정판매소로 지정받으면 홍삼 제품을 팔 수 있었다. 이에 서울 전매청으로부터 각 지방의 전매서에 판매 목표량이 할당되는 경우도 있었는데, 이를 지방 전매서장이 무리하게 직원에게 판매하게 하고 지정판매인들이 판 것처럼 꾸며 문제가 발생하는 촌극도 벌어졌다.[54]

그러나 전매청은 인삼 경작만큼은 허가제를 통해 전체 생산량을 조절하는 정책 기조를 그대로 유지했다. 이를 두고 전매청은 타이완 등지에서 한국산 인삼을 원료로 만든 가짜인삼이 더욱 늘어나 홍삼의 명성을 떨어뜨릴 우려에 대한 정책이라는 고식적인 논리로 대응했다.[55] 결국 한때 80퍼센트를 넘던 한국 홍삼의 해외시장 점유율은 1986년 현재 5퍼센트까지 떨어진 상태라며, 인삼의 생산 및 판매를 민영화해야 한다는 주장이 금산의 인삼 경작자와 판매상을 중심으로 분출되었다.[56]

1987년 박종철 고문치사 사건과 이한열 사망 사건, 뒤이은 6·10 민주화 항쟁은 한국 사회의 민주화에 대한 열망에 불을 붙였다. 6·29 선언으로 정국을 수습하고 출범한 제6공화국에서는 경제 민주화가 시대적 과제로 등장했다. 그동안 정부가 민간 부분에 행하던 각종 규제를 전면 재검토해야 하는 상황이었다. 전매청도 산업 각 분야에서 일어나는 자유화·개방화 논의를 비켜 갈 수 없었다.

인삼 민영화 주장은 1987년 국회를 통과한 법안에 일정 부분 반영되었다. 전매 사업에 한 획을 긋는 한국전매공사법이 그것이다.[57] 한국전매공사법은 담배 및 홍삼 전매 사업을 효율적으로 경영하기 위해 한국전매공사를 자본금 4조 원으로 설립한다는 내용이었다. 공사의 업무 범위는 담배 및 홍삼 제품의 제조, 판매 및 수출입 등이며 공사는 공사 업무와 관련된 사업에 투자, 융자, 보조, 출연할 수 있도록 했다.

전매청의 이름을 내리고 전매공사의 이름을 단 것으로, 90년 대한민국의 전매사에 획기적인 변혁을 가져올 대사라는 평가까지 나왔다.[58] 1987년 4월 전매공사는 충남 대덕군 신탄진의 새 청사로 이전했고, 직원 신분도 공무원에서 회사원으로 바뀌었다.

그러나 전매공사의 실제적인 업무는 크게 변화하지 않았다. 여전히 담배·홍삼은 시장의 입출이 자유롭지 못했다. 인삼 경작 농민의 불만은 매우 구체적으로 터져 나왔다. 첫째, 백삼을 80퍼센트 수출할 경우 미삼 20퍼센트를 수출할 수 있도록 한 규제이다. 동남아 등지에서는 미삼의 인기가 높은데도 이 규제 때문에 수출하지 못하고 국내에서 싼 가격에 팔아야 해 손해가 크다는 것이다. 둘째, 동남아시아에서는 75~90도의 뜨거운 물에 인삼을 20~25분간 익혀 만드는 태극삼의 인기가 높았다. 그런데 전매공사가 제시한 규격과 제법은 동남아시아 시장의 요구와는 크게 달라 태극삼의 수출길이 막혀 버렸다고 주장했다. 셋째, 전매공사가 종전 특정 기업에 한정되어 있던 백삼 수출 창구를 전국 12개 경작조합으로 확대했으나, 경작조합들이 수출 업무에 밝지 못해 창구는 여전히 1개 회사로 집중된 것과 다름없다는 것이다.

인삼 경작자들은 이러한 규제가 전매공사가 음료수 제조업체들을 위해 미삼 수출을 억제하고 제약 및 화장품 회사들을 위해 인삼꽃과 잎의 수출마저 통제하고 있는 것 아니냐고 의심했다.[59] 관료주의적이고 시대착오적인 발상에서 벗어나 인삼의 재배·가공·판매가 자유화되는 것이 근본적인 대책이라고 주장한 것이다.[60]

이러한 물결 속에서 1988년 9월 정부는 당정 협의를 통해 다음 해 4월부터 전매공사를 주식회사로 전환한다고 발표했다. 아울러 1989년부터는 6년근 홍삼 외에 4년근 홍삼 제조를 허용하고 태극삼 제조의 허가제를 폐지하기로 했다.[61] 전매청(1951)→한국전매공사(1987)→한국담배인삼공사(1989)로의 변화가 계속되면서 담배·인삼에 대한 전매제와 민영화 논쟁은 더욱 뜨거워지고 있었다.

인삼산업
민영화시대를 열다

한국 인삼 전매제도는 언제부터일까. 1897년 탁지아문의 〈포삼규칙〉을 전매제의 단초로 보기도 하고, 1899년 대한제국 정부가 궁내부 내장원에 삼정과를 설치한 때라는 주장도 있다. 1908년 대한제국에서 홍삼 전매법을 공포한 때로 보기도 한다.

그렇다면 민영화는 언제부터라고 평가해야 할까. 1987년 전매청이 한국전매공사로 바뀐 것을 홍삼 전매제의 폐지로 보는 시각이 있다. 한국전매공사법으로 전매청의 인삼 행정 업무는 재무부와 보사부로 이관되고 전매공사는 100퍼센트 정부 투자기관으로서 홍삼 전매권을 정부로부터 위탁받게 되었는데, 이를 인삼산업의 민영화라고 보는 것이다. 그러나 홍삼 제조와 판매를 위탁한다는 기본 골격을 유지하고 있어 진정한 민영화라고 보기는 어렵다.

마찬가지로 1989년 한국전매공사가 한국담배인삼공사로 바뀐 것도 담배·인삼 부문의 독점적 제조와 판매를 그대로 수행했다는 점에서 완전한 민영화라 말하기는 어렵다. 86아시안게임, 88서울올림픽과 함께 세계 시장의 수요가 늘 것이라던 기대감이 무너지고 오히려 과잉생산과 매점매석으로 인삼 가격이 폭락하자 한국담배인삼공사의 독점 횡포가 근본적인 원인이라는 지적이 계속되었다.[62] 인삼전매법이 인삼사업법으로 명칭만 바뀌었을 뿐 한국담배인삼공사의 독점 특혜조항은 그대로 살아 있다는 것이다.

김영삼 정부 시절 개방화·세계화의 물결 속에 전매제 폐지로 규제 완화와 민영화의 압력은 높아 갔다. 공기업의 민영화는 공익산업의 분배 비효율을 개선해서 국가 경쟁력을 높이기 위해 시급성이 요청되었다. 이러한 분위기 속에서 1995년부터는 홍삼판매권 지정제도가 폐지되었고,[63] 이듬해에는 홍삼과 백삼 수출은 신고제로 완화되었다.[64] 이어 1996년 7월 인삼산업법이 공표되고,[65] 1997년 한국담배인삼공사가 상법상 주식회사로 전환되었다. 바로 이때를 홍삼 전매제도의 폐지와 민영화시대의 개막으로 평가하는 의견도 있다.

하지만 1996년 김영삼 정부의 홍삼 전매제도의 폐지와 1997년 한국담배인삼공사의 주식회사 전환은 소유의 민영화보다는 경영 민영화의 중요한 첫걸음으로, 민영화가 재벌그룹 계열회사가 되는 것을 막고 민영화의 효과를 찾겠다는 취지를 가지고 있었다. 진정한 민영화를 위해서는 인삼산업 전반에 민간기구를 관리 창구로 활용하고 법령을 통한 전근대적 관행과 질서에 대한 민관의 진정한 개선 의지와 추진력이 더욱 요구되었다.

이에 1999년 김대중 정부가 '공기업 경영구조 개선 및 민영화 정책'의 일환으로 한국담배인삼공사에서 한국인삼공사를 분리 독립시키고, 2000년 인삼협동조합중앙회를 농협중앙회 인삼부로 편입한 때부터, 인삼산업의 민영화는 본격적 궤도에 올랐다고 평가하기도 한다. 이때부터 민간기업도 일정 기준의 시설을 갖추면 홍삼을 자유롭게 판매하는 자유경쟁 체제가 만들어진 것이다. 결국 홍삼 전매제의 시작점을 궁내부 내장원 삼정과 설치(1899)부터 본다면 무려 100년 만에 민영화의 길에 들어선 것이다.

참고문헌

1. 1차 자료

《조선왕조실록》《비변사등록》《일성록》《승정원일기》

《대전회통》《육전조례》《의정부관첩등록》《변례집요》《우포청등록》《좌포청등록》

《탁지지》《만기요람》《동문휘고》《통문관지》《신증문헌비고》

《신농본초경》《본초강목》《동의보감》《방약합편》

《영조어제문》《홍재전서》

《계원필경집》《성호사설》《구완선생집》《고산유고》《계곡선생집》》《명재유고》

《다산시문집》《낙하생집》《임원경제지》《열하일기》《무오연행록》《연원직지》

《중경지》《송도지》《용만지》《신증동국여지승람》《개성지 Ⅰ·Ⅱ》《개성구경》

《대한계년사》《매천야록》《미행일기》《미속습유》

《프랑스 외무부 문서 4-조선 Ⅲ(1890)》

《朝鮮人蔘耕作記》(坂上登)《人蔘史》(今村鞆)《朝鮮鐵道旅行案內》(朝鮮總督府 鐵道局, 1912)《京城: 仁川, 水原, 開城》(朝鮮總督府 鐵道局, 1939)《日英博覽會出品寫眞帖》(村上天眞寫)《國境眞景》(未詳)

2. 연속자료

《독립신문》《황성신문》《매일신보》

《조선일보》《동아일보》《경향신문》《매일경제》

《중외일보》《조선신문》《한성일보》

《개벽》《별건곤》《삼천리》

《한국근현대인물자료》(국사편찬위원회)

3. 저·역서

《국역 한국지》, 한국정신문화연구원, 1984.

S. 베리만, 신복룡·변영욱 역주, 《한국의 야생 동물지》, 집문당, 1999.

W. R. 칼스, 신복룡 역주, 《조선풍물지》, 집문당, 1999.

강진아, 《동순태호—동아시아 화교자본과 근대조선》, 경북대학교 출판부, 2011.

김정숙, 《흥선대원군 이하응의 예술세계》, 일지사, 2004.

권혁희, 《조선에서 온 사진엽서》, 민음사, 2005.

까를로 로제티, 운종태·김운용 역, 《꼬레아 꼬레아니》, 숲과나무, 1996.

바츨라프 세로셰프스키, 김진영 외 4인 옮김, 《코레아 1903년 가을》, 개마고원, 2006.

박정양, 한철호 역, 《미행일기》, 푸른역사, 2014.

박정양, 한철호 역, 《미속습유》, 푸른역사, 2018.

버라토시 벌로그 베네데크, 초모 모세 역, 《코리아, 조용한 아침의 나라》, 집문당, 2005.

박경용, 《전통의료 구술자료 집성 1》, 경인문화사, 2011.

백성현·이한우, 《파란 눈에 비친 하얀 조선》, 새날, 2006.

샌즈, 김훈 역, 《조선의 마지막 날》, 미완, 1986.

설혜심, 《인삼의 세계사》, 휴머니스트, 2020.

송경록, 《북한 향토사학자가 쓴 개성 이야기》, 푸른숲, 2000.

에른스트 폰 헤세-바르텍, 정규현 옮김, 한철호 감수, 《조선, 1894년 여름: 오스트리아인 헤세-바르텍의 여행기》, 책과함께, 2012.

연갑수, 《대원군 집권기 부국강병책 연구》, 서울대출판부, 2001.

옥순종, 《은밀하고 위대한 인삼 이야기》, 이가서, 2016.

유인선, 《새로 쓴 베트남의 역사》, 이산, 2002.

이사벨라 버드 비숍, 이인화 옮김, 《한국과 그 이웃나라들》, 도서출판 살림, 1994.

이철성, 《조선 후기 대청무역사 연구》, 국학자료원, 2000.

양정필, 《근대 개성상인과 인삼업》, 푸른역사, 2022.

조광, 《조선 후기 사상계의 전환기적 특성》, 경인문화사, 2010.

조광, 《조선 후기 사회와 천주교》, 경인문화사, 2010.

조현범, 《조선의 선교사, 선교사의 조선》, 한국교회사연구소, 2008.

지그프리트 겐테, 권영경 옮김, 《독일인 겐테가 본 신선한 나라 조선, 1901》 책과함께,
    2007.

최덕수 외 지음, 《조약으로 본 한국 근대사》, 열린책들, 2010.

최문진, 《개성인삼 개척소사》, 조선산업연구회, 1940.

카르네프 외 4인, A. 이르계바예브·김정화 옮김, 《러시아 장교 조선 여행기-내가 본 조선,
    조선인》 가야넷, 2003.

허경진 역, 《인삼관련 통신사 필담 자료집》, 보고사, 2017.

《백년의 뿌리를 찾아서》, 한국담배인삼공사, 1999.

《한국인삼사 Ⅰ·Ⅱ》, 한국인삼사편찬위원회, 2001.

한영채, 《인삼과 산삼》, 창조사, 1981.

4. 논문

고승제, 〈한말 관영기업의 경제사적 분석〉, 《경영경제논총》 1, 1974,

노유니아, 〈1910년 일영박람회 동양관의 한국전시-일본제국의 대외선전에 나타난 식민지
    조선의 실상〉, 《한국근현대미술사학》 28, 2014.

김경옥, 〈18~19세기 서남해 도서 지역 표도민漂到民들의 추이〉, 《조선시대사학보》 44,
    2008.

김규성, 〈19세기 전·중반기 프랑스 선교사들의 조선 입국 시도와 서해해로〉, 《교회사연구》 32, 2009.

김남석, 〈일제강점기 개성 지역 문화의 거점 개성좌開城座 연구—1912년 창립부터 1945년까지〉, 《영남학》 26, 2014.

김영나, 〈박람회라는 전시공간—1893년 시카고 만국박람회와 조선관 전시〉, 《서양미술사학회논문집》 13, 2000.

김영자, 〈산신도에 표현된 산신의 유형〉, 《한국민속학》 41, 2005.

김영진, 〈김이교, 개화기 한국의 구미 농업과학기술 도입에 관한 종합연구〉, 《농업사연구》 10, 한국농업사학회, 2011.

김은정, 〈대한제국의 석탄자원 인식과 탄광경영〉, 《동양고전연구》 28, 2007.

김종서, 〈영조와 건공탕의 의미〉, 《장서각》 16, 2006.

김종서, 〈건공탕에 반영된 노년 건강과 심사〉, 《장서각》 20, 2008.

김희영, 〈오리엔탈리즘과 19세기 말 서양인의 조선 인식—이사벨라 버드 비숍의 《조선과 그 이웃나라들》을 중심으로〉, 《경주사학》 26, 2007.

남권희, 〈한국 인삼산업 정책에 관한 연구〉, 연세대 행정대학원 석사논문, 2005.

민회수, 〈조선-오스트리아 수호통상조약 체결의 정치적 의의〉, 《규장각》 35, 2009.

박경용, 〈민속의약 전통과 대구약령시 전승문화〉, 《고문화》 64, 2004.

박기수, 〈청대 광동의 대외무역과 광동상인〉, 《명청사연구》 9, 1998.

박은숙, 〈개항 후 조선의 포삼정책과 홍삼의 어용화〉, 《한국사연구》 194, 2021.

박은숙, 〈근대 국제협약의 홍삼무역 규정과 그 특성(1876~1894)〉, 《한국사학보》 83, 2021.

박은숙, 〈개항 후 조선의 홍삼무역(1876~1894)〉, 《한국근현대사연구》 101, 2022.

박지배, 〈통계 사료의 비판과 이용—18~19세기 초 러시아 대외무역 통계를 중심으로〉, 《역사교육》 135, 2015.

박현규, 〈1880년 조선 비인현에 표착한 조주·태국 상인의 표류 사정과 교역활동〉, 《도서문화》 42, 2013.

박현규, 〈태국화상 허필제의 고향 융도 전포촌과 조선 표류에 관한 고찰〉, 《한국태국학회논총》 21-1, 2014.

백진웅·이병욱, 《방약합편》 수록 처방 내의 약물조합 빈도 연구〉, 《대한한의학원전학회지》 24-4, 2011.

설혜심, 〈인삼 사냥꾼(Ginseng Hunter)—북미대륙의 채삼 관행과 채삼인의 이미지〉, 《인문과학》 113, 2018.

신동원, 〈병과 의약생활로 본 정약용의 일생〉, 《다산학》 22, 2013.

신문수, 〈동방의 타자: 이사벨라 버드 비숍의 《한국과 그 이웃나라들》〉, 《한국문화》 46, 2009.

안상우, 〈제천 약령시 전통과 의약문화〉, 《지방사와 지역문화》 12-2, 2009.

양상현, 〈대한제국기 내정원의 인삼 관리와 삼세 징수〉, 《규장각》 19, 1996.

양정필·여인석, 〈삼국—신라 통일기 인삼 생산과 대외교역〉, 《의사학》 13-2, 2004.

양정필, 〈월남 개성인의 정착과정과 개성의 유산〉, 《학림》 42, 2018.

양정필, 〈1930년대 개성 지역 신진 엘리트 연구—《고려시보》 동인의 사회문화운동을 중심으로〉, 《역사와 현실》 63, 2007.

양정필, 〈한말—일제하 금산인삼 연구〉, 《한국사학보》 51, 2013.

양정필, 〈1910~20년대 개성상인의 백삼 상품화와 판매확대 활동〉, 《의사학》, 2011.

양종승, 〈한국 무속신 고찰—무신도를 중심으로〉, 《몽골학》 4, 1996.

양종승, 〈한국 무신巫神의 구조 연구〉, 《비교문화연구》 5, 1999.

연갑수, 〈병인양요 이후 수도권 방비의 강화〉, 《서울학연구》 8, 1997.

연갑수, 〈19세기 중엽 조청 교역품의 변화〉, 《한국사론》 41·42, 1999.

연갑수, 〈대원군과 서양〉, 《역사비평》 50, 2000.

오금성, 〈광동무역체제하의 강서의 사회변화〉, 《역사교육》 86, 2003.

오성, 〈한말 개성 지방의 삼포주〉, 《고문서연구》 3, 1992.

오세관, 〈인삼의 마약중독 해독효과〉, 《고려인삼학회지》 32-1, 2008.

원종민, 〈조선에 표류한 중국인의 유형과 그 사회적 영향〉, 《중국학연구회 학술발표회》, 2008.

육영수, 〈'은자의 나라' 조선 사대부의 미국문명 견문록—출품사무대원 정경원과 1893년 시카고 콜롬비아 세계박람회—〉, 《역사민속학》 48, 1985.

육영수, 〈'은자의 왕국'의 세상 엿보기 혹은 좌절된 접속—1900 파리 세계박람회에 전시된 '세기말' 조선—〉, 《대구사학》 114, 2014.

윤선태, 〈백제의 문서행정과 목간〉, 《한국고대사연구》 48, 2007.

원윤희, 〈한말·일제 강점 초 삼포농업의 변동과 홍삼정책〉,《역사교육》55, 1994.

이명화, 〈19세기 말 변수의 농업에 대한 근대적 인식〉, 경북대학교 교육대학원 석사논문, 2019.

이민식, 〈초기 미국의 대조선 교섭에 관한 일 연구—한국문화에 대한 인식문제를 중심으로〉,《문화사학》8, 1998.

이배용, 〈개항 이후 독일의 자본 침투와 세창양행〉,《한국문화연구원논총》48, 1986.

이시카와 료타, 〈개항기 중국인 상인의 활동과 정보매체: 동순태 서간 자료를 중심으로〉,《규장각》33, 2008.

이시카와 료타, 〈조선 개항 후 중국인 상인의 무역활동과 네트워크〉,《역사문제연구》20, 2008.

이영관, 〈동서문화의 충돌: 독일과 조선의 통상 및 그 교훈〉,《중앙사론》16, 2002.

이영호, 〈인천개항장의 한국형 매판 서상집의 경제활동〉,《사학연구》88, 2007.

이윤상, 〈대한제국기 내장원의 황실재정 운영〉,《한국문화》17, 1995.

이은자, 〈광동 13행과 13행 상관의 재현〉,《중국근현대사연구》57, 2013.

이철성, 〈대원군 집권기 포삼 무역정책과 해상 밀무역〉,《조선시대사학보》35, 2005.

이철성, 〈코리아—인삼의 나라〉,《고려인삼의 역사 문화적 가치 재조명을 위한 국제학술 심포지움》, 2007.

이철성, 〈양풍과 근대 경험〉,《서구문화와의 만남》, 국사편찬위원회, 2010.

이철성, 〈18·19세기 조선과 일본의 인삼 재배기록 비교연구〉,《세계역사와 문화연구》60, 2021.

이철성, 〈일제강점기 개성상인 최선익의 언론·문화사업〉,《한국사학보》87, 2022.

이한기, 〈개화기 및 일제시기의 농사시험연구와 지도〉,《농업사연구》1, 한국농업사학회, 2002.

정명채·이동필, 〈한국담배인삼공사 민영화에 따른 담배·인삼 재배농가 및 관련 산업 육성대책〉,《정책연구보고》, 한국농촌경제연구원, 1996.

최병욱, 〈19세기 베트남 관선의 광동 왕래 시말〉,《동남아시아연구》21-3, 2011.

Choi Byung-Wook, Korean Genseng(nhan sam Cao Ly) in Vietnam during the First Half of the 19th century,《동남아시아사연구》22-3, 2012.

정상천, 〈1886~1910년 한불 통상관계가 미약했던 원인에 대한 역사적 고찰: 프랑스 외무부 사료를 중심으로〉,《프랑스사 연구》10, 2004.

정은우, 〈1502년명 천성산 관음사 목조보살좌상 연구〉,《석당논집》48, 2010.

정종현, 〈일본 제국기 '開城'의 지역성과 (탈)식민의 문화기획〉,《동방학지》51, 2010.

정후수, 〈북경 인삼국 공간 활용—19세기 한중 인사의 교류를 중심으로—〉,《우리어문연구》38, 2010.

조흥윤, 〈세창양행, 마이어, 함부르크 민족학박물관〉,《동방학지》46·47·48, 1985.

최용찬, 〈1873년 이와쿠라 사절단이 본 비엔나 만국박람회의 근대적 풍경〉,《역사와 문화》26, 2013.

홍순권, 〈한말 시기 개성지방 삼포농업의 전개양상(상·하)—1896년《삼포적간성책》의 분석을 중심으로〉,《한국학보》49·50, 1987·1988.

한경자, 〈일영박람회에서 전시된 일본 역사와 예능—대외문화 홍보로서의 역사의 가시화—〉,《일본학연구》54, 2018.

한동훈, 〈조러육로통상장정(1888) 체결을 둘러싼 조·청·러 삼국의 협상과정 연구〉,《역사와 현실》, 2012.

5. 국외자료

Authority of the Secretary of Agriculture, *Report on Condition of Crops-Report of The Statistician - Report No.89*, Department of Agriculture 1891.10.

Rounsevelle Wildman, American Ginseng in China, *Consular Reports, Commerce, manufactures, etc*, Wasington[1898.1~1898.4]/[1898.11]: Goverment Printing, Office. [https://play.google.com/books/reader?id=Ju8_AAAAYAAJ&hl=ko&pg=GBS.PA514] [https://play.google.com/books/reader?id=rilBAQAAMAAJ&hl=ko&pg=GBS.PA242]

M. G. Kains, *Ginseng: Its Cultivation, Harvesting, Marketing, and Market Value, With a Short Account of Its History and Botany*, New York: Orange Juddy Company, 1901.

Bureau of Foreign and Domestic Commerce, *Monthly Summary of Commerce and Finance of the United States*, United States, 1904.

Government Printing Office, *Monthly Summary of Commerce and Finance of the United States*, 1904.

Robert W. Rydell, *All the World's a Fair-Visions Of Empire at American International Expositions, 1876~1916*, Chicago: University of Chicago Press, 1984.

David A. Taylor, *Ginseng, The Divine Root; The curious History of the Plant that Captivated the World*, Algonquin Books of Chapel Hill, 2006.

Kristine Johannsen, *Ginseng Dreams; The Secret World of America's Most Valuable Plant*, The University of Kentucky, 2006.

Hawley, Samuel, *America's Man in Korea(The Private Letters of George Clayton Foulk)*, Rowman & Littlefield Pub Inc, 2007.

U.S. Department of Agriculture Farmer's Bulletin No. 1184 Issued 1921, Revised 1941.
[https://archive.org/]

U.S.-Hong Kong Diplomatic History
[https://hk.usconsulate.gov/our-relationship/].

6. 보고서 및 구술자료

《한국사찰의 산신 신앙연구》(국립문화재연구소, 1996)

《강원도 식물민속 약초상과 심마니》(국립민속박물관, 2016)

《약장, 건강을 염원하다》(허준박물관 국립민속박물관, 2014)

《선구지 인천의 근대풍경(1883~1945)》(인천광역시편찬위원회, 2013)

《독일 함부르크민족학박물관 소장 한국문화재》(국립문화재연구소, 2017)

《불교조각 조사보고 2》(국립중앙박물관, 2016)

《월남민 생애 구술자료》-김조형 구술자료-, 연세대학교 역사와 공간연구소, 2015.

《월남민 생애 구술자료》-최창준 구술자료-, 연세대학교 역사와 공간연구소, 2016.

제1장

(01) 중국 위키백과[http://zh.wikipedia.org/].

(02) 이마무라 토모, 《인삼사》, 조선총독부, 1940.
사카노우에 노보루 저·농촌진흥청 역, 《인삼보》, 2008.

(03) 《천성산 관음사 목조관음보살 조사보고서》, 한국전통문화학교 전통문화연수원, 2010.

(04) 《불교조각 조사보고 2》, 국립중앙박물관, 2016.

(05) 《동아일보》1936년 1월 29일.

(06) 《동아일보》1936년 1월 29일.

(07) 온양민속박물관, 《약장, 건강을 염원하다》 허준박물관 국립민속박물관, 2014.

(08) 한독의약박물관, 《약장, 건강을 염원하다》 허준박물관 국립민속박물관, 2014.

(09) 한독의약박물관, 《약장, 건강을 염원하다》 허준박물관 국립민속박물관, 2014.

(10) 국립중앙박물관.

(11) 국립민속박물관.

(12) 국립민속박물관.

(13) 국립민속박물관.

(14) 국립민속박물관.

(15) 국립민속박물관.

(16) 국립민속박물관.

제2장

(01) 일본화폐박물관.

(02) 《해동지도》 서북피아양계전도, 서울대 규장각 한국학연구원.

(03) 이철성, 《조선후기 대청무역사연구》, 국학자료원, 2000, 71쪽.

(04) 《동국여지지도》.

제3장

(01) 동북아역사넷, 동북아역사재단.

(02) 한국 위키백과[https://ko.wikipedia.org/].

(03) 중국 위키백과[http://zh.wikipedia.org/].

제4장

(01) 국립중앙박물관.

(02) 서울대 규장각 한국학연구원.

(03) 《황성신문》 1902년 4월 3일.

(04) 한국 위키백과[https://ko.wikipedia.org/].

(05) 《사진으로 보는 인천 시사 1 선구지 인천의 근대풍경》, 인천광역시, 2013.

(06) 《동아일보》 1924년 7월 4일.

(07) 《사진으로 보는 인천 시사 1 선구지 인천의 근대풍경》, 인천광역시, 2013.

(08) 김창수, 〈찢겨진 사진으로 귀환한 근대 거상 서상집〉, 《인천문화재단 플랫폼 11》, 2008.

제5장

(01) 함부르크박물관 홈페이지[https://markk-hamburg.de/].

(02) 미국 위키백과[https://en.wikipedia.org/].

(03) 《독일 함부르크민족학박물관 소장 한국문화재》, 국립문화재연구소, 2017.

(04) 《사진으로 보는 인천 시사 2 선구지 인천의 근대풍경》, 인천광역시, 2013.

(05) W. R. Carles, *Life in Corea*, Macmillan and Co. London 1888.

(06) 미국 위키백과[https://en.wikipedia.org/].

(07) 한국민족문화대백과사전[http://encykorea.aks.ac.kr/].

(08) 《국경진경國境眞景》, 발행자/발행지,미상, 고려대학교 도서관.

(09) 미국 위키백과[https://en.wikipedia.org/].

(10) 국립중앙도서관.

(11) 국립중앙도서관.

제6장

(01) 고려대학교 박물관.

(02) 미국 위키백과[https://en.wikipedia.org/].

(03) 미국 위키백과[https://en.wikipedia.org/].

(04) 서울역사아카이브[https://museum.seoul.go.kr/archive/NR_index.do].

(05) https://www.facebook.com/rounsevelle.wildman/timeline?lst=1841870239%3A100033503 119698%3A1571931282

(06) 미국 위키백과[https://en.wikipedia.org/].

(07) 주미대한제국공사관[https://oldkoreanlegation.org/]; 국사편찬위원회(미국 국회도서관 소장)

(08) 노유니아, 〈1910년 일영박람회 동양관의 한국전시-일본제국의 대외선전에 나타난

식민지 조선의 실상〉,《한국근현대미술사학》28, 2014.

(09) 노유니아, 〈1910년 일영박람회 동양관의 한국전시−일본제국의 대외선전에 나타난
식민지 조선의 실상〉,《한국근현대미술사학》28, 2014.

제7장

(01) 서울역사아카이브[https://museum.seoul.go.kr/archive/NR_index.do].

(02) 서울역사아카이브[https://museum.seoul.go.kr/archive/NR_index.do].

(03) 《조선신문》1935년 2월 6일.

(04) 《대경성도시개관》, 조선신문사, 1937, 소장처 서울역사박물관.

(05) 《대경성도시개관》, 조선신문사, 1937, 소장처 서울역사박물관.
《조선신문》1931년 2월 19일.

(06) 국립민속박물관.

(07) 〈송도면 고적도〉,《개성부면지》부록, 1926.

(08) 《조선풍속풍경사진첩》, 조선풍속연구회, 1920, 소장처 서울역사박물관.

(09) 《일본지리풍속대계》, 신광사, 1930, 소장처 서울역사박물관.

(10) 《일본지리풍속대계》, 신광사, 1930, 소장처 서울역사박물관.

(11) 《일본지리풍속대계》, 신광사, 1930, 소장처 서울역사박물관.

(12) 《일본지리풍속대계》, 신광사, 1930, 소장처 서울역사박물관.

(13) 《매일경제》1988년 4월 16일.

(14) 《동아일보》1933년 11월 17일.

(15) 《동아일보》1922년 12월 3일.

(16) 《동아일보》1921년 10월 16일.

(17) 《동아일보》1933년 11월 17일.

(18) 《조선일보》1927년 11월 11일.

(19) 《동아일보》1927년 11월 11일.

(20) 《조선일보》1927년 1월 5일.

(21) 《동아일보》 1935년 7월 6일.

(22) 사진제공 김조형(개성시민회).

(23) 《동아일보》 1930년 10월 4일.

(24) 서울역사박물관.

(25) 《동아일보》 1926년 2월 1일.

(26) 《동아일보》 1933년 9월 22일.

(27) 《조선일보》 1939년 9월 29일.

제8장

(01) 한국정책방송원.

(02) 《조선철도여행안내》, 조선철도국, 1915.

(03) 《한국인삼사 I 》, 한국인삼사편찬위원회, 2001.

(04) 《한국인삼사 I 》, 한국인삼사편찬위원회, 2001.

(05) 《한국인삼사 I 》, 한국인삼사편찬위원회, 2001.

(06) 국가기록원.

(07) 《한국인삼사 I 》, 한국인삼사편찬위원회, 2001.

(08) 《한국인삼사 I 》, 한국인삼사편찬위원회, 2001.

(09) 《경향신문》 1962년 12월 1일.

(10) 《동아일보》 1962년 12월 4일.

(11) 《동아일보》 1966년 9월 10일.

(12) 《동아일보》 1963년 2월 8일.

(13) 《경향신문》 1973년 10월 8일.

주

제1장

1   《본초강목》 권12, 초지일 인삼.

2   《계원필경집》 권18, 물장.

3   양정필·여인석, 〈삼국−신라 통일기 인삼 생산과 대외교역〉, 《의사학》 13−2, 2004.

4   윤선태, 〈백제의 문서행정과 목간〉, 《한국고대사연구》 48, 2007.

5   《주서》 권41, 이역외전 백제.

6   서긍, 《선화봉사고려도경》 권23, 잡속 토산.

7   《해동역사》 권26, 물산지 초류.

8   《고려사》 권123, 열전36 조윤통.

9   정은우, 〈1502년명 천성산 관음사 목조보살좌상 연구〉, 《석당논집》 48, 2010.

10 《홍재전서》 권12, 서인 삼인.

11 《임원경제지》 16, 관휴지 4, 약류, 인삼.

12 이유원, 《임하필기》 권28, 춘명일사 내국홍삼.

13 《강원도 식물민속 약초상과 심마니》, 국립민속박물관, 2016.

14 《동아일보》 1936년 1월 29일. 화폐가치 계산을 환산 기준 쌀로 계산한 것이다.(한국은

행 경제통계시스템).

15 우승하, 〈심마니 습속의 변화 양상〉, 《민속학연구》 35, 2014.

16 안상우, 〈제천 약령시 전통과 의약문화〉, 《지방사와 지역문화》 12-2, 2009.

17 김혜숙, 〈서울의 경동시장 한약상가의 경관변화〉, 《한국지역지리학회지》 13-4, 2007.

18 박경용, 〈민속의약 전통과 대구약령시 전승문화〉, 《고문화》 64, 2004.

19 《경향신문》 1987년 10월 27일.

20 박경용, 《전통의료 구술자료 집성 1》, 경인문화사, 2011.

21 백진웅·이병욱, 〈《방약합편》 수록 처방 내의 약물조합 빈도 연구〉, 《대한한의학원전학회지》 24-4, 2011.

22 오제근·윤창열, 〈《본초강목》이 《광제비급》에 미친 영향 분석-〈향약단방치험〉을 중심으로〉, 《대한한의학원전학회지》 22-3, 2009.

23 《광제비급》 권1, 서.

24 《광제비급》 권1, 향약단방치험.

25 김영자, 〈산신도에 표현된 산신의 유형〉, 《한국민속학》 41, 2005.

26 국립문화재 연구소, 《한국사찰의 산신 신앙연구》, 1996.

제2장

1 유승주, 〈조선 후기 대청무역의 전개과정-17·8세기 부연역관의 무역활동을 중심으로-〉, 《백산학보》 8, 1970.

2 田代和生, 《近世日朝通交貿易史の研究》, 創文社, 1981.

3 이철성, 《조선 후기 대청 무역사 연구》, 국학자료원, 2000.

4 《승정원일기》 289, 숙종 8년 4월 13일.

5 《비변사등록》 58, 숙종 33년 3월 초2일.

6 《비변사등록》 104, 영조 14년 7월 12일.

7 《비변사등록》 88, 영조 6년 12월 28일.

8 《비변사등록》 104, 영조 14년 7월 12일.

9 《승정원일기》 1074, 영조 27년 9월 29일.

10 《중경지》 권2, 토산.

11 이철성, 《조선 후기 대청 무역사 연구》, 국학자료원, 2000.

12 《정조실록》 권30, 정조 14년 7월 계묘.

13 《정조실록》 권31, 정조 14년 8월 정사.

14 《정조실록》 권31, 정조 14년 8월 정사.

15 《정조실록》 권24, 정조 11년 7월 계미, 《정조실록》 권32 정조 15년 2월 을축.

16 《정조실록》 권30, 정조 14년 7월 계묘, 《정조실록》 권42 정조 19년 6월 계미.

17 《비변사등록》 185, 정조 21년 2월 22일.

18 《중경지》 권2, 토산.

19 《영조어제 해제》 4, 한국학중앙연구원.

20 김종서, 〈영조와 건공탕의 의미〉, 《장서각》 16, 2006.

21 《좌해집》 권5, 시 건공가응제建功歌應製.

22 김종서, 〈건공탕에 반영된 노년 건강과 심사〉, 《장서각》 20, 2008.

23 허경진 역, 《인삼관련 통신사 필담 자료집》, 보고사, 2017.

24 이철성, 《조선 후기 대청 무역사 연구》, 국학자료원, 2000.

25 《열하일기》, 일신수필, 7월 22일.

26 《정조실록》 권16, 정조 7년 7월 정미.

27 송양섭, 〈정조의 왕실재정 개혁과 '궁부일체宮府一體'론〉, 《대동문화연구》 76, 2011.

28 《비변사등록》 185, 정조 21년 2월 22일.

29 《비변사등록》 185, 정조 21년 2월 22일.

30 《정조실록》 권46, 정조 21년 2월 병신.

31 《비변사등록》 185, 정조 21년 3월 1일.

32 《정조실록》 권46, 정조 21년 2월 경자.

33 《계곡집》 권33, 칠언절구 사계선생양성당십영沙溪先生養性堂十詠.

34 《명재유고》 권3, 시 이형여순 순악 정묘丁卯.

35 《다산시문집》 권6, 시 오엽정가.

36 신동원, 〈병과 의약생활로 본 정약용의 일생〉, 《다산학》 22, 2013.

37 《무명자집》 10책, 삼설.

38 이규경, 《시가점등詩家點燈》 인삼시절한人蔘詩絶罕; 김보성, 〈한·중 인삼시의 양상과 특징〉, 《한문고전연구》 36, 311쪽, 2018.

39 서경창, 《학포헌집學圃軒集》 권1 서, 익상재상서擬上宰相書 임술壬戌.

40 이철성, 《조선 후기 대청 무역사 연구》, 2000.

41 이철성, 〈18·19세기 조선과 일본의 인삼 재배기록 비교연구〉, 《세계역사와 문화연구》 60, 2021.

42 허경진 역, 〈왜한의담倭韓醫談〉, 《인삼 관련 통신사 필담 자료집》, 보고사, 2017.

43 《비변사등록》 238, 철종 2년 윤8월 23일.

44 이철성, 《조선 후기 대청 무역사 연구》, 국학자료원, 2000.

45 연갑수, 《대원군 집권기 부국강병책 연구》, 서울대출판부, 2001.

46 《육전조례》 권3, 호전 판적사 잡세.

47 《비변사등록》 241, 철종 5년 8월 14일).

48 《용만지》 관해; 《조선 시대 사찬 읍지》 49, 평안도 5, 한국인문과학연구원.

49 《승정원일기》 2531, 철종 3년 7월 14일; 《승정원일기》 2545, 철종 4년 8월 27일; 《승정원일기》 2558, 철종 5년 8월 초10일.

50 《비변사등록》 241, 철종 5년 8월 14일.

51 《비변사등록》 251, 고종 3년 10월 11일.

52 《승정원일기》, 고종 3년 11월 초4일.

53 《승정원일기》, 고종 6년 6월 30일.

54 《승정원일기》, 고종 6년 9월 5일.

55 《승정원일기》, 고종 6년 12월 14일.

56 《승정원일기》, 고종 7년 1월 2일.

57 《승정원일기》, 고종 7년 1월 22일.

58 《승정원일기》, 고종 8년 1월 20일.

59 《승정원일기》, 고종 8년 5월 25일.

60 《승정원일기》, 고종 9년 2월 10일.

61 《승정원일기》, 고종 11년 3월 19일.

62 《우포도청등록》 제14책, 경신(1860) 11월 21일.

63 《우포도청등록》 제15책, 신유(1861) 9월 28일.

64 《우포도청등록》 제15책, 신유(1861) 10월 초8일.

65 《우포도청등록》 제15책, 신유(1861) 11월 초4일~11월 13일.

66 《우포도청등록》 제15책, 신유(1861) 11월 15일.

67 《승정원일기》, 고종 원년 8월 초1일.

68 《승정원일기》, 고종 원년 2월 15일.

69 《승정원일기》, 고종 원년 6월 초7일.

70 《승정원일기》, 고종 원년 6월 초8일.

71 《승정원일기》, 고종 원년 7월 초7일.

72 《승정원일기》, 고종 원년 8월 초1일.

73 《우포도청등록》 19, 갑자(1864) 7월 20일 죄인 김정연.

74 《우포도청등록》 19, 갑자(1864) 7월 20일 죄인 이성삼.

75 《우포도청등록》 19, 갑자(1864) 7월 20일 죄인 김순원.

76 《승정원일기》, 고종 원년 8월 10일.

77 《우포도청등록》 19, 갑자(1864) 7월 25일.

78 《우포도청등록》 19, 갑자(1864) 8월 10일.

79 《승정원일기》, 고종 2년 7월 14일.

80 연갑수, 《대원군 집권기 부국강병책 연구》, 서울대출판부, 2001, 243~251쪽.

81 《우포도청등록》 15, 신유(1861) 11월 초4일~11월 15일.

82 《비변사등록》 251, 고종 3년 7월 초1일.

83 《승정원일기》, 고종 6년 7월 15일.

84 《승정원일기》, 고종 6년 7월 15일;《승정원일기》 고종 6년 8월 12일.

85 《승정원일기》, 고종 3년 1월 24일.

제3장

1 이희수, 〈중국 광저우에서 발견된 고려인 라마단 비문에 대한 해석〉, 《한국이슬람학회 논총》 7-1, 2007.

2 이민호, 〈명청대 장수약방의 형성과 그 특징〉, 《한국한의학원논문집》 15(2), 2009.

3 이은자, 〈광동 13행과 13행 상관의 재현〉, 《중국근현대사연구》 57, 2013.

4 박기수, 〈청대 광동의 대회무역과 광동상인〉, 《명청사연구》 9, 1988; 오금성, 〈광동무역체제 하의 강서의 사회변화〉, 《역사교육》 86, 2003.

5 이유원, 《임하필기》 권28, 춘명일사 홍삼지시원.

6 《수사록》 권1, 일월기략 9월 22일.

7 《연원직지》 권5, 유관록 하 계사년 1월 27일.

8 오세관, 〈인삼의 마약중독 해독효과〉, 《고려인삼학회지》 32-1, 2008.

9 유인선, 《새로 쓴 베트남의 역사》, 이산, 2002.

10 Choi Byung-Wook, 〈Korean Genseng(nhan sam Cao Ly) in Vietnam during the First Half of the 19th century〉, 《동남아시아사연구》 22-3, 2012.

11 정후수, 〈북경 인삼국 공간 활용—19세기 한중 인사의 교류를 중심으로—〉, 《우리어문연구》 38, 2010.

12 최병욱, 〈19세기 베트남 관선의 광동 왕래 시말〉, 《동남아시아연구》 21-3, 2011.

13 〈의주부장계등록義州府狀啓謄錄〉 갑인(1854; 철종 5) 8월 19일.

14 이유원, 《임하필기》 권28, 춘명일사 홍삼지시원.

15 조 광, 《조선 후기 사회와 천주교》, 경인문화사, 2010.

16 조현범, 《조선의 선교사, 선교사의 조선》, 한국교회사연구소, 2008.

17 《기측체의》 추측록 권6, 추물측사 해박주통.

18 박현규, 〈1880년 조선 비인현에 표착한 조주·태국 상인의 표류 사정과 교역활동〉, 《도서문화》 42, 2013.

19 박현규, 〈태국화상 허필제의 고향 융도隆都 전포촌前埔村과 조선 표류에 관한 고찰〉, 《한국태국학회논총》 21-1, 2014.

제4장

1 　연갑수, 〈대원군과 서양〉, 《역사비평》 50, 2000.

2 　연갑수, 〈병인양요 이후 수도권 방비의 강화〉, 《서울학연구》, 1997.

3 　박은숙, 〈근대 국제협약의 홍삼무역 규정과 그 특성(1876~1894)〉, 《한국사학보》 83, 2021.

4 　박은숙, 〈개항 후 조선의 홍삼무역(1876~1894)〉, 《한국근현대사연구》 101, 2022; 박은숙, 〈개항 후 조선의 포삼정책과 홍삼의 어용화〉, 《한국사연구》 194, 2021.

5 　홍순권, 〈한말 시기 개성지방 삼포농업의 전개양상(상·하)－1896년 《삼포적간성책》의 분석을 중심으로〉, 《한국학보》 49·50, 1987·1988.

6 　원윤희, 〈한말·일제 강점 초 삼포농업의 변동과 홍삼정책〉, 《역사교육》 55, 1994.

7 　양상현, 〈대한제국기 내장원의 인삼관리와 삼세징수〉, 《규장각》 19, 1996; 양정필, 《근대 개성상인과 인삼업》, 푸른역사, 2022. 8.

8 　이윤상, 〈대한제국기 내장원의 황실재정 운영〉, 《한국문화》 17, 1995.

9 　《대한계년사》 1888년 겨울 10월.

10 　《대한계년사》 1898년 8월 5일.

11 　《대한계년사》 1898년 8월 6일.

12 　《매천야록》 광무11년(1907) 1월.

13 　W. F. Sands, *Undiplomatic Memories-Far East 1896~1904*; 샌즈, 김훈 역, 《조선의 마지막 날》, 1986, 83쪽.

14 　로세티Carlo Rossetti, 윤종태·김운용 역, 《꼬레아 꼬레아니》, 서울시립대학교 서울학연구소, 1994, 377쪽.

15 　이영호, 〈인천개항장의 '한국형 매판', 서상집의 경제활동〉, 《사학연구》 88, 2007.

16 　김은정, 〈대한제국의 석탄자원 인식과 탄광경영〉, 《동양고전연구》 28, 2007.

제5장

1 　국립문화재연구소, 《독일 함부르크민족학박물관 소장 한국문화재》, 2017.

2 조흥윤, 〈세창양행, 마이어, 함부르크민족학박물관〉, 《동방학지》 46·47·48, 1985.

3 지그프리트 겐테, 권영경 옮김, 《독일인 겐테가 본 신선한 나라 조선, 1901》, 책과함께, 2007.

4 W. R. 칼스, 신복룡 역주, 《조선 풍물지》, 집문당, 1999.

5 이사벨라 버드 비숍, 이인화 옮김, 《한국과 그 이웃나라들》, 살림, 1994.

6 한국정신문화연구원, 《국역 한국지》, 1984.

7 바츨라프 세로셰프스키, 김진영 외 4인 옮김, 《코레아 1903년 가을》, 개마고원, 2006.

8 에른스트 폰 헤세-바르텍, 정규현 옮김, 한철호 감수, 《조선, 1894년 여름: 오스트리아인 헤세-바르텍의 여행기》, 책과함께, 2012.

9 버라토시 벌로그 베네데크, 초모 모세 역, 《코리아, 조용한 아침의 나라》, 집문당, 2005.

10 S. 베리만, 신복룡·변영욱 역주, 《한국의 야생 동물지》, 집문당, 1999.

제6장

1 박정양, 한철호 역, 《미행일기》, 푸른역사, 2014, 112쪽.

2 https://www.nass.usda.gov/About_NASS/Timeline/Early_Beginnings/index.php

3 박정양, 한철호 역, 《미속습유》, 푸른역사, 2018, 109쪽.

4 Authority of the Secretary of Agriculture, *Report on Condition of Crops-Report of The Statistician-Report No.89*, Department of Agriculture, October, 1891. pp. 563~583.

5 이명화, 〈19세기 말 변수의 농업에 대한 근대적 인식〉, 경북대학교 교육대학원 석사논문, 2019.

6 박정양, 한철호 역, 《미행일기》, 푸른역사, 2014, 66~67쪽.

7 박정양, 한철호 역, 《미행일기》, 푸른역사, 2014, 112쪽. 미국 농무부에 대한 기록은 《미속습유》에도 비슷한 내용이 적혀 있다. 박정양, 한철호 역, 《미속습유》, 푸른역사, 2018, 101쪽 참조.

8 박정양, 한철호 역, 《미속습유》, 푸른역사, 2018, 102쪽.

9 김영진, 〈김이교, 개화기 한국의 구미 농업과학기술도입에 관한 종합연구〉, 《농업사연

구》10, 한국농업사학회, 2011, 12~13쪽.

10 이한기, 〈개화기 및 일제 시기의 농사시험연구와 지도〉, 《농업사연구》1, 한국농업사학회, 2002, 84~88쪽.

11 일본어를 구사할 수 있는 사람은 수행원 변수와 일본에서 참여한 역관 미야오카 쓰네지로宮岡恒次郎로 보인다.

12 Military officer라고 되어 있어 분명치 않다. 그러나 미국에서 돌아온 이후 얼마 되지 않은 시기에 친분적인 관계로 함께 개성으로 떠난다는 점을 고려할 때 최경석으로 추측된다.

13 Foreign Relations of the United States, 1885.

14 R. Willis Esq of H. B. M's Consul Geneal at Seoul.

15 조선은 모든 근대적 조약에 인삼의 해외 반출을 일절 금지했으므로, 만약 포크나 알렌이 종자나 묘종의 반출을 시도했다면 이는 외교관의 지위를 이용한 비공식적인 행위였다.

16 설혜심, 〈인삼 사냥꾼(Ginseng Hunter)—북미대륙의 채삼 관행과 채삼인의 이미지〉, 《인문과학》113, 2018, 175~178쪽 참조.

17 1895년 미국 농무부의 인삼 재배 매뉴얼이 발간되어 큰 인기를 끌었고, 1903년 발간된 펜실베니아 농업실험연구소의 인삼 재배 실험에 관한 연구 논문도 이러한 분위기를 반영한다.

18 Consular Reports, Commerce, manufactures, etc.
    https://play.google.com/books/reader?id=Ju8_AAAAYAAJ&hl=ko&pg=GBS.PA514
    https://play.google.com/books/reader?id=rilBAQAAMAAJ&hl=ko&pg=GBS.PA242

19 실제 당시 영국과 중국 간에 맺어진 관세 조항에는 자연산 인삼을 1등급, 2등급으로 재배삼을 4등급으로 구분해 관세를 부과하고 있다.

20 고딘은 홍콩 Commission Agent로 Victoria Building에서 영업하고 있었다.

21 U.S. Government Printing Office, *Monthly Summary of Commerce and Finance of the United States*, 1904, p.69.

22 알렌은 홍콩으로 들어오는 고려인삼 역시 상당할 것으로 추측되지만 중국 세관의 기록에는 포함되지 않아 그 가격을 짐작할 수 없다고 했다. 다만, 1896년 수확된 인삼으로 이듬해 초반인 1897년 시장에 출시된 고려인삼은 약 41,300파운드로, 조선 화폐 600,000냥 규모(300,000달러)였는데 여기서 300,000냥(150,000달러)의 수출세를 거두었

다고 한다.

23 https://hk.usconsulate.gov/our-relationship/policy-history/past-consuls-general-hk/

24 https://play.google.com/books/reader?id=Ju8_AAAAYAAJ&hl=ko&pg=GBS.PA517

25 https://play.google.com/books/reader?id=rilBAQAAMAAJ&hl=ko&pg=GBS.PA512

26 최용찬, 〈1873년 이와쿠라 사절단이 본 비엔나 만국박람회의 근대적 풍경〉, 《역사와 문화》 26, 2013.

27 육영수, 〈'은자의 나라' 조선 사대부의 미국문명 견문록―출품사무대원 정경원과 1893년 시카고 콜롬비아 세계박람회―〉, 《역사민속학》 48, 1985.

28 Robert W. Rydell, *All the World's a Fair-Visions Of Empire at American International Expositions, 1876~1916*, Chicago: University of Chicago Press 1984.

29 한경자, 〈일영박람회에 전시된 일본 역사와 예능―대외문화 홍보로서의 역사의 가시화―〉, 《일본학연구》 54, 2018.

30 김영나, 〈박람회라는 전시공간―1893년 시카고 만국박람회와 조선관 전시〉, 《서양미술사학회논문집》 13, 2000.

31 노유니아, 〈1910년 일영박람회 동양관의 한국전시―일본제국의 대외선전에 나타난 식민지 조선의 실상〉, 《한국근현대미술사학》 28, 2014.

32 《일영박람회 사무국 사무보고》, [東京] 農商務省 明45.3, 1912.

33 통감부편, 《日英博覽會出品寫眞帖》(村上天眞寫) 한고조60-26-45.

제7장

1 화보 뒷면에는 일본 오사카에 소재한 쌀 관련 매매상점을 비롯한 다양한 회사들의 광고가 실려 있다.
https://museum.seoul.go.kr/www/board/NR_boardView.do?bbsCd=1026&seq=201311141 94132288&sso=ok#layer_exhibit

2 https://museum.seoul.go.kr/www/relic/RelicView.do?mcsjgbnc=PS01003026001&mcseqno 1=022356&mcseqno2=00000&cdLanguage=KOR#layer_download

3 청진동에 살았던 김산호주의 1927년 화대 총수입은 3,836원으로 한성권번, 조선권번, 대동권번, 한남권번을 통틀어 제1위를 차지했다(《매일신보》 1928년 3월 31일; 《매일신보》

1935년 2월 3일; 《매일신보》 1935년 3월 8일).

4 《삼천리》는 조선관에 투입한 자본금을 10만 원 정도로 추정하는데, 세간에서는 30만 원 정도라는 소문이 있었다고 한다.

5 김산호주는 1937년 종로 낙원정樂園町 171번지에 김산호주로 기생 영업허가를 얻는다 (《매일신보》 1937년 6월 4일).

6 《삼천리》 8-1호, 〈10만 원의 조선관 경영하는 김산호주 여사(여사장을 자처)〉, 1936년 1월 1일.

7 《조선신문》 1935년 10월 20일.

8 https://museum.seoul.go.kr/archive/archiveView.do?type=D&arcvGroupNo=4229&arcvMet aSeq=34815&arcvNo=98403

9 《매일신보》 1918년 4월 2일.

10 《매일신보》 1928년 12월 4일.

11 권혁희, 《조선에서 온 사진엽서》, 민음사, 2005.

12 朝鮮鐵道局, 《京城：仁川, 水原, 開城》, 1939.

13 《중외일보》 1930년 9월 17일.

14 양정필, 《근대 개성상인과 인삼업》, 푸른역사, 2022.

15 《동아일보》 1929년 9월 30일.

16 공성학, 《중유일기》 1923년 4월 7일.

17 《조선일보》 1923년 6월 9일; 6월 11일, 공성구, 《향대기람香臺紀覽》, 1928년 6월 5일.

18 《조선일보》 1921년 12월 2일.

19 《조선일보》 1923년 2월 1일~2월 5일.

20 《조선일보》 1923년 6월 11일.

21 《조선일보》 1933년 9월 21일; 《조선일보》 1933년 9월 24일.

22 《조선일보》 1937년 9월 3일.

23 《동아일보》 1929년 9월 30일.

24 최문진, 《개성인삼 개척소사》, 조선산업연구회, 1940.

25 《매일일보》 1914년 11월 6일.

26 《조선일보》 1923년 5월 22일.

27 《동아일보》 1929년 9월 30일.

28 양정필, 〈1930년대 개성 지역 신진 엘리트 연구-《고려시보》 동인의 사회문화운동을 중심으로-〉, 《역사와 현실》 63, 2007.

29 이철성, 〈일제강점기 개성상인 최선익의 언론·문화사업〉, 《한국사학보》 87, 2022.

30 오수산吳壽山, 〈공수空手로 일확천만금, 벼락 부자전〉, 《별건곤》 57, 1932년 11월 1일.

31 《삼천리》 제7권 제10호, 〈三十萬圓을 新聞에 너흔 崔善益氏〉, 1935년 11월 1일.

32 《삼천리》 제6권 제5호, 〈三千里機密室(The Korean Black-chember)〉, 1934년 5월.

33 《동아일보》 1926년 2월 1일.

34 양정필, 〈한말-일제하 금산인삼 연구〉, 《한국사학보》 51, 2013.

35 《동아일보》 1923년 11월 11일.

36 양정필, 《근대 개성상인과 인삼업》, 푸른역사, 2022, 293 [표35] 참조.

37 《조선일보》 1930년 10월 15일.

38 《조선일보》 1929년 10월 7일.

39 《조선일보》 1930년 5월 27일; 《동아일보》 1935년 1월 19일; 《조선일보》 1930년 10월 15일.

40 《동아일보》 1935년 6월 19일; 《조선일보》 1935년 6월 24일.

41 《조선일보》 1936년 7월 19일.

42 《조선일보》 1936년 4월 15일; 《조선일보》 1936년 7월 28일; 《조선일보》 1936년 7월 30일.

43 《조선일보》 1936년 8월 8일.

44 《동아일보》 1939년 9월 19일.

45 《조선일보》 1939년 8월 3일; 《조선일보》 1939년 8월 11일.

46 《조선일보》 1939년 9월 29일.

47 《조선일보》 1930년 9월 21일.

48 《조선일보》 1930년 11월 23일.

제8장

1 1950년 6·25 휴전으로 개성시는 군사 분계선 이북의 땅이 되었다.

2 연세대학교 역사와 공간연구소, 《월남민 생애 구술자료》-최창준 구술자료, 2016.

3 송경록, 《북한 향토사학자가 쓴 개성 이야기》, 푸른숲, 2000.

4 《동아일보》 1930년 10월 5일.

5 《조선일보》 1934년 1월 3일.

6 최명린(1910~?)은 서울 출생으로 개성상업학교를 졸업하고 1952년 재무부 서울지방전
매청 안성전매서 사무관, 1967년에는 청주전매청장을 역임했다(《대한민국인물연감》과
《직원록》).

7 《한국인삼사 I》, 한국인삼사편찬위원회, 2001, 234쪽.

8 1911년 서울 출생으로 서울, 대구지방 전매국장 등을 역임했다.

9 해방 이후 재무국 전매사업과장 염삼과장 등을 역임했다.

10 《한국인삼사 I》, 한국인삼사편찬위원회, 2001, 235쪽.

11 김홍식(1892~?)은 송도 광무관 창립자 겸 관장으로 송도중학교 유도사범을 지냈으며,
해방 후 개성 자위대 대장을 맡았다(국사편찬위원회, 한국근현대인물자료).

12 《한국인삼사 I》, 한국인삼사편찬위원회, 2001, 236쪽.

13 《동아일보》 1948년 12월 3일; 《경향신문》 1948년 12월 3일.

14 《자유신문》 1949년 10월 29일 ; 백낙승에 대해서는 배석만, 〈1920~30년대 백윤수 집
안의 태창직물주식회사 설립과 경영〉, 《한국사학보》 64, 2016.

15 《자유신문》 1949년 10월 29일.

16 설경동은 1954년 11월 30일 현재 대한방직주식회사 사장, 대한산업주식회사 사장으
로 재직 중이었다. 15세 때부터 신의주에서 곡물 도매상을 시작하였고, 1936년 동해
수산공업주식회사를 설립하여 사장이 되었다. 8·15 이후, 월남하여 무역을 주도하는
대한선업을 설립했다. 1954년에는 대한전선을 불하받았으며, 1956년에는 대동제당을
설립했다.

17 《조선일보》 1957년 7월 20일.

18 《동아일보》 1962년 1월 27일.

19 《동아일보》1955년 8월 16일; 《경향신문》 1957년 12월 7일.

20 《동아일보》1962년 1월 27일, 《동아일보》1962년 2월 1일, 《동아일보》1962년 4월 11일.

21 《마산일보》1951년 12월 18일.

22 《동아일보》1951년 12월 6일.

23 전매는 담배, 홍삼, 소금 등이 주요 대상이었지만, 전매청으로의 승격에는 소금 전매 사업 발전에 거는 기대감이 강하게 반영되었다.

24 《경향신문》1952년 8월 2일; 《동아일보》1954년 8월 31일.

25 《동아일보》1954년 4월 5일.

26 《조선일보》1957년 7월 20일.

27 《한국인삼사Ⅰ》, 한국인삼사편찬위원회, 2001, 243쪽.

28 연세대학교 역사와 공간연구소, 《월남민 생애 구술자료》 김조형 구술자료, 2015.

29 양정필, 〈월남 개성인의 정착과정과 개성의 유산〉, 《학림》 42, 2018.

30 《경향신문》1962년 12월 1일 경제만보.

31 《조선일보》1962년 12월 2일.

32 《경향신문》1962년 12월 1일 경제만보.

33 《경향신문》1963년 1월 18일.

34 《동아일보》1962년 12월 4일.

35 《경향신문》1963년 8월 19일.

36 《동아일보》1966년 3월 29일, 《경향신문》1966년 3월 28일. 그리고 이에 대한 조치인 듯 1967년에는 종래 홍삼 판매지정에 있어 국무회의 의결을 얻어 대통령의 승인을 얻었던 제도를 폐지하고 판매지정인 기간인 3~5년의 기간도 아울러 폐지하는 홍삼판 매인법 개정안을 국무회의에 올리기로 했다는 보도가 있었다(《매일경제》1967년 3월 2일).

37 《매일경제》1968년 3월 13일.

38 《매일경제》1969년 1월 7일. 《매일경제》1969년 9월 23일.

39 《매일경제》1970년 7월 1일.

40 《동아일보》1966년 12월 28일.

41 《동아일보》1966년 2월 12일.

42 《동아일보》1966년 9월 10일.

43 《동아일보》1966년 6월 11일.

44 《동아일보》1969년 9월 6일.

45 삼양제약회사의 삼용톤은 고려인삼 제제로 노약한 부모를 위해, 운동 전후 피로 회복을 위해, 자녀 건강을 위해 삼용톤을 복용할 것을 만화로 전달하고 있다. 또한 최대 보혈 강장제로 설명할 때에는 여인을 등장시켜 광고의 효과를 높이고 있다. 사장은 이강세로 개성 송도고등학교를 졸업하고 일본 동경 고등 상선학교를 졸업한 후 개성 조선제약공업주식회사와 군산 옥산제약 공업주식회사를 창립했으며, 국도약품공업주식회사 사장, 조선 멘소래담 회사 사장 등을 역임했다.

46 《경향신문》1959년 2월 13일.

47 《매일경제》1967년 1월 19일.

48 《매일경제》1969년 9월 12일.

49 《매일경제》1971년 3월 31일.

50 《매일경제》1971년 4월 6일.

51 《매일경제》1971년 4월 8일 백삼의 대외 수출은 50여 업체가 맡고 있었다(《경향신문》1977년 12월 10일).

52 《경향신문》1977년 5월 21일.

53 《동아일보》1977년 5월 13일

54 《경향신문》1983년 2월 10일.

55 《동아일보》1982년 3월 25일;《매일경제》1983년 4월 20일.

56 《조선일보》1986년 11월 8일.

57 한국전매공사법(시행 1987. 4. 1), 대한민국 법원 종합법률정보[glaw.scourt.go.kr]

58 《경향신문》1987년 3월 31일.

59 《조선일보》1990년 6월 30일.

60 《동아일보》1988년 8월 16일.

61 《동아일보》1988년 9월 15일.

62 《경향신문》1989년 10월 4일.

63 《매일경제》 1994년 8월 27일, 《한겨레》 1994년 8월 31일, 《동아일보》 1994년 8월 31일.

64 《한겨레》 1996년 6월 29일.

65 인삼산업법(시행 1996. 7. 1), 법제처 국가법령정보센터[www.law.go.kr]

찾아보기

이 저서는 2017년 정부(교육부)의 재원으로 한국연구재단의 지원을 받아 수행된
연구임(NRF−2017S1A6A4A01018803)

작지만 큰 한국사, 인삼

2022년 12월 27일 초판 1쇄 인쇄
2022년 12월 30일 초판 1쇄 발행
글쓴이   이철성
펴낸이   박혜숙
디자인   이보용
펴낸곳   도서출판 푸른역사
　　　우) 03044 서울시 종로구 자하문로8길 13
　　　전화: 02)720−8921(편집부) 02)720−8920(영업부)
　　　팩스: 02)720−9887
　　　전자우편: 2013history@naver.com
　　　등록: 1997년 2월 14일 제13−483호

ⓒ 이철성, 2022

ISBN 979−11−5612−242−5 03900